新时代档案管理

滕玉波◎著

线装书局

图书在版编目（ＣＩＰ）数据

新时代档案管理 / 滕玉波著. -- 北京 ：线装书局，2023.7

ISBN 978-7-5120-5542-1

Ⅰ. ①新… Ⅱ. ①滕… Ⅲ. ①档案管理－研究 Ⅳ.① G271

中国国家版本馆CIP数据核字(2023)第127248号

新时代档案管理
XINSHIDAI DANGAN GUANLI

作　　者：滕玉波
责任编辑：白　晨
出版发行：线装书局
　　　　　地　　址：北京市丰台区方庄日月天地大厦 B 座 17 层（100078）
　　　　　电　　话：010-58077126（发行部）010-58076938（总编室）
　　　　　网　　址：www.zgxzsj.com
经　　销：新华书店
印　　制：三河市腾飞印务有限公司
开　　本：787mm×1092mm　　　　1/16
印　　张：15.5
字　　数：365 千字
印　　次：2024 年 7 月第 1 版第 1 次印刷

线装书局官方微信

定　　价：68.00 元

前　言

　　档案管理工作并不局限于某一领域，社会各界相关单位在实际运行过程当中都会涉及档案管理工作，因此，档案管理工作是促进我国市场良性循环的重要环节。各单位在实际运行过程当中想要顺应时代发展，保证其在当今市场环境下的可持续发展，就必须结合实际情况不断对传统的管理方式以及运行模式进行创新和改革，因此，相关工作人员应该充分重视档案管理工作并充分发挥出档案管理工作在单位发展过程当中加强可持续发展以及促进其全面管理的作用。新时代下，除了各单位在实际发展过程当中需要对管理模式和运行模式进行改革，档案管理这一领域本身也需要结合实际情况对其管理方式和模式进行创新与改革，以适应时代发展，提高其在单位运行中的利用率。新形势下的档案管理工作是确保现代化社会稳定发展的重要力量，具有不可忽视的重要作用。档案管理工作随着时代的发展也需要不断创新工作方法，学习世界先进的管理理念和方法，不断拓宽服务工作领域，在信息安全的范围内寻找档案管理工作的创收点，探索档案管理工作的社会效益增值点，为我国的现代化建设踏实奉献，勇于创新。为此，针对新形势下对档案事业所提出的具体要求，应当做好档案管理工作的规范化、标准化，通过有效途径提高档案管理工作的质量和水平，从而促使其有效作用于现实社会，为社会的可持续发展提供力量。

　　本书共分十章三十八节。分别对档案管理基本概述、档案收集与整理、档案保管与保护、档案统计与检索、档案利用与编研、人事档案的管理、会计档案的管理、音像档案的管理、电子档案的管理、档案的信息管理进行了简单的分析、探讨，希望能够为相关的人员提供参考。由于时间仓促，加之编写者水平有限，难免有一些疏漏和不足之处，希望广大读者给予批评指正，对此编者不胜感激。

目 录

第一章 档案管理基本概述

第一节 新时代档案的定义

要对档案下一个比较科学的定义，必须搞清楚档案这一概念的本质属性。档案的本质属性主要是：其一，档案是人们（含国家机构、社会组织和个人）在社会实践活动中（政治、经济、科学、文化等）直接形成的原始记录，是第一手材料；其二，档案具有查考利用价值；其三，记录档案的方式和载体多种多样。

据此，对档案的定义可以作如下表述："档案国家机构、社会组织和个人从事政治、经济、科学、文化等社会实践活动直接形成的文字、图表、声像等形态的历史记录。"这一定义的基本涵义，包括以下四个方面：

一、档案是人们（组织和个人）在其社会实践活动中直接形成的

这里的"人们"泛指历代的国家机构、社会组织、家族、家庭和个人，他们是档案的形成（制作）者。但是，不是什么人都可以形成档案，必须是从事社会的政治、经济、科学、文化等实践活动的人们，也就是说档案是人们在从事社会实践的活动中产生和形成的，离开了人们的社会实践活动便不可能产生档案。然而，档案又是直接形成的，没有经过任何中间环节。可是"人们"是复杂的，"社会实践活动"是极其丰富的，"直接形成"是可靠的，因而决定了档案来源的广泛性、复杂性，档案种类的多样性、丰富性和档案内容的客观真实性。

二、档案是历史的原始记录

由于档案是它的形成者在从事社会实践活动中直接形成的第一手材料，即原始记录，不是人们事后编写或随意收集的材料，因而它具有原始记录性的特点。

所以档案的原稿（原本）往往只有一份孤本，是最珍贵的。在实际工作中要特别注意保护档案原件（原本）的完整与安全，就是这个道理。

三、档案是由文件转化而来的

人们从事社会实践活动的直接原始记录为文件（或文书），而档案是从文件转化而来的。文件转化为档案必须具备三个基本条件：一是办理完毕（或叫处理完毕）的文件才能作为档案。正在办理的文件不是档案。衡量文件办理完毕的标志是：完成了文书处理程序；一般完成了文件的现行效用。所以可以说，文件是档案的前身，档案是文件的归宿；"今天"的档案就是"昨天"的文件，"今天"的文件就是"明天"的档案。二是有查考利用价值（即凭证和参考作用）的文件，才有必要作为档案保存。文件办理完毕后，其中有些文件虽失去了现行效用，但对日后工作和科学历史研究仍有查考利用价值；有的文件则随现行效用的消失而一同消失，无查考利用价值，不必作为档案保存。所以档案又是文件的精华，"有文必档"是不对的。三是按照一定的规律保存起来的文件，才能最后成为档案。档案虽然由文件转化而来的，但是文件不能自动地成为档案。人们只能按照文件形成的规律、历史联系及其各种特征，运用立卷的原则和方法，组合成系统性、条理性的案卷（或叫保管单位），即立卷归档后才能最后成为档案。从这个意义上说，文件是档案的因素，档案是文件的组合。

四、档案信息的记录方式和载体是多种多样的

档案信息的记录方式和载体（又称制成材料）是构成档案的两个基本因素。档案的载体，既有我国古代遗留下来的龟甲兽骨、竹简木牍、金石、贝叶、缣帛等档案，又有近现代以纸张为主的纸质档案，还有胶片、磁带、磁盘等现代形式的档案。档案信息的记录方式有：文字的、图像的和声音的等多种形式。档案信息的记录方式和载体的发展变化与革新，标志着档案和档案工作发展不同阶段的不同水平。档案工作者必须明确档案的范围，把应该保存归档的文件收集齐全，集中保管。

第二节　新时代档案的演变

一、档案的产生

我国的档案源远流长、内容丰富、种类极多、价值珍贵。它不仅是中华民族光辉灿烂文化的象征，而且是中华民族文明历史发展的见证。毛泽东同志指出：

"在中华民族开化史上，有素称发达的农业和手工业，有许多伟大的思想家、科学家、发明家、政治家、军事家、文学家和艺术家，有丰富的文化典籍……中国是世界文明发达最早的国家之一，中国已有将近四千年的有文字可考证的历史。"这里说的"文化典籍"即包括历史档案及其编纂物；"有文字可考证的历史"，就是指甲骨文字（书），即已发掘的甲骨档案，也就是说，有档案可考证的历史将近四千年。

在远古社会未产生文字以前，人们用语言作为表达思想、交流感情和经验的工具。但是这种口耳相传的"记录"方式难以记住、传远，也容易失真，于是人们便产生了用"结绳""刻契""图画"等记录方式来辅助记忆。

在远古社会未产生文字以前，人们用语言作为表达思想、交流感情和经验的工具。但是这种口耳相传的"记录"方式难以记住、传远，也容易失真，于是人们便产生了用"结绳""刻契""图画"等记录方式来辅助记忆。

所谓"结绳"，就是人们在绳子上打成大小不等、式样不同、颜色各异的结，以表示各种不同的事情。《易经》上有"上古绳，以记事"之说。"刻契"，就是人们在骨头、木板、竹器或其他材料（如陶器）上刻成各种形状不同的符号和标记，用以记事。由于"结绳""刻契"均具有备忘、信守、凭证的作用，有保存使用的价值，所以当事人或相应范围内的人一见到这些符号、标记，就能明了其中的含义，唤起对往事的回忆，帮助他们研究和处理各种事情，从中得到益处。从这个意义来说，"结绳""刻契"记事具有档案的性质，是我国早期档案的萌芽。比"结绳""刻契"更能直接表意的记事方法就是"图画"。远古的人常在其居住的洞壁上画画，用以记载他们的活动、表达他们的思想。比如打了一头牛、两头鹿，他们就在收获图上画上一头牛、两头鹿，画得很逼真，使人一看就知道是什么意思。因此，有些人又把这种图画称为"图画文字"。图画文字在档案界被称为图画档案。这种由图画文字所组成的"文件"，无论中外都有较多的发现。它是艺术档案的始祖，也是现代档案的前身。

随着生产力的发展、社会的进步，上述那些记事表意的具体图画符号逐渐和语言相结合，成为抽象的、一般的概念的代表，这就是最早的文字（一般称为"象形文字"）。随着文字系统化的文书档案，要算殷商的甲骨档案了。

二、档案载体的发展

甲骨，是龟甲和兽骨（大都是牛胛骨）的统称，既是当时的占卜材料，也是一种书写材料。甲骨档案就是殷商和周初统治者在占卜活动和政务活动中，刻写在甲骨上的关于政治、军事、经济和社会生活等各方面情况的文字记录。由于它绝大部分是在占卜活动中形成，并在殷墟（今河南安阳）大量出土，人们又习惯称其为"甲骨卜辞"或"殷墟卜辞""殷墟书契"等。到目前为止，我国出土甲骨共十五万片之多，它是研究商周历史不可缺少的第一手材料。

在纸张普遍使用以前的历史时期，除有上述甲骨档案外，我们的祖先还把文字刻写在竹木、青铜（器）、石头、缣帛、玉板等材料上，从而形成了简册档案、金文档案、石刻档案和缣帛档案等。

青铜器是用铜锡合金铸成的器具，铸刻在这种器具上的铭文，因古人称铜为金的缘故，被称为"金文"。铜器在古代又称为"钟鼎"，故它又名为"钟鼎文"。从殷商晚期开始，人们就在铜器上面铸刻文字、记载史实，特别是西周以后，风气极盛，并且一直延续到了春秋战国时代。当时，凡属颁布法律、册命赏赐、战争征伐、记功述德、诉讼誓盟等重大事件及其形成的有关重要文件，都专门铸造器物进行记载。例如西周晚期的《矢人盘》是矢、散两国划定疆界的契约文书。又如《智鼎铭》，记述贵族匡与智的诉讼纠纷，其中特别记载了我国西周的奴隶价格。显然，这些记事性质的铭文，不是为了传播知识、总结经验，而是为了传给后世子孙作为信证或纪念，它的档案属性十分明显，我们称它为"金文档案"。

石刻档案，在我国大约始于周代。先秦典籍中不乏"镂于金石"的记载。1965年在山西境内出土的侯马盟书（属于公元前五世纪春秋末期晋国与各诸侯国的盟书），就有相当部分是刻写在石板上的。秦帝国统一政权建立后，秦始皇曾多次出巡，在峄山、泰山、会稽等处数次刻石，有的是颁布诏令、宣示政策，有的是整齐风俗、记功述德，内容相当丰富。这些石刻被西汉大史学家司马迁作为修史的第一手资料录入《史记》。可见，它们的档案性质是较为明显的。石刻特有的优点使得它在纸张盛行之后也不曾绝迹，因而千百年来石刻不断。仅近几年就陆续发现了不少，其中较为典型的有：长江水位石刻、宋代交通法规石刻、明代地方政府禁止早婚石刻、清代保护山林石木的石刻、明清四川地震石刻等等。它们是历史研究极其珍贵难得的原始材料，也是我国历史档案的一个重要组成部分。石刻档案和前面谈到的金文档案，在档案界又往往合称为"金石档案"。

大约从春秋战国起，我国开始在丝织品上书写文件、绘制地图，从而出现了缣帛档案。《墨子》《韩非子》《晏子春秋》等古代典籍中都有这方面的记载。春秋秦汉时期，缣帛档案增多。史书上谈到的东汉末年董卓的军队曾毁坏了皇家档案库中保存的大量帛书一事就是证明。20世纪70年代，湖南长沙出土了缣帛档案，其中三幅西汉初年的舆图档案更为举世所罕见。它是中国也是世界上迄今发现的最古的地图档案。

甲骨档案、金石档案等，是特定历史条件和环境的产物。它们的制成材料，甲骨也好、金石也好，在当时不可能是专门用来书写的材料，只有经过整治的竹片木板才是。以竹木为载体的原始历史记录，就是通常所说的"简牍档案"。

所谓"简",是指一根竹片；用绳索编联在一起的若干根竹简，就称为"策"（也写成"册"）。简编成册一般可分为麻编（用麻绳编联）、丝编（用丝绳编联）和韦编（用熟牛皮条编联）三种。简册主要用来书写较长的文件。一块未写字的木板叫"版"，写有字的则叫"牍"，一尺见方的"牍"，又称为"方"。版多用来书写短文及图画、写信、登录物品与统计户口等。

档案载体是不断变化发展的，随着社会的进步、文化的发展，简、帛作为书写材料，已显露出它们的不足，正如《后汉书·蔡伦传》所说："缣贵而简重，并不便于人。"于是，智慧勤劳的中国人民就发明了一种既具简、帛之长又免简、帛之短的新型书写材料——纸。

据考古发掘和文献记载，远在西汉就出现了纸，经过蔡伦的改进推广，逐渐被用来进行书写，形成了纸、帛、简并用的局面。到公元四世纪的魏晋南北朝时期，纸以它轻便价廉、易于书写、便于传递的优势，逐渐取代了简、帛成为当时通用的书写材料。史书上说，东汉安帝时，太尉桓玄掌握了朝政大权，随即下诏停用简牍，皆代之以"黄纸"书写公文。从此，纸张就普遍成为我国档案文件的书写材料，以纸张为载体的纸质档案，也就大规模形成。纸的发明及其应用于文献记录，给文书档案工作带来了一场空前的大变革。

近百余年来，新型档案载体——磁性材料和感光材料相继问世，影片、照片、录音、录像档案和机读档案不断产生，从而极大地丰富了档案的内容和形式。

三、档案称呼的演变

我国档案的历史，源远流长。在"档案"一词出现并泛指旧公文之前的较长时期里，档案的称谓多而不一。大体可根据它们的载体划分为两大类别。汉魏以前，主要以竹木作为书写材料，因此，文书档案的称呼，从文字学的角度来看，大都与竹木有关，如"典""册""简""策""简书""简策""简牍""典籍""图籍"等。周代，称文书档案为"中"，"中"实是古"册"字的省形，也与竹木相关。汉魏以后，书写材料主要是纸张，因而档案多称为"文书""公文""文案""堂案""文卷""案卷""案牍""文牍""例案"等。"档案"一词在清初已开始使用。康熙十九年（1680年）的《起居注》中就有"部中无档案"之语，杨宾在《柳边纪略》一书中，数处提到"档案"一词，其中有一处是这样说的："边外文字多书于木，往来传递者曰牌子，以削木若牌故也。存贮年久曰档案、曰档子，以积累多贯皮条挂壁若档故也。然今文字之书于纸者，亦呼为牌子、档子。"满族对档案文件的这种约定，必定随着他们对全中国的统治而沿用推广开来。因此，清代文献中，通常把保存起来的书于纸上的文字记录称作"档案""档子"，应该说就是源于这种约定，并沿用至今。

总之，不论"档案"一词是怎样演变形成的，它从清初见于文献记载，至今历时已三百多年，然而真正较为科学地赋予和揭示它的含义、使之成为档案学的固定术语，则是近六十年才开始的事情。

四、档案的形成

档案是由人们社会实践活动的副产品——文件直接转化而来的。文件的转化、档案的形成，自有它不可违背的客观规律。揭示这种转化的基本原理、探究档案形成的规律，有助于对档案理解的深化，有助于提高档案管理的水平。

国家机关、社会组织和个人，在社会实践活动中，形成了各种载体形式的文件，这些文件在完成了特定的使命或者办理完毕之后，部分地向档案转化。这种转化绝非不同量的简单复现，而是甲事物向乙事物的飞跃，是一个由量变到质变的过程。对于这一转化过程，我们以文件完成运转、办理完毕为界点，分为前、后两个阶段进行阐述。第一阶段我们称为自然转化阶段，第二阶段称为"智能"转化阶段。

自然转化阶段。处在运转办理过程中的文件，实际上从形式到内容都已经取得了档案的预备资格。这是因为，文件，作为人们处理事务、进行管理的工具，直接来源于人们的社会实践活动，同时它又带着特定的使命，直接参与了该活动的过程。有关该活动及其进程的全部本源信息被自然地、相对稳定地沉淀在一定的文件载体之上。因此，它不但具有现行的执行效用，即指导和制约着社会实践的进行，而且还具有回溯反证历史的潜在效用，即能再现被它凝固了的历史活动，成为人们查考的真凭实据和历史记录。文件的现行效用，是文件得以形成并成为文件的直接根本动因。发挥现行效用是文件的根本目的和任务，因此，一般文件在办理完毕之前，它的现行效用表现得特别突出。它的历史效用却处在一种潜伏、休眠、相对静止的状态中，不易为人觉察和理解。随着文件办理完毕和现行效用的消失，历史效用才得以显露。文件的历史效用是档案的根本效用，是决定文件之所以能够转化为档案的客观依据。由于它潜伏在文件自身，文件从一开始就自然隐藏着档案的身份。也就是说，文件的历史效用从潜伏、休眠到显露的过程，正是文件向档案自然转化的过程。文件自然向档案转化还必须满足这样一个前提条件，即文件必须办理完毕。所谓办理完毕，指的是文书完成了处理程序或承办已告一段落。从一般文件效用来说，办理完毕就意味着文件现行效用的消亡、历史效用的开始，只有办理完毕的文件，才有可能成为档案。

"智能"转化阶段。主要表现为对办理完毕的文件的鉴别筛选、系统整理（通常说为立卷归档），从而使那些对今后实际工作和科学、历史研究具有查考利用价值的文件，完成向档案的最终转化，成为完全意义上的档案。同时，淘汰那些历史效用很小、不具查考利用价值的文件和没必要保存的重复文件。应该说，人们实践活动中形成的文件，都具有相应的历史效用，但并不是所有具有历史效用的文件都一定能够转化成档案。这主要取决于文件历史效用对于日后工作和科学、历史研究的查考利用价值。凡是查考利用价值较大的文件，不仅有可能、而且必须转化为档案。反过来说，查考利用价值很小，或者根本谈不上查考利用价值的文件，就没有转化的必要，也不能实现转化。

比如，每次会议产生的通知、决议、报告、简报、纪要、录音、照片等，凡有利于了解该会议的基本情况、具有重大利用查考价值的，必然会转化成档案：而关于与会者分组就餐及其有关注意事项等事务性文件，即使具有证实某十个人同为一席就餐的历史效用，但它对日后工作和科学、历史研究没有什么价值，显然没有必要，也根本不能转化成档案。

文件的现行效用是从形成后就有的，而文件的查考利用价值，则是由它的历史效用能满足人们日后某种需要的程度和人们对这种效用的估价与预测决定的。前者是构成文件查考利用价值的客观基础，而后者则是主观前提。可见，要最后完成文件向档案的转化，不可避免地还要渗透进人的意识。实际工作中，这就表现为人们对文件的鉴别，把没有查考利用价值或因重复而不值得保存的文件剔除，将有查考利用价值的文件进行系统整理、归档保存。通过这一程序，使产生时呈现出分散、杂乱等自然状态的文件，变成为系统的、条理化的档案。

文件向档案的转化，从形态来说，在第一阶段呈现出来的是自然转化形态。因为人们的社会实践活动使文件一开始就自然地潜伏着历史效用，文件的形成同时也意味着档案物质形态的形成，因而在不存在人的有意识的作用的情况下，文件就具备了转变成档案的内在条件。自然转化形态充分体现了文件成为档案的可能性。随着第一阶段的结束、第二阶段的开始，自然转化形态也相应地被"智能"转化形态取代。此时，在文件历史效用的严格制约下，人们通过科学预算分析、能动地选择处理，使那些应该成为档案的文件最终完成了转化，成为完全意义上的档案。智能转化形态决定了档案形成的现实性。

总之，档案由文件直接转化而来，这种转化的原理，就是档案形成原理。文秘档案工作者及其他有关人员必须掌握它、遵循它，否则，工作就会出现混乱和失误，应归档的文件不去归档，不必归档的文件又当作档案保管起来，甚至犯"有文必档"或"有档不归"的错误。

第三节　新时代档案的属性

一、档案的本质属性

档案的本质属性，一般来说，就是档案所独有的原始记录性。档案不同于一般的信息材料，它不是事后编写或随意收集来的，而是人们在当时特定实践活动中形成和使用的原始文件的直接转化物。因而，它的信息内容具有原始性的特点，即原始记录和客观地反映了形成者特定的历史活动，是历史的原始凭据。在形式上，它的原始性不仅体现在载体、记录方法、文种、文件格式和用语等上，而且相当数量的文件本身就是原稿、原件、正本，或者留有当事人的亲笔签署或批语，或者盖有机关或个人的印信，或者留下的是当时的影像和声音。这些原始标记，足以使人们感到它的真实性、可靠性。档案这一内在的特有的原始记录的本质属性，使它与其他的信息材料，如图书、情报、资料等明显区别开来，并且更加珍贵、可信。正确认识档案的本质属性，对于做好档案工作具有重大的实际指导意义。

首先，档案作为原始记录、历史真迹，不允许有任何增删改动。因此，后人不能用自己的观点去变更档案，也不能在原件上直接"修正"档案存在的错误及失真的内容，更不允许从某种需要出发，对档案进行涂改、剪裁、勾画。总之，作为原始记录，任何人都无权这样去做，否则就是对历史唯物主义的公然践踏、对历史的犯罪，历史的真实面貌就会遭到破坏，甚至还会造成无法挽回的损失。档案工作者及其他有关人员，应该牢记历史教训，加深对档案历史真迹的认识，自觉地维护档案的本来面目，同一切破坏档案的行为作坚决斗争。

其次，档案的原始记录性，决定了档案孤本多，同一档案数量少，原本无法再生。因此，档案工作者一定要尽力收集齐全，科学地进行鉴定，切实维护档案的完整与安全，不能有丢失、损坏、错判等行为发生。不然的话，就会人为地造成档案和历史的"空白"。

认清了档案区别于其他文献材料的本质属性，一方面能使我们更加准确地把握档案与图书、报刊等资料的界线，不致于在档案收集、整理、保管等实际工作中搞错对象；另一方面，又能促使我们收集保管一些与档案相关的图书资料，作为馆（室）藏档案内容不足的补充，满足社会各方面的需要。

二、档案的一般属性

档案的一般属性，主要指档案的价值属性、信息属性和知识属性等，这是档案与其他文献材料共同所有的属性，受其本质属性规定，又是本质属性的具体表征。

1.档案的信息属性

迄今为止，信息科学虽然还不曾对信息概念有一个统一的解释，但作为一般的、日常的理解，可以这样来说，信息不是事物本身，而是指信源发出的消息、情报指令、数据、信号中所包含的内容或知识。档案作为人们社会活动形成和使用的文件的直接转化物，凝聚着人们征服自然、改造社会及自身历史发展的丰富信息，这种信息固定地沉淀在一定载体之上，对它的提取和利用可以超越时间和空间的限制。因而，后人要了解某组织的历史沿革、性质职能等情况，查一查该组织的档案材料，就可获得有关信息。同样，研究大到国家、小到个人的历史，也必须从有关档案资料中提取有价值的信息。可见，档案本身并不能简单地与信息划等号，但它的内在却蕴藏着丰富多彩的信息，它是一种重要的信息发生源。档案信息和其他信息一样，可以浓缩、扩充、存贮、加工、转换、传递、共享，但它还具有一个特点，即原始性和回溯性（历史性）的统一。如果把整个信息按来源区分为原生信息（原始信息）和派生信息（再生信息），那么档案信息则属于原始信息，它是信息处理加工的源泉，在社会信息系统中具有特殊的地位。如果把信息按时态分成历史信息、现行信息、未来信息，那么档案信息则属于回溯往事的信息。档案信息这种独有的原始历史性的特点，使它能够同时起到历史凭据和可靠情报参考的作用。不过也必须看到，档案信息的原始性，使人们对它的开发利用较之其他文献信息，难度要大得多，因此，应有充分的准备。充分认识档案信息属性及其特点，有利于增强档案信息意识，迎接迅速发展的信息化社会的挑战；同时，也有利于人们在实际工作中，把档案工作作为信息系统工程来科学地组织，并针对档案信息特点，采取切实有效的措施，积极开发，为社会主义物质文明和精神文明建设服务。

2.档案的知识属性

知识就是人们对自然现象、社会现象及其规律的认识与描述，是人类社会实践经验的总结。档案是人类认识世界、改造世界的原始历史记录，是人类智慧的一种物态结晶，是知识的一种载体。它较之图书、报刊资料等其他知识载体，具有原始性特点，是知识的初始载体。

一方面，档案是记录、积累、存贮知识的初始载体。古往今来，人们在不断的劳动、实践斗争过程中，积累了包括政治、经济、外交、军事、科学、技术、文化、教育及体育卫生事业等各方面的丰富知识，这些知识最初都以档案的形式记录、累积、存贮起来，离开了档案这一初始载体，知识的积累、文明的演进将是不可想象的。所以，把档案比作人类社会的"百科全书"、比作知识的"宝库"，并非夸大之词。另一方面，档案是知识传播的原始媒介。知识传播的途径和媒介是多种多样的，档案就是其中的一种。档案文献的特点，就在于它通过一定的形式（文字、符号代码、图表、影视、声频等），把知识原始地固定在一定的物质材料（如纸张、金石、竹木、缣帛）上，从而超越时间和空间的限制，使知识得以有效的传播。易于复制、便于查阅保存、后传能力强的档案，其知识的传播率高，能使他人或后人获得更多的知识。比方说，现代的纸质档案较之古代难懂的甲骨档案，其知识传播率就高得多。在知识的传播过程中，档案具有其他文献无法取代的地位和功能。第三，档案是人们获取知识和继承知识的中介。一个人的知识不外乎两个来源，一是来源于直接实践经验，一是通过间接经验，即通过知识载体——"中介"而获得。然而，一个人的实践活动总要受时间和空间的限制，直接从实践中获得知识远远不能满足人们社会活动的需要。因此，人们必须利用知识具有继承性的规律，去查阅包括档案在内的各种文献资料，以获取自己所需的知识。查阅文献、获取有关知识的过程，也正是继承人类已有知识的过程。由此可见，档案不仅具有存贮和传播知识的功能，而且是人们获取知识、继承知识的重要载体之一，它的知识属性是毋庸置疑的。

3.档案的价值属性

档案作为一种社会事物能够存在，就是以它的有用性为前提的。因此，档案都是具有一定利用价值的资料，根本不存在没有价值的档案。档案的价值有大有小，它发挥作用的时间有长有短，正是这种特性，决定着档案的存毁。

此外，在阶级社会里，机密性也是档案的一种派生属性。相当部分文件具有不同程度的机密性，这种机密性有时并不随着其办理完毕或转化为档案而马上消失，因此总有部分档案在一定的时间和范围里要求保密。这就决定了档案具有机密属性。档案的这种机密属性是客观存在的，既不可忽视，也不能讲得过分，否则会给档案工作带来不良影响，造成混乱。档案的机密性与其知识属性和信息属性等相比有不同之处。从量上来看，机密性并不是所有档案的共同特性，而仅指部分档案而言。从时间上说，档案的机密性有特定的时间区限。在这个特定的时区里，机密性存在；越过这个时区，机密性就消失。也就是说，档案的机密性并不是固定不变的，它随时间的推移、阶级的消灭，以及条件、地点等的变化呈递减的趋势，最终会彻底消失。一般情况下，"档龄"愈长，机密性愈小，两者是反向关系。档案工作者必须正确认识档案的机密属性及其递减特点，并且根据情况的变化，做好合理的"降密"或"解密"工作，让档案的价值在尽可能大的范围内得到发挥。总之，档案利用是绝对的，保密是相对的、暂时的，即使保密本身，也是一种有条件、有限制的利用，机密性并非绝对排斥它的利用性。

第四节 新时代档案的价值

一、档案价值的表现

档案的利用价值是多方面的，主要表现在以下方面：

第一，机关工作的查考凭据。机关工作活动的联系性和继承性，几乎使每一个机关在进行工作的过程中，都不可避免地要查考利用它累积起来的文件（即档案）。因为这些文件是它产生和成长的真实写照，是它了解以往活动的主要情报来源。其中凝结着的大量正、反两方面的公务信息，更是它赖以制订计划、决策事项、处理问题、组织工作、完成任务的参考和凭据。及时的查考利用，有利于克服官僚主义的流弊，减少工作的盲目性和失误，提高行政办事效率。如果忽视档案的这种价值，有档不查，机关工作就会遇到很多麻烦，有时甚至难以进行下去，造成不应有的损失。

第二，科学研究的可靠材料。要进行科学研究，必须充分占有大量的、真实可靠的材料，自然科学研究是这样，社会科学、思维科学同样如此。而档案作为第一手材料，在科学研究中所占的地位更为突出，它是科学研究赖以进行的必要条件之一。在历史课题的研究中，如果没有档案资料，研究工作难以进行。对于现实课题的研究，档案同样具有查考利用价值。因为现实是历史的继续，对现实问题甚至未来问题的研究不可避免要利用以往研究中形成的历史记录。马克思当年研究资本主义生产关系、撰写《资本论》时曾查考利用了大量原始材料，包括工厂视察员的报告、皇家铁道委员会的记录、证词，等等。所以，人们往往把档案比作科学研究不可缺少的"食粮"和"能源"。

第三，政治斗争的有力武器。档案有丰富的关于阶级、政治、法律等方面的内容记载，它对于确立各种政治社会关系及国家关系，具有重大凭据价值，是进行阶级统治和政治斗争的有力工具。

第四，宣传教育的生动素材。档案犹如一部编年史，原始记录了人们创造历史、征服自然、改造自然的过程，有美与丑的较量、真与假的对立、善与恶的格斗。因此，利用陈列展览、影视等多种途径把真善美和假恶丑展现在世人的面前，陶冶人们的情操、净化人们的心灵、增强正义感和民族自尊心、激发爱国热情和革命斗志。一句话，档案的教育意义是重大的，这种社会价值应该引起人们高度的注意和重视。

第五，生产建设的参考依据。档案中记载了各种生产活动的情况、过程、成果、经验和教训。反过来，人们又以这些档案作为参考依据，促进生产活动的进一步开展。

二、档案价值的构成

一般说来，档案的价值由凭证价值和情报价值构成。

第一，档案的凭证价值。档案的形成特点及其所具有的外在形式，决定了档案具有凭证价值，是历史的真凭实据。马克思在《法兰西内战》（初稿）一书中，谈到巴黎公社缴获的资产阶级国防政府的档案文件时说，这些档案文件，"最后提供了这些人（即国防政府成员——引者注）叛国大罪的法律证据"。恩格斯也说："对于事态的真相，现在不可能提出文件来作证据。只有在事件本身成为历史陈迹的时候，这些证据才会出现"。这就是说，档案文件的价值，在于它对以往"事态的真相"具有无可置疑的凭证性作用。因此，在史实考证中，常以档案为凭；恢复历史原貌，率以档案为信；处理各种案件纠纷，多以档案为证。档案的这种凭证价值是档案的最本质价值。

第二，档案的情报价值。档案作为人类知识的一种载体，记录了人们在各种社会活动中的成败得失情况，是情报的重要来源。它对于连续不断的精神生产和物质生产，具有重大的查考作用和情报价值。一方面，它能改变利用者的知识结构。这就是说，利用者的大脑与其要求的档案内容一旦发生联系，它的知识结构必然出现相应的变化，或者由不知到知之，或者由模糊到清晰，或者由浅到深，或者由错误到正确，或者由否定到肯定，如此等等。另一方面，档案情报又是计划、决策、控制和行动的重要条件和依据。郭沫若同志在《题赠档案馆》一诗中说得好："前事不忘后事师"；董必武同志的《题赠档案工作》也写道："创业扩基，前轨可迹""察往知来，视兹故峡"。这些寓意深长的警句，对我们深刻认识档案的情报价值是颇有启发的。

情报价值是包括档案在内的所有文献的共同属性，但是，比较起来，档案的情报价值又具有自己的特点。首先，档案情报有原始性和较大的可靠性。档案不是人们事后回忆或编写的产物，而是由文件直接转化的，一般都是原件。由此产生的情报，就是原始性情报，利用起来，用户觉得可靠。其次，档案情报对特定的利用者来说，又是必不可少的，弃之不用，工作必受损失，这点已为实践反复证明。

第二章　档案收集与整理

第一节　档案收集与管理工作的内涵

一、档案的收集工作

（一）档案收集工作的内容

档案收集是一种按照党和国家的规定，通过例行的方式和制度接收、征集有关档案和文献的活动，这种活动可以将散落在各机关、组织、个人手中的相关档案统一收集到有关的档案室或档案馆，以便实现对相关档案的科学管理。具体来看，档案收集工作涉及以下几方面的内容。

（1）机关单位、事业单位和企业单位的档案室对本单位所要归档的档案的接收。

（2）档案馆对辖区内现行的机关单位、事业单位、企业单位和撤销单位的具有长期保存价值的档案的接收。

（3）对中华人民共和国成立以前各个历史时期所形成的档案的接收与征集。

在这里需要注意的是，档案收集工作并非是一项简单的事务性工作，而是一项会受国家政策影响，并且具有很强业务性特征的工作。这主要体现在两方面：一方面，档案室和档案馆在收集档案时需要根据国家政策规定，以及档案的特性进行选择；另一方面，档案收集工作受档案形成者的档案意识水平、价值观以及档案馆（室）保管条件等多种因素的制约，需要综合研究、统筹规划，提高档案收集工作的质量。

（二）档案收集工作的地位

在整个档案管理工作中，档案收集处于一个十分特殊的地位，这一地位主要体现在以下几方面。首先，档案收集工作是档案馆（室）积累档案的一种重要手段，也是档案馆（室）开展档案工作的业务对象和业务起点。其次，档案收集工作是档案馆（室）对档案进行有组织、有目的、有纪律、有规划的管理的一项具体措施。再次，档案收集工作质量的高低情况，会直接影响档案馆（室）其他工作的开展和实施。最后，档案收集工作是档案馆（室）和外界发生联系的重要环节之一，是以国家相关政策为依据，与社会进行广泛接触，且需要工作人员具有较强的业务能力的工作。

（三）档案收集工作的特点

1.预见性与计划性

作为人类各种社会活动的伴生物，档案的形成具有很强的分散性特点，即档案是散布于社会各个方面的，档案室和档案馆要进行档案收集，只有对其进行认真调查，科学地分析和预测档案形成、使用、管理的规律和特点，这样才有助于从分散的档案中做好收集工作。

同时，档案馆和档案室在进行档案收集时，还必须充分、全面地了解和把握本馆（室）主要档案用户的利用动向、特点和规律，以便结合档案用户的长远需要收集能为他们所用的档案，真正发挥档案收集的作用，这意味着档案馆和档案室需要提前做好档案收集工作的计划，以便有计划、主动地开展档案收集工作。

2.完整性与系统性

档案收集的一个重要要求就是收集到的档案必须在种类、内容方面符合齐全、完整的特点，同类档案之间也应能构成一个有机整体，这就使档案收集工作也表现出完整性和系统性的特点。档案收集的完整性和系统性特点要求档案收集工作人员在收集档案时，必须考虑档案当前以及未来在生产、生活中能起到的积极作用，以便真正发挥档案收集信息参考的价值。

3.针对性与及时性

档案收集工作，必须根据各级各类档案馆（室）的收集档案的范围来进行，不能违反国家规定，擅自收集不属于本馆（室）收集工作范围的档案，以保证收集工作能够有目的、有重点地进行。档案收集工作还具有及时性的特点。它要求档案人员必须具有明确的时间意识，将应当接收或征集的档案及时收集进馆（室"档案部门应当尽最大的努力，避免拖延迟误，在掌握有关信息线索的前提下，采取相应的方式，尽快将档案收集起来。

二、档案的管理工作

(一) 档案管理工作的内容

一般情况下，档案管理工作的内容主要包括区分全宗、在全宗内建立档案分类、立卷并进行案卷编号、编制案卷目录。而考虑到实际工作中存在状况的差异，具体的档案整理工作内容也会有所差异，从实际情况来看，目前我国的档案管理工作，按其内容范围大致可以分为以下三种情况。

（1）在正规的工作条件下，档案室所接收的文件大多数是由文书部门和业务部门按照本室档案归档工作的要求立好的案卷，而档案馆接收的档案则是根据本馆档案要求整理好移交的案卷。也因为这样，档案室和档案馆的档案管理工作主要是对接收的档案进行更大范围的系统和整理，如全宗和案卷的排列、案卷目录的加工等。

（2）一些已经入馆、入室保管的档案文件，档案室在整理时可能发现其中存在一些不符合本馆、本室档案工作要求的情况，这就需要档案馆和档案室根据本馆、本室档案工作要求对其进行重新加工整理，以提高档案整理的质量。同时，还有一些保存时间较长，档案自身和整理体系已经发生变化的档案，档案室和档案馆也需要对其进行调整。

（3）一些情况下，档案室和档案馆也会接收一些零散的档案文件，这就需要工作人员对其进行全过程的整理和加工，其工作内容与一般档案整理工作内容相同，即区分全宗、在全宗内建立档案分类、立卷并进行案卷编号、编制案卷目录。

在实践中，我国档案室和档案馆对档案的管理主要属于第一种情况，但后两种情况也经常出现。因此，档案工作人员需要熟悉整个档案管理工作的程序，掌握相应的业务能力。

(二) 档案管理工作的程序

1.系统排列和编目

在正常情况下，档案室接收的是文书部门和业务部门按照归档要求组合好的文件材料，而档案馆接收的是各个车位档案室按照进馆规范系统整理的档案。因此，对于档案室和档案馆来讲，档案管理工作只是在更大范围内对接收进来的档案作进一步调整。

2.局部调整

档案馆（室）在日常管理工作中，要定期对所藏档案进行检查，发现明显不符合要求、确实影响保管和利用的档案，档案馆（室）有责任对不合理的整理状况进行局部的调整。

3.全过程整理

档案馆（室）在收集档案过程中，由于种种原因，其中有些档案没有经过系统的整理，处于凌乱状态，这就必须进行全宗划分、组合、排列和编目的全过程整理工作。

（三）档案管理工作的原则

1.注意保持档案之间的有机联系

可以说，档案整理的任务就是要"自然地"按照档案文件"固有的次序"去排列组合档案文件实体并固定它们相互间的位置，使之保持其内在的、客观的有机联系，形成具有合理有序结构的整体。

档案之所以会对各种类型的、有着不同需求的用户有用，就是因为它记录了一定的人类活动过程。这种活动过程是与各种事物相联系的，因此日后的利用者才会从这一活动过程与自己查考的事物的关系的角度，需要利用这种档案。也就是说，从各种角度、方面对档案的利用要求，实际上是档案所反映的活动过程本身所诱发的，是由这种活动本身的存在而派生出来的。因此，档案分类只能依据形成档案的活动过程本身所具有的运动规律和科学程序来进行，即应以保持文件中与这种过程、规律或程序相吻合的本质有机联系为原则。

在这里需要注意的是，档案之间的有机联系并不是绝对的，而是相对的。在同样类型的活动过程中，事物之间的各种矛盾和联系也是多种多样的。哪种主要，哪种次要，这是随客观条件的变化而变化的，对待文件间的有机联系必须具体问题具体分析，绝不能强求一律，机械地认为保持某种联系最重要，因而僵硬地坚持非采用某种分类方法不可。相反从实际出发变换我们的方法，力求保持文件间最紧密的联系，才是唯一正确的做法。

2.充分利用原有的整理基础

档案是历史的产物，在入藏以前，有的可能存有文件作者或经办人员保管、利用它们的痕迹，有的则可能经过历代档案工作人员的整理。因而在档案整理过程中注意发现上述遗迹并加以利用，即充分利用原基础，也是科学组织档案分类工作的一条原则。

档案中存在的经初步保管、整理的状况或成果，在某些情况下，可能会具有一定的合理成分。如文书处理人员为便于承办和利用，常把同一事件的请示与批复放在一起，造成了档案文件间一种自然的排列次序；而过去的档案人员整理文件时，更是出于当时的某种需要或某种考虑，把具有某种共同特征（问题、作者、时间或形式等）的文件组合在一起。正因如此，应该从实际出发，充分认识并利用原有的基础，以确定档案整理的任务与方式，不轻易打乱重整。就是说，在整理档案之前，应对档案的现状作调查研究。

首先，如果发现档案已初步经过整理，原基础较好，一般就不必打乱重整。这种原有的基础，按现时的标准衡量，可能在保持有机联系的问题上有这样那样的缺陷。但是整序档案作为实体控制的手段，其目标无非是要使档案按一定的规则或规律排列起来，确定其存放的位置，以便于检索。只要这些档案有规可循，有目可查，一般就应尽量保持其原有的整理体系。

其次，即使原基础很不理想，根本未经整理或必须重整，也应仔细研究存在于档案中的每一丝线索，不轻易打乱破坏文件产生处理过程中形成的自然顺序，或前人的整理成果。也就是说，要注意吸取原基础中的合理成分，即使对某些极简单的保存与清理工作的痕迹，也应注意分析是否有参考价值。只有在全面掌握原基础情况以后，才能拟订确实可行的计划，动手整理或仅仅作局部调整。

3.便于保管和利用

整理档案时，应充分利用档案原有的基础，积极保持档案之间的有机联系，但在具体的整理实践中，有些文件的联系的保持又容易与档案保管的便利性产生冲突。例如，某次会议产生的文件，有纸质的，也有视频的、音频的，还有可公开的、必须保密的，如果单纯只强调文件之间的有机联系，将它们混合起来进行整理，很显然会对保管的便利性产生不利影响。因此，在整理档案时，如果档案之间的有机联系与档案保管的便利性产生冲突时，不能只重视文件联系，还要充分考虑档案保管与利用的便利性。对于不同种类、不同载体、不同机密程度、不同保管价值的档案应根据具体情况具体处理，恰当组合，以便在一定范围内保持档案的最优化联系。

在这里需要注意的是，档案整理必须便于保管和利用，并非是通过它就能完全满足从多角度检索档案文件的一切需求。便于保管和利用既是档案整理的出发点，更是整个档案管理工作的出发点。不能要求在实体控制阶段就"毕其功于一役"，解决应由整个档案管理各阶段共同一起解决的问题。应该看到，档案整理工作的任务只能是按一种规则排列档案实体使之形成有序结构，从而为档案的更好保管和进一步利用提供必要的基础。至于使档案信息能从多角度检索，满足一切查寻要求，那是智能控制的任务，不能强求由档案的实体整理去完成。否则就只能今天按这一种方法整理，明天又按那一种方法排序，反而使档案实体易于损毁，不便利用。

三、新时代下档案管理工作质量提升

1.健全体制管理

档案管理工作在单位发展的新形势下已经成为其运行过程当中的重要部分，

能够直接影响到单位相关战略决策及其后续发展，因此，需要管理阶层充分重视档案管理工作，结合单位实际运行情况健全相关的体制，使相关工作人员在实际档案管理过程当中有法可循。在对相关体制进行建立的过程当中，需要对各岗位的职责以及责任义务划分进行明确，保证专人专事，避免当发生意外情况时，不同部门与不同岗位之间互相推诿责任，通过完善的奖惩机制和奖惩措施带动档案管理工作人员自主加强档案管理能力的积极性，约束相关工作人员的不合规行为。

2.加强对档案管理人员的培训

在保证单位内部档案管理工作已成规模的前提下，加强对档案管理工作人员相关能力的重视程度，提高对档案管理领域的经费划分比例，可以由管理阶层定期组织交流会的方式加强各部门之间的沟通，通过对内引进与对外学习双管齐下的方式，提升相关工作人员的专业能力和实际操作水平，扩大档案管理专业人员队伍并提升管理人员整体能力，将档案管理人员的工作能力与其绩效进行挂钩，通过相应措施连接个人利益与单位利益，带动档案管理工作人员的自主学习意识和管理创新意识。在对档案管理工作人员综合实力的提升上，需要管理阶层结合实际情况针对单位内部各岗位的特点，制定有针对性的培训方案，充分发挥出培训的作用。

3.营造竞争意识

多数单位内部档案管理工作效率较低，主要是由于相关工作人员缺乏竞争意识，对这一问题进行改善可以从以下2个方面进行：首先需要管理阶层加强对于档案管理部门的重视程度，通过相应措施和手段带动档案管理部门的积极性，营造单位内部良好的竞争氛围；其次是档案管理部门内部需要管理人员制定相应措施，带动各岗位之间的竞争，可以通过相应奖惩措施以及激励措施激发工作人员活力和积极性。

4.完善档案管理体系，建立考核制度

现阶段，多数单位内部档案管理部门的相关工作人员数量较少，因此也没有完整独立的管理体系和考核制度，随着近年来单位规模不断壮大以及运行模式的不断转型，档案管理工作越发重要，因此，管理阶层需要结合实际情况，对档案管理体系进行完善并通过建立相应考核制度的方式，加强相关工作人员的责任意识。注意在对档案管理体系以及相应考核制度进行建立的过程当中，需要管理阶层结合档案管理工作特点以及单位实际运行情况，保证管理体系的精细化、规范化和人性化。

5.加大资金投入力度

经济基础决定上层建筑，因此，档案管理工作如果想要提升实际效率，充分发挥出在单位运行过程当中的作用，就需要管理阶层加大对于档案管理工作的资金投入，主要可以将资金从以下2个方面进行分配：一方面，随着我国整体科学技术水平的提升，档案管理工作在实际运行过程当中可以通过引进信息化技术的方式提升整体工作质量，不论是软件技术还是硬件设备都需要足够先进以适应时代发展，因此，管理阶层需要加大档案管理工作信息化建设的资金投入；另一方面，现阶段我国部分单位内部的管理工作人员在实际工作过程当中的责任意识以及相关能力不足，主要是由于其薪酬相对较低，无法带动工作人员的积极性，因此需要提升档案管理人员的薪酬，同时调配部分资金用于管理人员专业能力培训。

6.建设完善的信息化管理平台

档案管理工作所涉及的环节相对复杂，具体包括信息收集、信息分类、信息整理以及信息分析等不同环节，想要提升档案管理工作整体效率，需要对各环节进行实时监控，因此需要完善的信息化管理平台保证各部门以及各环节实现信息共享。信息收集过程当中涉及单位不同部门，因此需要通过完善的信息化管理平台，保证收集的数据信息的准确性和精确性。配备专门人员做好信息化管理平台的维护和更新，加强相关工作人员的创新意识。

7.强化安全管理

档案管理内容涉及单位的运行过程当中的各方面信息，因此，其能够为单位的发展战略提供相应的信息支持，但是一旦档案信息发生泄露，给单位带来的损失也是难以估量的，因此需要相关工作人员充分重视档案管理的安全工作，首先加强相关工作人员的安全意识，其次对不同类型的档案信息做好分类，最后完善相关设备设施的维护措施。

传统的档案管理模式已经无法满足新时代下单位对于档案管理工作的要求，因此，相关工作人员需要结合实际情况加强对于档案管理工作的重视程度，同时引入信息化手段提高档案管理工作的整体效率，充分发挥出其在单位实际运行过程当中的作用，带动机关单位的良好发展。

第二节　档案室与档案馆的收集工作

一、档案室的收集工作

档案室的收集工作包括接收本单位归档的文件和收集未及时归档的平时文件两个方面的内容。其中，文件归档是档案室收集档案的主渠道，平时文件的收集则是一种补充的形式。

（一）文件归档

各单位在工作活动中产生的文件材料办理完毕后，不得由承办部门或个人分散保存，必须由文书部门或业务部门系统整理，定期移交给本单位档案室集中管理，这就是归档。在我国，归档是党和国家明文规定的一项制度，并且以法律的形式固定下来，这就是通常所说的归档制度。归档制度是档案室收集工作的重要内容和最基础的工作，建立健全归档制度能够确保档案室档案来源的连续性，为国家积累档案财富提供重要保证。

1. 归档范围

归档范围是指办理完毕的档案文件应该归档还是不应该归档的范围。决定文件是否应该归档的因素主要是档案文件本身的保存价值。根据国家档案局制定的《机关文件材料归档范围和文书档案保管期限规定》（国家档案局第8号令），以下几种档案文件都属于归档范围。

（1）能反映本机关历史发展情况，以及本机关的主要职能活动，并且对本机关的工作具有利用价值的文件材料。

（2）在机关工作活动中形成的，在维护国家安定、公民权益等方面的凭证性文件材料。

（3）本机关需要执行的上级机关、同级机关的文件材料，以及下级机关报送的重要文件材料。

（4）其他对本机关工作具有参考价值的文件材料。

不属于归档范围的文件材料，主要包括以下几种。

（1）备份的文件材料，如国家相关机关印发的文件，本单位内凡有备份的，均由主管单位负责归档，其余可不必归档。

（2）一般事务性，且没有保存价值的文件材料。

（3）未经会议讨论，未经领导审阅、签发的文件材料。

（4）未成文的草稿，以及经过多次修改的修改稿。

（5）与本机关、单位业务无关的由主管机关和非隶属机关发来的文件材料。

（6）本机关领导兼任其他机关职务期间形成的文件。

（7）一般人民来信。

（8）法律规定的不得归档的文件材料。

总之，确定归档范围的一般原则是：归档文件必须具有一定的保存价值，必须符合各机关文件材料的实际状况。各机关和单位应根据国家的统一规定和要求，确定本机关归档和不归档文件材料的范围。

2. 归档时间

归档时间是指文书处理部门或业务部门将需要归档的文件材料向档案室移交

的时间。

《机关档案工作条例》规定：机关文书部门或业务部门一般应在文件办理完毕后的第二年上半年，即在次年6月底以前向档案部门移交。

《企业档案工作规范》规定：企业在经营管理工作、生产技术管理工作、行政管理工作、党群工作中形成的文件，一般应在办理完毕后的第二年第一季度归档。

某些具有一定专业性的文件可以另行规定合适的归档时间，如会记档案在会计年度终了后，可暂由会计机构保管一年，期满后，应当由会计机构编制移交清册，移交本单位档案机构统一保管；学校档案应当在次学年6月底前归档；磁带、照片及底片、胶片、实物等特殊载体则应在工作结束后及时归档，或和相应内容的纸质载体同步归档等。在这些文件中，科技文件的归档不同，它没有固定的归档时间，主要根据科技文件材料的不同类型和特点、不同的形成规律和利用需求来确定合适的归档时间。一般来说，有定期归档和实时归档两种。定期归档可分为按项目结束时间归档、按子项目结束时间归档、按工作阶段归档、按年度归档四种，实时归档适用于机密性强的科技文件材料和外来材料（外购设备的随机图纸、文字说明，委托外单位设计的文件材料等）。

3.归档文件的质量要求

根据《归档文件整理规则》的规定，应该从下列几个方面检查归档文件的质量。

（1）归档的文件应齐全、完整，每份文件不缺张少页，并组成保管单位。

（2）遵循文件的形成规律，保持文件之间的有机联系，区分不同价值，便于保管和利用。

（3）卷内文件经过系统整理和编目。

（4）案卷封面填写清楚，案卷标题准确，案卷排列合理，编号无误。

（5）编制了完整的案卷目录和相关的文件。

（6）对已破损的文件应予修整，对字迹模糊或文件载体存在质量隐患的文件应予复制。

（7）归档文件所使用的书写材料、纸张、装订材料等应符合档案保护要求。

（8）在文书档案文件组卷时，一般应将文件按年度分开，不同年度形成的文件一般不可放在一起组卷。但是，跨年度的请示与批复，应放在批复年度立卷，没有批复的，放在请示年立卷。

（9）录音带、录像带、影片、照片等特殊载体的文件，应同纸质文件进行统一整理、编目，但要分别存放，在案卷目录上要注明互见号，以保持文件间的历史联系，便于查找利用。

（10）绝密文件和绝密电报应该单独立卷（少量普通文电如与绝密文电有密切

联系，也随同绝密文电一起立卷）。

（11）对于不同保存价值的文件，应当分开组卷，以便日后向档案馆移交，防止拆卷重组问题的产生。

（二）平时文件的收集

平时文件收集是指档案室在执行归档制度之外对零散文件的收集。

1."账外"文件的收集

"账外"文件是指未经单位文书部门登记入账，在收、发文登记簿上无"账"可查的文件。"账外"文件主要有：本单位召开的各种会议文件材料；本单位领导人和业务人员外出开会或参观学习考察等活动中获取的文件材料；外单位直接寄发给领导人"亲启"的文件或直接给部门和有关人员的文件材料；本单位内部各种规章制度、统计数字材料等。

2.专业文件的收集

专业文件是指在各项专业活动中形成的文件和特殊载体的文件材料。档案室在重视对文书档案、科技档案收集的同时，还应重视对各种专业文件的收集；在重视对纸质文件收集的同时，还应健全归档制度，重视对音像等其他载体文件的收集，确保档案室保存的文件门类齐全。

3.零散文件的收集

零散文件的形成原因主要有两个方面：一是某些单位由于归档制度未建立或归档制度执行不严，致使文件材料分散保存在内部机构、领导人或业务人员手中，特别是未经收发室登记的文件和某些内部文件；二是由于机构调整、人员变动或发生搬迁、灾害等特殊情形，使归档文件不齐全、不完整。

二、档案馆的收集工作

档案馆作为党和国家的文化事业机构，是集中保管党和国家重要档案的基地，是社会各方面利用档案信息资源的中心。因此，它必须要以拥有丰富、优质的馆藏档案和资料为基础。做好档案的接收与征集工作是档案馆工作中一项非常重要的内容。

（一）档案馆档案接收的范围

按照《档案馆工作通则》和《各级国家档案馆收集档案范围的规定》的文件精神，档案馆接收的范围包括如下几方面。

（1）本级各机关、团体及其所属单位具有永久保存价值的档案，省辖市（州、盟）和县级档案馆同时接收长期保存的档案。

（2）属于本馆应接收的撤销机关、团体的档案。

（3）属于本馆应接收的中华人民共和国成立以前的各种档案。

对于第（1）条所列"本级各机关、团体及其所属单位"中的所属单位，在具体接收时要明确规定接收到哪一级所属单位。目前一般只接收到二级单位，档案馆各方面条件具备也可以接收到所属的基层单位。比如省、市档案馆，按规定应接收省（市）直属机关、团体、企业、事业单位的档案。如果接收到二级单位，就可以接收省直机关所属的公司（如百货公司、五金交电公司、服务公司、食品公司等）的档案。如果接收到所有的隶属单位，就要接收各公司所属的工厂、商店的档案。

党的组织关系在地方，属于地方和上级主管部门双重领导的单位形成的、以反映地方某项事业或建设活动为主的档案，经有关方面协商，也可以属于第（1）条范围内。

另外，集体所有制单位和典型私营企业形成的有进馆价值的档案和著名人物档案，经协商同意，也属于档案馆的第（1）条的接收范围。

（二）档案馆档案收集的要求

为保证接收工作的顺利进行，档案馆在接收档案时，一般应符合如下要求。

（1）档案整理编目规范。档案由有关单位收集齐全，并按规定进行系统整理。

（2）档案收集完整。进馆档案应按全宗整理，保持全宗的完整性。一个全宗范围内文书档案、科技档案、音像档案和实物等各种门类和载体的档案应作为一个整体，统一移交给一个档案馆。

（3）档案检索工具齐全。接收立档单位档案的同时，应将其编制的组织沿革、全宗介绍、案卷目录等有关检索工具以及与全宗相关的各种资料一并接收。

（4）限制利用意见明确。对自形成日期满30年仍能对外开放的档案，各有关单位应在移交时提出明确的控制利用意见。政府信息公开部门应对移交档案中涉及政府信息的，书面告知其原有公开属性。

（5）清点核对手续完备。档案移交时，交接双方必须根据移交目录清点核对无误，并在交接文据上签字盖章，一式两份分别由双方单位保存。档案交接文据见表2-1。

（三）档案馆档案收集的任务

1.现行机关档案的收集

按照《档案馆工作通则》等文件的规定，现行机关档案中具有长远保管意义的部分，需要定期向档案馆移交。接收现行机关档案室移交的档案，是各级档案馆的经常任务。

在对现行机关档案的接收时间上，档案馆接收现行机关保管期满的档案时，有逐年接收和分段接收两种办法。逐年接收，就是每年对现行机关保管期满的档案接收一次；分段接收，就是要隔一定时期（如3年、5年）对现行机关保管期满的档案接收一次。一般采用后一种办法为宜。

表2-1　档案交接文据

档案全宗名称						
移交单位名称					接收单位名称	
性质	移交	档案所属年度				
档案类别		数量				检索及参考工具种类和数量
		永久	30年	10年	排架长度	
文书档案（卷）						
科技档案（卷）						
音像档案（录像带、光盘）						
会计档案						
实物（件）						
合计						
移出说明						
接收说明						
移出单位：（印章） 领导人： 经办人： 移出日期：年月日				接收单位：（而章） 领导人： 经办人： 接收日期：年月日		

现行机关档案产生和形成的档案文件数量多，完整、系统，并且具有连续性。收集这些档案时需要满足以下几方面的要求。

（1）按规定向档案馆移交的档案，应该收集齐全（与档案有关的资料、立档单位的组织沿革、全宗指南及有关的目录、索引等检索工具，随同档案一并接收），并按全宗作为一个整体归入档案馆，不得随意分散。

（2）进馆的档案必须真实。凡有疑点的档案，都要尽可能加以考证，如果一时难辨清楚，也要存疑，予以证明。

（3）在接收档案过程中，除了履行必要的交接手续以外，在档案进馆前应做好案卷的检查验收，具体可以按照自检、互检、检查小组检查接收的步骤进行。

（4）馆藏档案内容除具有普遍性特点以外，还必须反映本地区的特点，有独到的地方特色。各省（市、自治区）档案馆的馆藏内容，有别于其他省（市、自治区）的鲜明地方色彩。要把带有地方特点的档案，作为接收的重点，以防止档案内容的大量重复。

（5）现行机关移交档案时，必须根据移交目录，同接收档案的有关档案馆一起清点核对，并在交接文据上签字盖章，以便明确交接双方的责任，保证进馆档案的完整齐全。

2.撤销机关档案的收集

撤销机关是指中华人民共和国成立前后，由于政权变更、体制改革、行政区划调整等原因而被撤销合并的机关、团体、企业、事业单位及其他社会组织。档案馆按国家规定接收这类机关、团体、组织的档案，也是档案馆档案收集的重要任务。

撤销机关档案，具有易分散、整理不系统、存在尚未办理完毕的文件等方面的特征。为此，档案馆在接收撤销机关的档案时，除了应按接收现行机关档案的要求对所接收的档案进行检查外，还应注意以下问题。

（1）机关撤销或合并时，严禁将机关在历史活动中形成的文档予以分散、损毁、丢弃，而应将全部档案进行认真清理、鉴定，并妥善保管，之后按照国家相关规定，将这些档案移交相关档案馆进行管理。

（2）当某机关被撤销，其业务被划归到其他几个机关时，也不能将这个撤销机关原本留存的档案文件予以分散，而应将其视作一个有机整体妥善保管。然后由相关的单位通过协商的方式处理这些档案，当然也可以将其交给某个接管机关代管，或移交相关档案馆。

（3）当某个机关并入另一个机关，或几个机关合并为一个新的机关时，应按机关将其档案分别组成一个个有机整体，然后分别向有关档案馆移交，而不能将这些合并前的机关档案与合并后形成的档案混合在一起。假如接管撤销机关职能的机关，因为工作需要，可以在征得有关档案管理机关同意后，暂时代管撤销机关的档案。代管过程中一定要注意不要将撤销机关的档案与本机关的档案混淆，以便日后能清楚明白地将撤销机关的档案移交有关档案馆。

（4）机关撤销或合并时，假如存在还没有办理完毕的档案文件，应将这些文件转交给继承原机关单位职能的有关机关进行后续档案的处理。

3.二、三级单位形成档案的收集

根据《各级档案馆收集档案范围的规定》的要求，各级人民政府的直属工作部门所属的独立分管某一方面工作或从事某项事业的行政管理机关和企事业单位，以及有代表性的第二、第三级单位形成的档案应向各有关档案馆移交。档案馆在接受这些档案时需要注意以下几方面的问题。

（1）避免不分重点，普遍接收

对二、三级单位形成的档案，档案馆必须择其有代表性的、典型的单位档案予以接收，而不能一味追求数量，采取普遍接收的办法。这就需要档案馆在接收档案前，要先做好调查工作，将本级机关或组织的所有的二、三级单位一一列举出来。在此基础上，按一定条件进行筛选，最后确定入馆单位的名单。

（2）避免不加选择，盲目接收

某些档案馆，为使馆藏数量增加，大量接收二、三级单位的档案，致使馆藏档案质量下降，数量"暴涨"，入馆的这种档案分类混乱，"玉石不分"、重复件增多（如统计报表、劳动及组织人事文件重复严重），给档案馆增加了人员、库房设备等方面的压力，给档案管理（如标准化工作）带来了沉重的负担。

（四）档案馆档案收集的方式

一般而言，档案馆对档案的收集方式主要有两种：逐年接收和定期接收。逐年接收即每年接收一次档案，定期接收就是每隔一定时期（如3年、5年）接收一次。

但是，档案馆对科技档案的收集方式有所不同，实行相关单位主送制和科技档案补送制。

1.相关单位主送制

对于普通文书档案而言，应按要求将其中具有永久和长期保存价值的所有档案都移交进馆。科技档案则不采取这种普遍接收进馆的制度，而是实行相关单位主送制，即对不同种类及不同项目的科技档案，按照国家有关规定，分别确定报送单位，主送单位报送档案中的不足部分由其他有关单位补充移交。

2.科技档案补送制

建立补送制的目的，是为了及时反映进馆档案所涉及的科技、生产项目的发展、变化情况，保持馆藏科技档案的完整性和准确性。例如，进馆档案所反映的基建项目进行重大改建、扩建，产品改型、换代等，在这些情况下，原移交单位要向档案馆补送相关的科技档案。

第三节　档案的整理

使档案实体系统化、有序化的整理工作也可称为档案的整序，它主要是通过分类来进行的。整序的过程就是对档案实体分分合合，将它们分层次组成全宗群、全宗、系列和案卷（或保管单位）并进行排列的过程。

一、区分全宗和全宗群

档案整理首先从区分全宗开始，这不仅因为档案信息的有机关联性首先是在全宗这一层次上体现出来的，而且因为全宗是档案馆对档案进行日常科学管理的基本单位。衡量文件的价值以决定是否选择它们进入档案馆的工作，是以全宗为基础进行的；为档案编目，保管、交接档案，也都要按全宗进行。全宗在馆藏建设和对档案实体施行控制的过程中有举足轻重的地位。

全宗是一个国家机构、社会组织或个人在社会活动中形成的具有有机联系的档案整体。一个全宗，反映了一个单位或个人活动的全过程。同时，全宗也是档案馆（室）对档案进行科学管理的基本单位。

（一）确定全宗的构成方式

区分全宗实际上就是将产生于同一活动过程的档案集中在一起，以便使它们与其他各类档案区别开来。科学地确定全宗的构成方式是区分全宗的前提，而全宗的构成方式是指全宗围绕什么样的核心（主体还是客体）形成，因此，确定全宗的构成方式实际上就是在判断全宗范围和界限的基础上，确定全宗是围绕什么中心形成的。

然而，任何人类活动都是主体、客体之间相互作用的复杂过程，站在不同的角度，按不同的标准观察分析，对活动过程和文件据以形成的核心就必然会有不同的理解，得出不同的结论。机关档案室档案之所以应构成主体全宗，就是因为站在现行机关的立场上，必然把由本机关进行的全部活动，看作以本机关主体为中心进行的完整活动过程。但是如果站在更宏观的角度，即站在档案馆的立场上，从全社会的范围观察分析，对此又可能会有不同的认识，而且不同类型的档案馆的服务目标和担负的任务不同，所体现的社会需求和用户整体利益也不同。站在它们各自不同的立场上，分析形成全宗的人类活动过程和全宗本身的构成方式，其结论必然不尽一致。

具体来看，立档单位不是固定不变的，由于社会的发展，事业的进步，常常引起一些机关的增设、撤销或合并，这些发展变化常常给全宗的划分带来一些新的问题，需要在实践中认真对待。这就要求在具体划分时应该研究立档单位的各种变化情况，辨别哪些变化是根本性的，应当产生新的立档单位和全宗；哪些变化是非根本性的，不应成立新的立档单位和全宗。

1.政权更迭及跨政权立档单位的区分全宗

不同政权中的政府性质立档单位，虽然职能相近或相同，但因所属政权的差异，名称会有一定的差别，因此决不能将跨政权的同一职能的立档单位视为一个单位，因此，它们的档案也不应构成同一个全宗。不同政权中的非政府性质的立档单位，如学校、宗教组织、社团、政党等，它们的档案可以构成一个全宗，但在具体的管理中应将他们按照所属政权的时间分为不同部分。不同政权中存在的具有较强政治色彩、对政权依附性较大的立档单位，如军事院校等，由于政权更迭中一般会进行重大的改造，因此其档案也应像政府性质的立档单位一样，构成不同的全宗。至于个人全宗，不管其立档单位或个人是否跨政权存在，也不管他们的政治倾向、职业等是否会发生重大变化，其档案都应构成一个全宗。

2.临时性机构档案的区分全宗

各种临时性机构形成的档案，一般不设立新全宗。因为临时性机构的业务往往属于某机关或若干机关业务范围之内，存在的时间不很长，形成档案的数量不多。个别的临时性机构，独立性较强，存在时间较长，其档案也可以考虑成立新的全宗。

3.立档单位变化所导致的区分全宗

在立档单位的政治性质无根本变化的情况下，主要是分析基本职能是否有根本变化。

（1）新建

新建立的机关、企业、事业单位，它们的档案可以构成一个全宗。例如，2017年银川市成立了辖区综合执法（监督）局这个新的单位，负责本市综合执法，此后，银川市辖区综合执法（监督）局的档案便可以构成一个新的全宗。

（2）独立

某一个单位原属一个立档单位，但后来这个单位被分离出去，负责原立档单位的部分职能。从它独立之后，它所形成的档案就可以构成一个新的全宗。例如，国家税务总局原本隶属于国家财政部，后来被分离出来，从它独立后，它所形成的档案就可以构成一个新的全宗。

（3）合并

由两个或两个以上的撤销单位构成一个新的单位，这个新的单位一般与其原单位虽然前后存在一定联系，但在职能上却有明显差异，它们所形成的档案也应构成一个新的全宗。例如，我国在机构调整时，将中央粮食部和全国供销合作总社撤销，将它们合并到中央商务部，这样原中央粮食部、全国供销合作总社与中央商业部的档案应分别构成全宗。

（4）分开

当一个机关、单位被分割为两个或两个以上的单位，原来的机关、单位在分割之前应构成一个全宗。分割后形成的新机关、单位分别构成不同的全宗。例如，原北京市电子仪表工业局，在我国机构调整时撤销，分别成立电子工业总公司、仪表工业总公司、光学工业总公司，这些新成立的单位所形成的档案，应分别构成新的全宗。

（5）合署

当两个单位合署办公，但其文件又是分开处理时，它们所形成的档案，应分别构成全宗。例如，某市的纪委和监察局合署办公，但它们的文件又是分别处理的，它们所形成的文件也应构成不同的全宗。

（6）从属

当某一个立档单位由于工作的需要，后来变为某一个机关内部的组织机构时，改变之前形成的档案为一个全宗，改变后形成的档案为另一个全宗的一部分。例如，国家高等教育部（高教部）原为一个立档单位，后来变为教育部的内部机构——高教司。改变前为高教部全宗，改变后为教育部全宗的一部分。

4.组织全宗与个人全宗档案的区分

个人全宗与组织全宗中的档案在有些情况下会出现交叉现象，也就是说某些档案既有一定的个人属性，又体现出自组织属性，如某个单位领导以个人名义发表的文件。对于这种情况，一般采用以下的处置方式：首先，凡是以组织的名义制发的文件都应归入组织全宗，个人全宗如果有必要，可以保留副本；组织全宗中不保存个人性质的文件，如个人自传、对个人情况的调查文件等；决不允许将具有组织与个人双重性质的档案文件抽出归入个人全宗中。

（二）全宗群及其划分

联系密切的若干全宗的群体，称为全宗群。在我国，全宗的组织常常通过组建"全宗群"来体现和维系全宗之间的联系。各个立档单位的工作活动不是孤立的，而是互有联系的，因此，一定的全宗之间也就有了必然的历史联系，这种具有时间、地区、性质等共同特征的，有密切联系的若干全宗的组合体，称之为"全宗群气具体说。全宗群是指同一时期或地区，在纵向或横向方面具有相同性质的立档单位形成的若干个全宗构成的一个有机群体。组织全宗群的目的在于维护同一类型或专业系统的若干个全宗的不可分散性和保持文件材料在更大范围内的历史联系，便于管理和开发利用。

为了便于保管和利用，应该把互有联系的全宗组织到一起，维护一定类型全宗的不可分散性。全宗群首先按照档案形成的不同时期分为几大部分，如新中国成立前的档案（革命历史档案、旧政权档案）和新中国成立后现行机关的档案，然后每一部分再按立档单位的类型和特点，对全宗进行细分。比如，按照立档单位的性质，把档案分成工业交通系统，农林水利系统，财政、金融、商业贸易系统，科学文化、教育、卫生系统等；或者按区域分类，分别组成全宗群。全宗群分类一般应和档案的分库保管相一致，一个或几个性质相近的全宗群应当集中保存在相同的档案库房内。全宗群不是具体对档案进行整理和统计的一个固定的实体单位，而是在档案管理中起指导和组织作用的一种形式和方法。

（三）全宗的编号

各个档案馆都保存有一定数量的全宗，为了便于各项工作的开展，除了要对全宗进行一定的组织外，还应给每个全宗编一个代号，称为全宗号。

全宗号是档号的组成部分，在档案数量、全宗数量增加以及检索工作发展的情况下，全宗号对于档案系统化整理、编目、检索有十分重要的作用。

1.全宗编号规则

第一，对全宗进行编号，要考虑馆藏全宗的特点及管理的方便。根据全宗的类型和数量合理编号。

第二，应为新全宗的编号留有余地，避免因新入馆的全宗打乱整个编号体系。

第三，全宗号应力求简洁，方便实用，不能过于烦琐。

第四，全宗与全宗号之间一一对应，一个全宗只能有唯一的一个号码，便于统计和检索。全宗号数应能如实反映馆藏全宗数量和档案出处。

第五，已编好的全宗号不得任意更改，应保持其稳定。即使某一全宗的全部档案都已移出，该全宗号亦不得挪作他用，以免发生混乱。

2.全宗编号方法

对全宗编号的方法有很多且各不相同，归纳起来主要有序时流水编号法和体系分类编号法两类。序时流水编号法是按全宗进馆时间的先后顺序编号。这种编号方法简单实用，比较客观，适合全宗量不大、全宗类型较单一的档案馆采用。体系分类编号法是对全宗先进行一定的分类或分组，再编号。这种编号方法逻辑性、系统性强，层次分明，能反映全宗本身的性质和特点，但编制较复杂，其号码不易分辨和记忆。这种编号方法适合馆藏全宗数量大，全宗的时间、地域跨度大，类型复杂的档案馆采用。这两种全宗编号方法各有优缺点，在具体应采用哪种方法来编号时，档案馆应依馆藏全宗的状况而定。

全宗的编号与全宗在库房内的实际排列顺序有时一致，有时不一致。在一些规模较大、馆藏数量较多的档案馆，不一致的情况居多。全宗的排列可按全宗号顺序排列，也可按立档单位的历史时期、性质、所属系统、地区以及立档单位名称的音序或笔画排列。在我国，通常按全宗群来排列，即把同一时期、同一系统或相同性质的全宗排列在一起，以保持同类全宗之间的联系。一般来说，全宗的排列方法和次序对全宗的编号无决定性影响，当全宗在库房中的排放根据保管需要有所变动时，并不需要改变全宗号。但全宗号作为查找档案出处的一种手段，若与全宗的实际排列顺序相一致，则有利于迅速找到所需档案。

二、全宗内档案的分类

（一）全宗内档案系列的划分

划分系列在全部档案整理程序中是承上启下的环节。它不仅深化了由区分全宗开始的整序过程，而且为立卷及案卷排列等工作奠定了基础。分类必然是一个由总而细，从一般到个别的逻辑过程，如果不先分系列（或者说如果不事先拟订出全宗内的分类方案和分类规则并使文件据以自然地归类），反而先自下而上盲目地将文件组合堆砌成卷，势必造成各卷文件之间的交叉、重叠、混乱，以至于无法检索利用并使编目和统计难以进行。

划分系列包括选择分类方法、制定分类方案和类分文件等具体内容，它是在区分全宗的基础上进行的。两者的区别在于：区分全宗是站在宏观角度，以整个档案馆已经和将要收藏进馆的档案为受控客体，其目标是保证档案反映同一活动过程的完整性；划分系列则是站在微观角度以某一全宗内的全部档案为受控客体，其目标是改善全宗内文件数量多、内容杂又巨细不分、仍不便于检索的现状，使之分别归入相互联系、相互制约、层次分明、结构严谨的类别系列中去，从而有可能系统地提供利用。

（二）全宗内档案的分类

1.全宗内档案的分类原则

全宗内档案分类总的原则是要科学、客观、符合逻辑，能反映档案的形成特点和规律。具体分类原则如下。

（1）根据全宗的性质和特点，选择适当的分类标准。能够恰如其分地揭示档案间的内在联系，使整个分类系统具有客观性，组成一个有机的整体，系统反映出立档单位的活动面貌。

（2）类目名称应含义明确，具有系统性，有合理的排列顺序。必要时，对类目所指范围和归类方法应有说明，以保证分类的一致性。

（3）分类层次简明，类目不宜过细、过多。一般来说，类目划分到二级至三级，使之能包容一定数量的案卷。另外，划分类别时应留有伸缩余地，以便随实际需要增加或减少类别。

（4）分类体系的构成应具有逻辑性，遵守逻辑划分规则。一次分类只能使用一个分类标准，子类外延之和正好等于母类外延，子类之间必须界线清晰，不能互相交叉，类目概念应明确。

2.全宗内档案的分类标准

全宗内档案的分类标准主要有文件的时间、来源、内容、形式四种，每一标准下又有不同的分类方法。

（1）按文件产生的时间分类

按文件产生的时间对全宗内档案进行分类，可用年度分类形成不同年份的档案，也可按立档单位在发展过程中形成的不同时期（或不同阶段）形成不同档案类别。

（2）按文件的来源分类

按文件的来源对全宗内档案进行分类，可按立档单位的内部组织机构形成不同机构的档案，也可按文件的作者形成不同类别的档案，还可按与立档单位有较稳定的来往通信关系形成不同档案类别。

（3）按文件的内容分类

按文件的内容对全宗内档案进行分类，可按文件内容所说明的问题（事由）分类，也可按文件内容所涉及的实物分类，还可按文件内容所涉及的地理区域分类。

3.全宗内档案分类方案的编制

全宗内档案分类的表现形式是分类方案，它是用文字或图表形式表示一个全宗内档案分类体系的一种文件。当选用了某种联合分类法以后，就应该编制一份分类方案（又称为分类大纲）。分类方案的编制，应该注意以下几点要求。

（1）排斥性

分类方案中同级的各类地位相等，内容互相排斥（不能你中有我，我中有你），类的范围必须明确。比如，按问题分类，所设问题各类地位相等，不能相互包括。第一类中设教育类，同位类就不能再设高等教育、中等教育类，因为教育类包括高等教育、中等教育……只能把它们设为属类。同级中设有人事类，就不能再设干部任免类，同样道理，既然设财务类，也就不能再设经费类。

（2）统一性

在编制分类方案时，首先要确定采用何种分类方法。第一级采用哪种方法，第二级采用哪种方法，都应明确规定、标示清楚。而在同一级分类中，不能同时并列采用两种以上分类标准。比如，第一级分类是采用年度分类，就不能同时并列组织机构或问题名称。如果是采取两种分类法的联合，那么不仅分类的第一级是统一的，第二级也应该是统一的。比如采用年度组织机构分类法，第一级分类是年度，第二级分类是组织机构。

（3）伸缩性

档案是社会实践活动的产物，而社会实践活动是丰富多彩的。工作内容时而增加，时而减少，组织机构时而撤销，时而合并，因此，分类方案中的各类，均应留有伸缩的余地来增加或减少类别，以适应客观变化的需要。

为了使分类方案编制科学、实用，在编制分类方案前还应该做好调查研究工作，要查阅有关材料，了解立档单位的业务执掌。对于立档单位的组织章程、办事细则、工作计划与总结都要认真分析研究，从中了解和掌握立档单位的工作性质、职权范围、业务执掌，以便决定采取合适的分类方法；参考本单位原有档案，如果本机关已有旧卷，应该对原有档案分类基础做周密研究并吸取其合理部分，以补充与修正现有档案的分类方案；还应多方征求意见，经机关负责人批准施行。科学而实用分类方案的形成，必须及时征求文书与业务承办人员的意见，集思广益，防止闭门造车。因为他们对文件的内容与成分比较熟悉，尤其是经办人员对事件、问题的处理过程，更有彻底的了解。分类方案实施以后，往往发生文件与分类方案不尽相符的情况，造成分类困难，应该随时交换意见，对分类项目或增或减，清除障碍，交领导人审核批准。

三、立卷和案卷排列

（一）立卷

全宗内档案分类并不以划分系列为其终结点。一个系列内众多的文件决定了必须进一步在其中分类，才能便捷地检索利用某一份文件。这种分类往往是通过立卷实现的。

档案不同于图书，单份文件是零散的、大量的，一般不宜作为独立的保管单位，而且文件之间常有密切的联系，若将有联系的文件随意分开，将会失去其原有价值。所以，人们在整理档案时，将若干互有联系的文件组合成一个有机整体，称"案卷"，将文件编立成案卷的过程称"立卷"或"组卷气案卷是密切联系的若干文件的组合体，它是档案基本的保管单位。通常也是统计档案数量和进行检索的基本单位之一。案卷是组成全崇的基本单位。立卷是档案整理工作的重要基础，立卷工作的好坏、案卷质量如何，是衡量档案整理工作水平的重要标志。

立卷工作的内容包括组成案卷单位，拟写案卷标题，卷内文件的排列与编号，填写卷内文件目录与备考表，案卷封面的编目与案卷的装订等工作内容。目前，我国文书档案基本的立卷方法是"六个特征立卷法"，即根据文件在问题、作者、时间、名称、地区和通讯者特征六个方面的共同点将文件组合成案卷的方法。比如，把同一个作者的文件组成一卷；把同一个会议的文件组成一卷等。按照文件的六个特征立卷时，一般不单一地采用某个特征组成案卷，而是综合分析文件之间的关系，选择其中最能说明客观情况的几个特征作为组卷的依据。例如："XX总公司关于2006年产品销售问题的调查报告、策划方案"，是作者、时间、问题、文种四个特征相结合组成的案卷;"**XX省水利开发公司关于XX地区水利资源情况的调查报告**"是作者、地区、问题、文种四个特征相结合组成的案卷。

此外,在实际工作中还有一些其他的立卷方法,如将文件按照"事"或"件"组卷的"立小卷法"以及"四分四注意立卷法"等,都具有各自的特点,也是比较适用的立卷方法。

2000年12月,国家档案局发布了行业标准《归档文件整理规则》,推行"以件为单位"的立卷方式。其操作方法是:将归档文件按"件"装订后,按事由结合时间、重要程度等排列(会议文件、统计报表等成套性文件集中排列);然后,编顺序号,装入档案盒,填写档案盒封面、盒脊及备考表项目。这种立卷方式需要借助计算机系统进行数据登记,才能便于日后的查找利用和管理。

(二) 编制卷内文件目录

卷内文件目录是固定立卷成果,揭示卷内文件内容,检索卷内文件的工具,应放在卷文件之首。从性质上分析,编制卷内目录属智能控制范畴。如果用计算机编目,应该先对每份卷内文件进行著录,然后将著录结果按档号排序,以卷为单位打印成书本式目录,即成卷内目录。在手工条件下,这道工序可暂时按传统习惯,包括在立卷过程中,即在案卷编好页码后,于专门印制的表格上,按照排就的顺序,对每份文件逐项著录。其著录项目,按目前的习惯做法是:文件责任者,文件题名(或内容摘要)、文件字号、文件日期、文件份数、文件在卷内的页码,备注等,其格式如表2-2所示。

表2-2 案卷目录表

序号	文件责任者	文件标题	文件字号	文件日期	文件份数	文件在卷内的页码	备注
1							
2							
3							

(三) 案卷排列与编号

全宗内档案(或档案馆、档案室接收的案卷),经分类、立卷以后还必须进行系统的排列。全宗内各类的序列,已在分类方案中排定,所以通常所说的案卷排列，就是根据一定的方法，确定每类内案卷的前后次序和排放的位置，保持案卷与案卷之间的联系。案卷排列方法有以下几种。

（1）按照案卷所反映的工作上的联系来排列。

（2）按照案卷内容所反映的问题来排列。

（3）按照案卷的起止日期（时间）来排列。

（4）按照案卷的重要程度排列。

（5）按照文件的作者、收发文机关以及文件内容所涉及的地区排列。

（6）人事档案或监察、信访等按人头立成的案卷，可以按姓氏笔画、汉语拼音字母顺序或四角号码等方法排列。

上述几种排列方法可以单独使用，也可结合使用。对于不同类型、不同保管期限的档案，在案卷排列中应予以区分。

案卷排列完后应按排列次序编上案卷号，固定案卷的排放位置，案卷号作为档号的组成部分可提供案卷的出处。现行单位大多采取一个组织机构的案卷每年编一个顺序号的办法，或是整个单位一个年度的全部案卷编一个顺序号。历史档案、撤销单位的档案不再形成新的档案，可把一个全宗内所有的案卷统一编号。

四、编制档号

档号是档案馆（室）在整理和管理档案过程中，以字符形式赋予档案的代码。档号通常包括全宗号、案卷目录号、案卷号、件号、页号，档号主要是表示类别及其相互关系的一组符号。在档案的整理、统计、检索、提供利用以及库房日常管理等业务活动中都要运用和借助档号。这几种编号，不仅对档案的管理和提供利用有着现实的、制约的作用，而且对于档案工作的规范化和现代化也是不可忽视的一个方面。

具体来看，全宗号一般用四个符号标志，其中第一个符号用汉语拼音字母标志全宗档案门类，另三位代码用阿拉伯数字标志某一门类全宗顺序号。全宗号一经编定，就不要轻易变动，档案馆内的全宗号应该是固定不变的，即使某一个全宗全部移交出去了，该全宗号在档案馆内仍然保留着。全宗号有三种编法：一是统编号，如党群、政法、工交、农林、财贸、文教、科技等；二是按立档单位的重要程度编号；三是按进馆档案的先后顺序编号。实践证明，前、两种方法对于同时进馆的全宗是适用的，但是有新的全宗进馆，就会被打乱或冲破。第三种方法简便易行，比较实用。

案卷目录号一般采用流水顺序编号法，必要时可在顺序号前加上表示档案保管期限、载体形态等特征的代字。如"永13"表示确定为永久保管的第13号目录。每一案卷目录所含案卷数量不超过100卷时，不另立案卷目录。案卷目录内案卷数量超过999卷时应另立案卷目录，另编案卷目录号。

案卷号是管理档案中最常用的基本代号，是著录案卷目录内每一案卷的流水编号，因此确定案卷号要确定卷内每个案卷的前后次序和排列位置。

件号或页号是文件立卷以后，进行卷内文件的排列，给每份文件以固定的位置，用数字固定文件前后次序的代号。案卷不装订成册时应编制件号，其间不许有空号。

第三章　档案保管与保护

第一节　档案的鉴定工作

一、企业档案鉴定工作概述

"鉴"字的本义是仔细查看、鉴别。广义上的鉴定，是运用专门知识或技能对某事物进行鉴别和判断的一种活动，而在不同行业，它又有不同的含义。

企业档案鉴定就是鉴别和判定档案的价值，根据统一的鉴定原则和标准，确定不同的保管期限，把需要长远保存的档案妥善保存起来，选出不需要保存和已过保管期限的档案予以销毁。鉴定工作直接决定档案的存毁命运，是档案管理中非常重要同时也是难度最大的一项工作。

在档案鉴定工作中，剔除并销毁不需保存的档案虽是工作内容之一，但不是档案鉴定工作的主要目的。因此，在进行鉴定工作的时候，着眼点应首先放在哪些档案应当妥善保存下来，其次才是确定哪些档案失去保存价值需要销毁。只有分清主次，才能做好鉴定工作。

开展企业档案的鉴定工作，不仅是优化室（馆）藏、实现档案管理现代化的需要，也是有效开发档案信息资源，促进企业发展的需要。

二、企业档案鉴定的依据和原则

（一）企业档案鉴定的依据

开展到期档案鉴定工作是企业档案工作的一项重要内容，其主要法律法规依据是《中华人民共和国档案法》及《科学技术档案工作条例》《企业档案工作规范》等。这些法律法规对开展企业档案鉴定提供了依据，指明了方向。

《企业档案工作规范》中关于"档案鉴定工作"明确规定：企业应成立由主管领导、职能部门、专业技术人员和档案人员组成的档案鉴定委员会（或小组），负责确定档案保管期限和到期档案鉴定；档案保管期限应根据文件对企业、国家和社会所具有作用，以及历史研究价值确定；企业应定期对已到保管期限的档案进行鉴定。经档案鉴定委员会鉴定，仍需继续保存的档案应重新划定保管期限；对保管期满确无保存价值的档案应登记造册，填写销毁清册，经企业法定代表人批准后进行监督销毁；销毁清册永久保存。

《科学技术档案工作条例》规定：各单位应当定期做好科技档案保存价值的鉴定工作。鉴定的方法是直接鉴定档案的内容。鉴定工作要在总工程师或科研负责人的领导下，由科技领导干部、熟悉有关专业的科技人员和科技档案人员共同进行。要销毁的科技档案，必须造具清册，经单位领导审定，报送上级主管机关备案。销毁科技档案，要指定监销人，防止失密。

同时，开展企业鉴定销毁工作，还应依据本企业的档案鉴定销毁制度和《企业文件材料归档范围与档案保管期限表》的规定。一是本企业制定的档案鉴定销毁制度。为确保企业鉴定销毁工作有章可循，企业档案管理部门应制定企业档案鉴定销毁制度，作为企业档案管理制度的重要内容之一。该制度包括本企业档案鉴定工作的组织领导、原则、工作流程等内容。企业应根据本制度，结合室（馆）藏档案的实际，定期开展档案鉴定工作。二是本企业制定的《企业文件材料归档范围与档案保管期限表》。企业要制定符合本企业实际的《企业文件材料归档范围与档案保管期限表》，作为本企业档案管理最基础的依据文件。当企业开展到期档案鉴定工作时，要以《企业文件归档范围与保管期限表》作为最直接的依据，初步判定档案的使用价值。在此基础上，结合该份档案的历史价值、文化价值、社会价值、经济价值，确定该档案是否留存。

（二）企业档案鉴定的原则

为尽量避免或减少偏差，在进行企业档案鉴定时必须遵循正确的原则，坚持用全面的、历史的、发展的、效益的观点来确定档案的价值。

1.全面的观点

企业档案既是企业的财富也是国家的财富，分析判定其保管价值，要从国家的利益出发，从政治经济科学文化等方面分析企业档案的现实作用与长远作用。企业在开展档案鉴定工作时，要全面分析档案的内容特征和形式特征，要从其来源、内容、形成时间、文本、载体形式等方面综合判定档案的价值。要全面把握被鉴定档案与其他档案的联系，不能孤立地判断单份文件的保存价值。在强调档

案要满足本企业利用需求时，要同时考虑该档案满足国家、社会及其他方面的利
用需求。

2.历史的观点

企业档案是生产经营管理的记录，也是企业历史发展的记录。企业各类档案
的产生、形成同一定的历史条件相联系，具有明显的历史轨迹和时代特征。对具
有历史档案性质的企业档案，我们必须用历史的观点准确地判断其保存价值。随
着时间的推移，当时确定的保管期限到期后，部分档案在新的历史时期其价值会
发生新的变化。因此，我们在进行企业各类档案到期鉴定时，应根据档案形成的
历史条件、时代背景，具体分析档案的内容和形式，正确判断其价值。不能只注
重档案的现实作用、凭证作用而忽略轻视其历史作用。

3.发展的观点

档案的价值有时效性和扩展性。随着时间的推移、社会的发展和科技的进步，
企业档案的自身状况和社会对档案的需求都可能发生变化，档案的保存价值也会
随之改变。现在有用的档案，将来可能没有用处；有些档案现在看来价值平平，
若干年后也许会成为无价之宝。因此，在鉴定档案价值时，要有一定的前瞻性和
预见性，既要考虑档案当前的、现实的作用，也要预测和分析档案在将来的利用
价值。

4.效益的观点

保存档案需要库房、设备、装具、管理人员、信息存储、复制、修复等各项
费用，保存期限越长的档案所需的费用越高。因此，企业档案部门在开展档案价
值鉴定时，要考虑它的效益问题，即收益与付出的比率。只有当档案发挥的作用
大于保存档案所付出的代价时，才确定其继续保存。这里所说的效益包括经济效
益和社会效益，它不是一个可以完全量化的概念，而是开展档案鉴定工作时应考
虑的一个方面。

档案鉴定工作中全面的观点、历史的观点、发展的观点、效益的观点应该是
辩证统一的，只有在鉴定工作中统筹兼顾，才能做到正确地贯彻档案鉴定的原则，
准确判定档案的保管期限。

三、企业档案鉴定的内容

企业档案鉴定工作的内容，从整体上讲应包括三个方面：归档鉴定、到期鉴
定和涉密鉴定。这里主要讲档案的到期鉴定。

到期鉴定是指企业档案部门对保管期限已满的档案，组织有关人员进行再鉴
定，鉴定内容是看归档鉴定时所划分的保管期限是否正确，对保管期限需要调整
的进行相应调整，对确已失去保存利用价值的剔出销毁。

一般情况下，大多数已到保管期限的档案将被判定没有继续保存价值，继而被剔除销毁，只有少部分档案被确认还有保存价值而得以继续保存。档案期满鉴定是纠正归档鉴定偏差的一次补救机会，可以发现过去由于受当时观念和规范的限制，在一部分档案的保存价值和保管期限判定上造成的失误，从而有针对性地作出相应处理，挽救一部分因原定保管期限过短的、但确实还有继续保存价值的、面临被剔除销毁的档案，避免造成无法挽回的损失。所以说档案到期鉴定，不只是简单地将保管期满、没有继续保存价值的档案剔除销毁，这一点至关重要。

档案价值鉴定工作的基本内容包括三个方面：一是制定档案鉴定的标准。包括鉴定制度、操作规范和档案保管期限表等。二是判定档案的价值，具体判定档案的有用性及有用程度，确定其保管期限。三是剔除销毁档案。剔除保管期限已满且无保存价值的档案，按规定进行销毁或做相应的处理。

四、企业档案鉴定工作的组织实施

（一）组织准备

1.成立鉴定工作领导机构

在开展企业档案鉴定前，应建立专门的档案鉴定权威机构。成立由企业负责档案工作的领导牵头，职能部门和专业技术人员、档案人员组成的档案鉴定委员会（小组），加强对鉴定工作的组织领导，负责具体实施档案鉴定工作，审定鉴定工作成效，确保人员、资金等保障要素到位。

2.制定鉴定工作方案

企业档案鉴定工作涉及的档案种类多，情况复杂，需要制定一套切实可行的鉴定工作方案，以保证鉴定工作有条不紊地进行。方案内容包括鉴定工作的目的、原则，室（馆）藏档案的基本情况，本次鉴定工作的范围、工作量，鉴定的标准和基本方法，鉴定工作的程序，销毁工作流程，留存档案处置，人力、物力、时间的安排等。方案制定后要经企业主管档案工作的领导批准。

3.培训鉴定人员

档案鉴定工作是人对文件的一种处置，具有主观性，对到期档案鉴定的结果是要销毁部分档案实体，这就需要鉴定人员有较高的业务素质。要根据《企业档案工作规范》中有关档案鉴定的要求，从档案部门和业务部门中挑选有经验、阅历深、了解本企业发展情况的人员进行培训，统一鉴定标准和要求，使鉴定人员能以较丰富的专业知识、严谨的工作态度，把握时代发展的规律和企业发展的内涵，在纷繁复杂的企业档案中，独具慧眼，辨别真伪，分清良莠，把那些真正有保存价值的档案保存下来。

（二）鉴定工作的程序

1.清点档案，确定鉴定范围

由企业档案管理部门根据企业各门类档案到期的情况，确定需要鉴定的档案的范围。对每个年度需要鉴定的档案，逐卷/件列表进行清点造册，做到摸清家底，明确范围和工作量。

2.开展档案逐卷/件鉴定工作

在档案鉴定委员会（小组）的领导下，组织人员对已满保管期限的档案逐件进行鉴别，判定其是否仍然具有保存价值。在档案鉴定中可采取直接鉴定法，以案卷/件为单位进行审阅、分析，并参照档案保管期限表预测档案未来的需要，提出鉴定意见。对保管期限没有把握时，一般应遵循保存从宽、销毁从严，孤本从宽、复本从严，本企业从宽、外单位从严，年久的从宽、近期的从严的基本指导思想。对介于两可之间的，可采取就高不就低的方法处理。如同一案卷中只有少数要剔除的，应"以短从长"尽量不去拆卷。最后，鉴定人员还需将初步鉴定意见填写在档案鉴定卡片上。在个人鉴定的基础上，进行186集体讨论，由鉴定小组负责人将复审意见填入鉴定卡。

3.编制销毁清册

为了保存档案销毁情况的凭据，方便日后查找，应对经过鉴定确认无保存价值的档案编制销毁清册。销毁清册的封面需设置全宗号、销毁档案的名称、鉴定小组负责人的签字及时间、批准人的签字及时间、两个监销人的签字及销毁时间等项目。清册中档案销毁登记表要设置序号、文件题名、所属年度、档号、应保管期限、已保管期限、文件页数、备注等栏目，准确揭示每一份销毁文件的内容和其他组成要素，供领导人审查。

4.销毁档案

销毁清册编制完成后，应报经企业法定代表人批准后方可进行销毁。销毁清册永久保存。经批准销毁的档案，可单独存放半年，经过验证确无保留价值时，再行销毁，以免误毁。销毁时，可送到保密行政管理部门指定地点统一进行，须有2人以上（含2人）在现场监销。

5.续保档案处理

对经鉴定后需要继续保存的档案，应按照卷内文件情况及鉴定意见重新划定保管期限。对保管的案卷进行重新组织，调整企业档案的排架顺序，对检索工具做相应的改正。

6.鉴定工作总结

档案鉴定销毁工作完成后，企业档案部门要将鉴定工作方案、鉴定卡片、清册及其他有关材料集中整理后妥善保存，并向企业领导、档案鉴定工作机构及上级档案主管部门报送鉴定工作总结。

第二节　档案的保管工作

一、企业档案保管工作概述

档案的保管，就是根据档案的成分和状况，使用一定的设备和装具，采取适当的措施和方法，妥善地保存档案的过程。档案保管工作是企业档案部门的一项日常性业务工作，是维护档案的完整与安全的重要环节和手段，是防止档案受损、延缓档案褪变、抢救修复受损档案的活动。

（一）企业档案保管工作的任务

企业档案的保管保护工作涉及企业档案的生存状况，在整个档案工作进程中占有重要的位置。具体来说有以下几个方面的任务：

一是维护档案的整理成果。通过前期档案的整理分类编号，已将各类档案的保管顺序固定下来了。在后期的库房管理活动中，管理人员要严格执行相关管理制度，不得擅自改变整理过程中形成的成果，不得打乱档案全宗和档案整理分类、编号的排列秩序。

二是防止档案的损毁。要了解和掌握档案损坏的原因和规律，以及本企业档案库房和档案保管的现状，通过经常性的具体工作，有针对性地采取有效措施和方法，最大限度地消除各种可能损毁档案的不利因素，防止人为的不安全因素，把档案的自然损坏率降到最低程度。

三是延长档案寿命。要让档案长久地保存下去，就需要企业档案保管部门采取科学的保管保护措施，建立符合档案保管要求的档案库房，有较好的存藏条件，控制、调节好库房温湿度，做好档案的消毒防虫工作，去除档案本身不利于耐久性的因素，增强档案对外界不利条件的抵御能力，缓解档案的老化趋势。建立健全档案保管和利用的监督控制机制，尽量控制档案不被人为损毁，提高档案复制修复等技术手段，使档案的保护建立在科学的技术方法和良好的物质条件等基础之上。

四是维护档案的完整与安全。档案作为一种物质实体，要尽量减少各种自然因素和人为因素的破坏，完整安全地保存下去。不要因为保管不当或者条件恶劣，人们有意或无意行为造成档案的损坏、丢失、泄密等安全事故。

（二）企业档案保管保护工作的要求

档案的保管保护是一项科学性、技术性、条件性很强的工作。它有以下几方面的要求：

一是账物相符，防止差错。在档案库房内保存的各类档案实体，必须要与目录相一致。在接收档案入库时，要仔细清点；借阅档案还回后，要及时放回原处；要定期检查保管情况，不能在管理过程中出现档案缺失或与目录不符。

二是突出重点，兼顾一般。在档案保管工作中应加强对永久、重要档案的保护，特别是记录了企业重要发展历程，重要产品、科研、专利、营销、基建等信息的档案材料，要在保管方面格外用心。同时在财力物力允许的前提下改 188 善定期、一般档案的保管条件。

三是管用结合，保障利用。档案保管的最终目的和最重要的使命是提供利用，所以企业档案部门要处理好档案保管工作与其他业务环节的关系，处理好"管"与"用"的关系，使保管而利用有机地结合起来。不能为保管而保管，而忽略了档案的利用工作，要在做好档案保管保护工作的同时，大力挖掘档案的利用价值，发挥档案的经济效益和社会效益。

四是确保主体，照顾特殊。企业档案部门提供的保管保护措施要满足不同载体档案材料的特殊保管要求。企业传统的档案载体主要以纸质为主，随着企业的不断发展，档案的种类会不断增多，其载体形式也日益多样化。除纸质档案外，还有电子档案、音像档案、实物档案。不同载体和形式的档案，要求其保管方式和环境是不同的，要区别对待。

五是以防为主，防治结合。保护档案的最终目的是尽量避免档案损害的发生。以防为主就是要采用各种必要的措施，预防档案损毁，在预防失败的情况下再及时进行妥善治理。具体来说，首先是防止虫、霉、光、尘、水、气等对档案侵害的发生，变被动为主动；其次是发现问题及时解决和处理，改善档案保管条件，修复受损档案实体。

（三）企业档案保管保护工作的内容

档案保管保护工作是档案科学管理的一项专门业务工作，具有特定的含义，其内容主要包括以下三个方面：

一是档案的库房管理。即库房内档案的日常管理工作，包括档案库房与装具编号，档案排架，温湿度控制与调节，防火、防水、防潮、防霉、防虫、防光、防尘、防盗、防磁等工作。

二是档案流动中的保护。档案的保护决不仅局限于库房条件下档案处于静止状态时。档案从接收开始，要经过包装、搬运、整理等许多程序后才进入库房定位排架。在日常管理工作中，借阅、退还及必要的再整理、重新排架、复制、展览等也要挪动档案，这些过程极易引起档案的磨损、撕裂、遗失、涂改等。档案管理人员和利用人员在各个环节接触档案实体时要妥善保护，让档案远离危及档案安全的因素，注意减少档案的机械磨损等。

三是保护档案的技术措施。对已经损坏或不利于永久保存的档案进行处理，尽力恢复其历史面貌，提高档案材料的耐久性。即为延长档案的寿命而采取的诸如复制和修补等各种专门的技术处理，防止或减缓自然环境中各种有害因素对档案的破坏。

二、企业档案保管的设施设备

企业档案的保管和保护同其他工作一样，是离不开必要的物质条件的。档案库房、库房设备、档案装具、档案包装材料等都是保管档案的基本物质条件。

（一）档案库房

档案库房是集中统一保管企业档案的专门用房。它为档案保护提供了最基本的物质条件，库房建筑的好坏直接影响档案的保护条件和库房管理措施的效果，直接影响着档案的寿命。中小型企业的档案室必须有适合安全保管档案的专用库房，做到档案库房、档案阅览室、档案人员办公室三分开。大型企业档案馆对档案库房的要求更高一些，应符合《档案馆建设标准》（建标103-2008）和《档案馆建筑设计规范》（JGJ25-2010）的要求。

在考虑设计档案库房时，一般要注意以下问题：

一是要有足够的使用面积。企业在确定档案库房容量时，应考虑到现有室（馆）藏档案数量、应接收未接收档案的数量、今后每年平均增长的档案数量等。大中型企业的档案库房一般预计满库的年限以10~30年为宜。小型企业的档案库房一般应满足未来5年的存储需要。

二是远离危害档案安全的地方。档案库房的所在地，不能设在空气污染区或污染区的下风处；禁止靠近易燃易爆等危险品作业场所和厕所、盥洗室、锅炉房，以利于防尘、防火、防水、防有害气体，维护档案的安全；库房应选择地势较高、易于排水的干燥地段，不宜靠近河流或低洼地点；库房不宜设在房屋的底层和顶层，以防止潮湿和渗雨；夏季，顶层温度一般比二楼高2~3度，温度高，相对湿度低，纸张易脆变质；档案库房不宜设在办公楼的西侧和南侧，以防止高温和阳光直射。另外，屋顶、墙壁要具有隔热、防潮、防雨雪渗漏的性能。

三是档案库房应专用且坚固。档案库房不能与其他办公用房合用，也不能同时存放其他物品。办公室人来人往情况复杂，会造成档案的失密、泄密甚至失盗的危险。而经常开关门窗，则会造成室内外空气频繁对流，对档案的温湿度控制不利。档案库房应加固门窗，并安装防盗门及防盗栏。同时，档案库房楼层地面应满足档案及装具的承重要求，楼面均布活荷载标准值不应小于5千牛/平方米，采用密集架时不应小于12千牛/平方米。

四是交通条件较好。在设置档案库房时，要充分考虑到方便企业各部门、人员利用档案。同时，当发生危害档案安全的情况时，便于档案的疏散搬迁，能迅速地将档案转移到安全的地方。

（二）库房设备

档案库房设备主要有档案存放设备、档案运载设备、档案保护设备、档案现代化贮存检索设备，档案装订、扫描、复制、缩微设备等若干种。

档案的存放设备包括档案及档案检索工具的存放设备，主要是各类档案柜架。档案运载设备主要有电梯、提升机、运箱车、运卷车等。档案保护设备包括温湿度监测、调节与控制设备，通信及闭路电视监控设备，消防设备，防盗设备，档案修复设备.消毒杀虫灭菌设备等。档案现代化贮存检索设备包括服务器、微机、光盘、硬盘、磁盘列阵、磁盘柜等。另外，档案装订机、打印机、复印机、照相机、号码机、档案整理台、平边切刀、自动手钻等都属于档案管理常用设备。

（三）档案存放设备

档案存放设备主要有档案柜装具和档案架装具。

1.封闭式档案箱柜

封闭式档案箱柜是比较传统的、用途较广的保存档案的装具，通常是指带盖的箱子和有门的柜子。主要包括案卷柜、文件柜、办公柜、胶片柜、磁带柜、卡片柜等。其中，最常见的是案卷柜。

2.柱式固定架

柱式固定架可分为单柱式固定架和复柱式固定架。单柱式固定架采用方形空心铁柱做主支柱，单节架仅用两根立柱，在立柱两侧有许多等距的插孔，根据需要的间距插入挂板，挂板上搭放搁板。单节架旁再并接立柱，即成双节架，依次并接可延长成多节架。架子四框和底座用螺栓组合。该架耗材少，结构简单适用。复柱式固定架有单面架和双面架两种。其结构、性能、规格与单柱式固定架略同，不同的是主支柱用双柱或三柱，比单柱架稳定性好、负载力强，每排架的节数可任意延长。

3.积层架

积层架俗称通天架，是密集型的固定架群，适用于特高房间和专门修建的中间不设或少设楼层的大型库房。它以单柱式固定架为基本单元，垂立于地面并叠接至楼顶，构成高大架体。在各立柱连接处的平面上，铺以钢板或混凝土板，作为人行道。该架充分利用空间，容量大，负荷均匀分布于墙基和柱脚地基上，可节省库房建筑投资，但不利于防火。适用于档案数量巨大，档案实体不常搬动使用的企业。

4.活动式密集架

活动式密集架是在复柱式双面固定架的底座上安装轴轮，能沿地面铺设的小导轨直线移动的架子。可根据需要将多个架子靠拢或分开，分手动和电动两种。手动又有手摇式和手推式，手推式又分轨道型和悬梁型。走动方向有横向和纵向之分。该架将固定通道变为机动通道，使库房单位面积上的档案存储量增大，但对库房地面的承载力要求也高，按照《档案馆建筑设计规范》（JGJ25-2010）的规定，承载力不应小于12千牛/平方米。由于密集架档案存储量大，密闭性强，能最大限度地利用库房面积，使用方便，经济实用，越来越受到企业档案部门的青睐。

（四）档案包装材料

档案包装材料包括档案卷盒、档案卷皮、档案袋、档案夹等，是档案部门专用的一种装具。其作用是固定档案整理成果，确立档案保管单位，并保护档案不致散失和毁损。

1.文书档案卷皮

文书档案卷皮有硬卷皮和软卷皮两种。

硬卷皮封面和封底尺寸规格采用300mm×220mm（长×宽），封底三边（上、下、翻口处）另有70毫米宽的折叠纸舌，卷脊可根据需要分别设10、15、20毫米三种厚度。用于成卷装订的卷皮，上、下侧装订处各有20毫米宽的装订纸舌。硬卷皮一般使用250克牛皮纸制作。封面项目包括全宗名称、类目名称、案卷题名、时间、保管期限、件数、页数、归档号、档号。卷脊项目包括全宗号、目录号、年度、案卷号、归档号。

软卷皮的封皮和封底可根据需要采用长宽为310mm×220mm的规格。使用软卷皮装订的案卷，必须装入卷盒内保存。软卷皮封面项目及填写方法均同192硬卷皮格式。封二印制项目同卷内文件目录，封三项目的填写方法同卷内备考表。

2.文书档案卷盒

文书档案卷盒有两种格式，一种是《文书档案案卷格式》（GB/T9705）所采用的格式，一种是《归档文件整理规则》（DA/T22）所采用的格式。均应采用无酸纸制作。

《文书档案案卷格式》中规定了卷盒外形尺寸采用310mm×220mm（长×宽），其高度可根据需要分别设置30、40或50毫米的规格。在盒盖翻口处中部要设置绳带，使盒盖能紧扣住卷盒。卷盒封面为空白面，盒脊项目包括全宗名称、目录号、年度、起止卷号。该卷盒主要用于装用软卷皮包装的档案。

3.科技档案卷盒

按照《科学技术档案案卷构成的一般要求》（GB/T11822）的规定，科技档案卷盒的外形尺寸为310mm×220mm（长×宽），盒脊厚度可以根据需要设置为10、20、30、40、50、60毫米。采用220克以上的单层无酸牛皮纸板双裱压制。卷盒封面项目包括档号、案卷题名、立卷单位、起止日期、保管期限、密级。卷脊项目包括保管期限、档号、案卷题名。

4.会计档案卷盒

根据《会计档案案卷格式》（DA/T39）的规定，会计档案装具主要有会计凭证封面、会计凭证盒和会计档案盒。格式见第三章第四节《会计档案的收集与整理》。

5.干部职工档案装具

根据《企业职工档案管理工作规定》（劳力字〔1992〕33号）的要求，企业职工档案装具为档案卷皮、档案袋。

档案卷皮为卷面和卷底各一页，卷皮材料一般采用300克的单面白板纸加包布面，或只用布包边角，也可以用纸裱糊，但不宜过厚，以减轻档案重量。卷皮规格为274mm×205mm（长×宽）。

6.照片档案册

照片册一般由297mm×210mm大小的若干芯页和封面、封底组成。应按照分类、排列顺序将照片固定在芯页内，组成照片册。芯页一般为活页式，材质有塑料和纸张两种。对于照片册放置不下的大幅照片，可将其放入专用的档案袋或档案盒中，按照照片号顺序排列。如竖直放置，应首先将照片固定在专用的纸板上，再放入袋、盒中；如水平放置，照片的堆放高度不宜超过5厘米。一般应以竖直放置为宜。

三、档案库房管理

库房管理工作是档案保管工作的重要内容和经常性任务，是档案保管的基础工作。其主要任务有：档案存放位置与排列顺序管理，库房温湿度调节与卫生保洁，档案进出库房的控制，库房的安全保卫等。

（一）档案库房与装具的编号和排架

1.档案库房的编号

库房的编号有两种方法：一种是为所有的库房编一个总的顺序号，这种方法适用于库房较少的档案室（馆）；一种是根据库房所在的方位及库房建筑的特征进行分区编号，每幢房子的内部，应根据建筑及房间的划分情况进行编号，楼层应自下而上编号，每层应从入口开始，从左至右编号。

2.档案架（柜）的排列

库房中档案架（柜）的排列应符合下列要求：

一是整齐一致。不同规格、不同式样的装具应按其形状和大小、高矮，进行分类排列，横竖成行。切忌将档案柜、架不分，穿插排列。

二是空间适度。档案架（柜）排列应注意最大限度地利用库房的空间，同时要便于档案的搬运和取放。架（柜）之间的过道宽度应方便档案小型搬运工具（小推车）的通行，一般在1~1.2米之间。注意所有的架（柜）均不应紧靠墙壁。

三是避光通风。有窗库房的档案架（柜）排列，应与窗户垂直，以免强光线直射，无窗库房架（柜）的排列，纵横均可。但无论库房有无窗户，在架（柜）排列时都要注意不妨碍通风。

3.档案装具的编号

为了方便库房管理，所有档案架（柜）应进行统一编号。其方法为自门口起从左至右编架（柜）号，每个架（柜）的栏也从左至右编号，每栏的格自上而下编号。如果没有栏，则是从上到下编格号。

（二）档案实体的保管

1.档案排架的原则

档案的排架管理是指按照一定的方法和顺序将室（馆）藏全部档案系统地排列上架的一项工作。档案排架要做到便于管理、方便存取，相对稳定、不随意变动，有利于充分、合理地利用库房空间。

2.档案排列的方法

档案的存放要按全宗或类别来进行。一个全宗或类别的档案应该集中在一起。在安排全宗内案卷排列次序的时候，必须严格地按照全宗内既定的分类体系和案卷的顺序号进行，以保持案卷之间的联系。但库房或柜架预留的空位已被排满，或新入库档案不能与先入库的同一全宗或类别档案放在一起时，可以暂时单独保存，待有可能调整时，再将一个全宗或类别的档案集中在一起。

有的全宗或类别内可能还保存有一部分照片、录音、录像、磁盘、光盘等新型载体档案，或者有技术图纸、会计报表等专业档案，这些不同门类和载体的档案也可以单独在一个地方保管。对于暂时单独定位分别保管的档案，应填制参见卡，并把该卡放在原全宗或类别主体存放位置内，指明存放地点，以保持应有的联系。

3.档案存放方式

目前档案在装具中的存放方式有竖放和平放两种。竖放时，档案卷皮或卷盒的脊背朝外，存取、识别档案比较方便，因此是一种较普遍的方式。平放有利于保护档案，但不便于存取。这种方法适用于保管珍贵档案，以及卷皮质地过软、幅面过大和其他不宜于竖放的档案。档案平放时，应注意堆叠的高度，一般以不超过20厘米为宜。

4.档案存放位置索引

档案存放位置索引是以图表或卡片形式将档案在库房及装具中存放秩序情况如实记录和反映出来，以此来指引档案管理人员对档案进行调取、归还和其他日常管理的一种工具。档案位置索引有两种编制方法：一是以全宗及其各类的档案为单位，指出它们的存放地点；二是以库房、架（柜）为单位，指出它们存放了哪些档案。

上述两种档案存放位置索引，按形式又可分为书本式和卡片式两种，其详细程度和表格中的项目，可根据档案室（馆）的规模和查找档案的频繁程度等具体情况来决定。对执行《归档文件整理规则》后产生的纸质载体的文书档案编制存放位置索引，应该根据实际使用的分类方案，将目录号、目录名称、目录中案卷起止号改换为保管期限、年度、机构（问题）等项目。格式示例详见表3-1和表3-2。

表3-1　档案存放位置索引一（以全宗为单位）

全宗名称：			全宗号：				
目录号	目录名称	目录中案卷起止号	存放位置				
			楼栋号	楼层号	房间号	列号	节号	格号

表3-2　档案存放位置索引二（以库房及装具为单位）

楼栋号：			楼层号：		房间号：		
列号	节号	格号	存放档案				
			全宗号	全宗名称	目录号	目录名称	起止卷号

5.档案代理卡（代卷卡）

它是档案保管工作中经常使用的一种工具。为满足提供利用，以及对档案进行整理、修补、复制、编制检索工具、数字化等内部工作的需要，库房管理人员会将库房中已上架排列好的档案暂时移出库外。为了便于掌握档案流动情况，可填制一种卡片放在档案原存放的位置上，作为提示和依据。示例如表3-3。

表 3-3　档案代理卡

档案号：		件　号：			
借阅者	部门	借出日期	归还日期	经手人	备注

（三）库房温湿度调节

1.在库房温湿度控制与调节方面应采取以下措施：密闭

密闭是防止和减少库房外不适宜温湿度对库内影响，使库内较适宜的温度状况保持相对稳定的重要措施。密闭的重点是门窗。档案库房的门窗要求关闭时密闭程度高，需要通风时又能开启。

2.通风

通风是调节库内温湿度的简便易行的有效方法。通风有自然通风和机械通风两种方式。通风，特别是采取自然通风的方法，一定要严格遵守以下原则：一是库外温度和湿度都低于库内时可以通风，反之，不能通风；二是库外温度低于库内，库内外相对湿度一样时，可以通风，反之不能；三是库外相对湿度低于库内而库内外温度一样时，可以通风；四是库内外温湿度的情况不与上述三项原则相同又不相反时，需经计算来确定能否通风，即把库外的相对湿度换算为库内温度下的相对湿度，如果低于库内的相对湿度则可以通风，反之，不能通风。

3.控温

在密闭和通风很难达到库房理想控温效果的情况下，企业档案管理部门需要根据自身实际条件采取一些控温措施，如安装气暖设备、空调等。其中空调是控温最理想的方法，可使库房内温度均匀，且安全有效，同时还能调节室内的湿度。空调有挂式、柜式、集中式等，在具体选择上，要根据档案库房面积的大小和房间的布局情况，以及本地区的气候条件等因素来确定。当档案库房面积较大、房间较多、室内空调参数要求基本一致时，宜选择集中式空调系统；当档案库房面积较小，且位置分布分散，或使用要求与时间各不相同时，宜采用挂式、柜式等分体式空调器。此外，在档案库房周围进行绿化，是降低库房周围温度，进而使档案库房温度降低的一项有效措施。

4.除湿

目前许多档案室（馆）均以除湿机为主，除湿机的应用必须科学合理，要注意除湿机除湿功能与库房面积的关系，掌握正确的除湿方法。春秋季多雨，除湿机工作的时间可相应延长。与此同时，要注意除湿与密封的关系，确保除湿在密封的条件下进行，否则难以达到除湿的效果。

5.加湿

当档案库房湿度较低、空气干燥时，需对库房进行加湿。加湿的方式主要是加湿器加湿。加湿器加湿是采用具有增湿效果的设备加湿。在加湿时，还可使用通风机帮助湿气很快蒸发到空气中。

（四）库房卫生安全防护管理

卫生和安全管理是档案库房管理的重要内容，是经常开展的日常性工作，它的成效直接体现了档案管理的水平。

1.库房卫生管理

档案室库房内要求定期打扫卫生，全面清理地面、密集架、窗户和其他库房设施设备的卫生，清除卫生死角。要保持档案库房环境干净整洁、一目了然。档案部门要明确指定库房卫生安防工作的组织负责人和具体责任人，每月或每季度以及节假日前由档案部门负责人和相关责任人共同巡视检查档案库房安全卫生情况，并做好巡查记录工作。

2.档案状况检查

定期和不定期地对档案保管情况进行检查，是库房管理工作中的一项重要内容。档案的定期检查有年度检查、半年检查、节假日前检查等。当档案库房发生火灾、水灾之后，或发现档案被盗、怀疑被盗时，或发生虫害、鼠咬、霉烂、水浸等现象，以及档案管理人员调动时，应对档案进行不定期检查。

档案检查的程序有：组成检查小组；选定检查形式；确定检查对象；逐项实施检查，并作出记录；写出检查报告；对发现的问题妥善处理。档案检查的内容主要有：档案数量是否准确、有无遗失，与登记簿册是否一致；档案受损情况和数量，如档案有无机械磨损、人为撕破、虫蛀等情况；档案收进移出是否登记、注销和还原，档案归入的类别、顺序是否正确；库房管理的各种制度的执行情况；档案的防护措施和库房设备的安全情况等。另外，企业档案部门在日常工作中还经常对借阅归还档案的行为进行安全检查。主要检查借出与归还的数量是否相符，归还的档案文件是否缺字少页，有无圈画和涂改，有无折角和污损，有无水浸及火烧痕迹等。

（五）档案库房管理制度

企业档案管理部门应建立库房管理制度，包括档案库房管理的基本原则、基本要求、库房日常管理措施、安全保密、档案进出库房登记、设备管理、库房管理人员的岗位责任制等方面的内容。

（六）建立全宗卷

全宗卷是档案室（馆）在管理某一全宗过程中形成的，是管理档案案卷的案卷。它对于明确责任、保持档案管理的连续性具有不可替代的作用。全宗卷主要包括：档案接收工作中产生的文件材料，如档案交接清册和立档单位介绍；档案整理工作中形成的文件材料，如案卷目录编制说明；档案价值鉴定中产生的文件材料，如档案保管期限表、销毁档案清册等；档案保管工作中形成的文件材料，如工作规则：保管情况登记等；档案统计工作中产生的文件材料，如档案统计年报表；档案提供利用工作中形成的文件材料，如全宗指南、大事记等。

建立全宗卷要注意对平时有关文件材料的收集和积累，为建立全宗卷打好基础。根据全宗卷的灵活性、不定型的特点，一般不用卷皮装订，宜用盒、袋形式随时补充。要将全宗卷中的文件材料按全宗指南、立档单位与全宗历史考证、组织沿革、大事记、各种统计表册以及其他收集、保管、鉴定、整理等有关方面的文件材料顺序排列。同时要将全宗卷随全宗（档案实体）一同转移。

第三节　档案的保护工作

一、企业档案保护工作概述

企业档案的保护就是针对档案制成材料的各种特性，按照它们的物理、化学性质及其运动变化的规律，采用科学的方法进行保护，防止其损毁和褪变，最大限度地延长档案的寿命的工作。档案保护工作是通过对档案制成材料损毁原因进行研究分析，寻找保护档案的科学技术方法，使档案不受损坏。档案制成材料本身的性质，也直接关系到档案制成材料的耐久性。一般来说，档案制成材料的质量好，耐久性就好，档案的寿命也就长；质量差，耐久性就差，档案的寿命也就短。如果在不适宜的温度与湿度、光线、有害气体、灰尘、虫、霉、水、火以及机械磨损和污染等环境下，档案的寿命就会明显缩短。将这些不利因素的影响降到最低，是档案保护的重要任务。

档案制成材料的耐久性是档案保护工作中重要的研究对象。耐久性通常是指在保存和使用的过程中，档案制成材料抵抗理化损坏作用和保持原有理化性能的能力。

（一）档案纸张材料的耐久性

造纸植物原料主要成分有纤维素、半纤维素和木质素，纸张中纤维素成分越多，纸张就越耐久。半纤维素可适量有之，木质素含量越少越好。因此，从棉花、破布、亚麻、檀皮等得来的纤维，可用于制造耐久性好的纸的原料，原因是这些原料制得的纸浆纤维素含量高，而且纤维素的聚合度也很高。草浆纤维则正好相反，所以不能制造出耐久性好的纸张。

（二）档案字迹材料的耐久性

字迹的耐久取决于字迹色素成分是否耐久不褪色，以及字迹色素与纸张结合是否牢固。这两个因素的综合效果，决定着字迹耐久的程度。

档案字迹色素成分主要有碳黑、颜料、染料等。碳黑是碳素元素的一种，其物理性质和化学性质都很稳定，是最耐久的色素成分。墨和墨汁、黑色油墨、黑色铅笔等的色素均为碳黑。颜料是一种非扩散性的无机或有机的着色剂，是较为耐久的色素成分。彩色油墨、蓝黑墨水、红蓝铅笔、印泥和科技图纸中的铁盐线条等为颜料。染料是一种天然或合成的有色的有机化合物，在光照下容易褪色、变色，是不耐久的字迹材料。纯蓝墨水、红墨水、复写纸、普通圆珠笔油、印台油、蓝图等都属于染料。

色素与纸张的结合方式分为结膜、吸收和粘附三种方式。当字迹材料写在纸上，干燥后会在纸张的表面结成一层薄膜，这种方式称为结膜方式。这种膜与纸张纤维结合牢固，耐摩擦，不容易扩散，是最耐久的结合方式。属于这种结合方式的有墨、墨汁、黑色油墨及印泥等。当字迹材料写在纸张上后，色素成分依靠分子的运动渗透到纸张的纤维内部中，这种方式称为吸收方式。这种结合方式耐摩擦，但容易扩散，属于比较耐久的结合方式。属于这种结合方式的有墨水、圆珠笔、复写纸、彩色油墨、铁盐蓝图等。当字迹材料写在纸张上后，色素成分是在纸张纤维间的大空隙内做机械的附着和停留的，这种方式称为粘附方式。这种结合方式不耐磨，是最不耐久的结合方式。属于此种结合方式的有各种铅笔等。

（三）声像档案制成材料的耐久性

声像档案是通过专门设备和特殊载体以声音、图像等方式记录信息的档案。常见的声像档案有机械录音档案、胶片档案、磁记录档案和光盘等。

1.机械录音档案

它是利用机械录音的方式记录声音内容的档案，分为金属模板和塑料唱片两种形式。金属模板大多是用铜、镀有镍的铜或是镀镍后再镀铬的铜制成的。它具有良好的机械强度，不易破裂或变形。保存时，应先在其表面涂上一层石蜡油，再用油纸包好，还应在有声槽的一面垫以柔软材料，再放入坚硬的硬纸套内。塑料唱片大多是由树脂、填充剂、着色剂、润滑剂和稳定剂制成的。其遇氧一般不会发生变化，但光、热及有害气体能导致其老化和变质。在保存时，应该避免阳光直射，防止其老化，还要防止空气中的有害气体，不用木制设备，保存空间内不放易挥发的药品。

2.胶片档案

也称光学记录档案，是利用感光材料中的感光剂在光的作用下会发生一定变化的特性，将声音、图像通过光波记录在感光材料上面而形成的档案。胶片主要由片基层和乳剂层组成。感光材料基本上分成银盐感光材料和非银盐感光材料两大类。银盐感光材料由银的细小颗粒构成影像，稳定性好，如黑白胶片等；非银盐感光材料大都由有机染料形成影像，不稳定，易分解、褪色，如彩色胶片等。

胶片档案保存应注意严格控制库房的温湿度，防止受潮、霉变、发粘。避免机械性的碰撞与摩擦，用标准片盒装存，不同感光材料分别存放，不要用手触摸胶片表面。胶片档案在存放时，平片应立放，卷片应平放，不得压摞存放。保存胶片的库房应洁净无尘，并定期进行检查。

3.磁记录档案

磁记录是一种信息存储技术，它是利用电磁感应原理，把声音、图像和数据转换成电信号，以电信号形成的磁场去磁化磁性介质，使信息记录在介质上并能重放的技术。它包括录音带、录像带、计算机磁盘、磁带等。磁记录档案必须利用转换设备才能记录和重现，因此它与磁记录设备是不可分割的整体。

磁记录档案的耐久性决定于磁记录材料的稳定性和磁记录材料的制造工艺。磁记录档案因其不可避免的褪"磁"现象，只能在短期内（10~20年）保持记录信息的稳定性，如要长期保存，需一代一代地进行转录，但其质量会随着代数的增加而降低。保存磁记录档案应注意严格控制温湿度，防止受外磁场的作用，避免尘沙对磁带的磨损，避免光对磁带的照射。同时尽量减少使用中的磨损，不用手触摸磁带信息读取面，定期转录、倒带，防止磁带相互粘连。

4.光盘

光盘是近代发展起来的不同于磁性载体的光学存储介质。光存储包括信息的"写入"和"读出"。信息写入就是将模拟或数字信息通过激光聚焦到记录介质上，使介质的光照微区发生物理、化学等变化，从而实现信息的记录。而信息的读出就是利用激光扫描信息轨道，检测信号记录区反射率的差别，通过解析调取出所需信息的过程。光盘存储技术是一种较好的、使用广泛的文献信息存储手段，它具有记录密度高、存储容量巨大、数据传送速度快、保管空间占用小以及对文献分析、检索和传播极为便捷等优点。

保存光盘应注意减少使用，保持库房洁净无尘，防止机械性的磨损，不用手触摸信息读取面，防止空气污染物。同时要保持低温干燥、恒温恒湿的环境。综合考虑各组成物质的特点，光盘保存适宜的温度在14℃~24℃之间，相对湿度在45%~60%之间，温度变动范围为±2℃，湿度变动范围为±5%。

需要特别注意的是，档案部门不仅要保存光盘和磁盘，还需要保存相应的软硬件读取设备。当今现代科技发展迅猛，一些当时很先进的档案存储设备及载体，在较短的时间内就会被淘汰。所以，企业档案部门如果保存有唱片、录像带、录音带、软盘、光盘等档案信息介质，必须抓紧时间，在读取设备失效之前，抢救性地将相关信息转移到新型载体上，防止因档案信息的丢失而造成不可挽回的损失。

二、企业档案防护工作措施

企业档案的防护工作措施是指为创造适宜于档案存储环境从技术上采取的具体办法，包括控制影响档案有害因素的物质条件和对档案经常性的防护措施。具体来讲，要做到"九防"，即防火、防盗、防潮、防尘、防光、防虫防鼠、防污染、防高温、防磁辐射。

（一）防火

档案馆库防火措施包括库房周边和库房内部防火。为确保周边没有火灾隐患，档案室（馆）应建好室外消防用水系统，保证库房周边消防通道畅通，随时保持同消防部门联系。档案库房内部防火包括预防、火警报警系统和灭火系统。

在预防上档案室（馆）要严禁烟火，严禁使用明火照明；要在明显处标识"严禁烟火"警示牌；下班时切断电源；库房选用的电线、电器应有国家质量认证，电线、设备安装应请有资质的专业公司；库房内的电器安放位置应尽量远离档案；独立的档案室建筑要有避雷设施。

档案库房和各功能用房应设置火灾自动报警系统和灭火系统。灭火系统包括单个灭火设备和多个灭火器通过连接物相互关联形成的整体灭火系统两大类。目前整体灭火装置使用的灭火剂主要有二氧化碳、七氟丙烷、烟烙尽等洁净气体或高压细水雾。单个灭火器材存放位置要方便取放，不应放在档案库房内，已到保质期的应及时更换。

（二）防盗

档案保管部门应做好馆库内（通道、门）防盗和建筑物外围（通过门、窗或其他方法进入库房）防盗。档案库房要配备防盗门窗，并保持良好的工作状态；下班时关、锁好门窗，经常检查档案库房门窗、档案是否完好。为确保库房安全，馆库内外要安装防盗报警系统和视频监控系统等现代科技设备。

（三）防潮

《档案馆建筑设计规范》规定档案库房相对湿度为45%~60%。在档案库房降湿时，既要减少甚至隔绝库外湿气的来源，又要不断地排除已有的库内湿气，可采取库房密闭、通风、降温、减湿等措施。同时，要在库房内设置温湿度计，每天认真做好温湿度记录。

（四）防尘

企业档案管理部门要经常性地开展除尘工作，坚持定期对档案室进行清扫，节假日全面大扫除；定期擦拭档案柜，保持档案柜、档案自身干净清洁；档案工作人员进入库房时要换穿工作服和拖鞋。

（五）防光

档案库房防光主要是防紫外线。库房窗户的设置要适当，防止阳光的直接照射；档案库房的西向和东向不宜设窗，南北方向要少设窗，设窄窗，库房窗洞与墙体面积比为1∶10；窗户玻璃可选用毛玻璃、花纹玻璃、吸热玻璃或茶色玻璃，或在库房窗玻璃上涂刷紫外线吸收剂或贴紫外线吸收薄膜；档案柜架要与窗成垂直方向排列，防止阳光直射；档案库房门窗应安装防光窗帘；库房内应使用白炽灯；当档案库房中无人操作时尽量将档案柜门关闭，档案库房管理人员只在必要的情况下到档案库房作业，一旦离开要关灯；要避免在强光下长时间使用档案，尽量减少利用档案原件复印的次数。

（六）防虫防鼠

企业档案管理人员要采取各种有效措施，做好勤防勤治档案虫害的工作。清洁环境卫生，消除害虫的滋生地；搞好库房温湿度管理，破坏害虫繁育、生长的条件；库房内严禁存放任何杂物；定期施放杀虫驱虫药物，并根据药效时限适时更换；定期做好库内库外的防虫灭虫工作；每月翻动橱柜内档案两次，查看虫害情况，一旦发现虫害现象，应立即采取措施扑灭，防止虫害蔓延。在防鼠方面，要安置一定数量的专用捕鼠器，定期放置灭鼠药物。

（七）防污染

在档案日常管理中，要积极采取有效措施，防止空气中的有害气体对档案材料的不良影响。档案库房内要经常性地进行通风，保持室内空气清新，严禁有害气体、物品进入档案库房，保持库房内清洁。档案室要建在上风处，远离污染区，周围有空气污染的，档案库房门窗要进行密封处理。搞好库房周围的环境及绿化工作，保持卫生，不要堆放垃圾。

（八）防高温

库房温度标准为14℃~24℃之间。为防止库房内高温产生，档案管理人员要注意掌握高温气候条件下库房温度的变化情况。当库房温度大于或小于标准时应采取通风或启动空调机进行降温，使库内温度控制在标准范围内。

（九）防磁辐射

录音、录像、唱片、光盘、软盘、硬盘等磁记录档案，对存储防护设备有严格的要求。特别是在企业这种有磁设备、产品较多的环境下，更应该特别注意特殊载体材料的保护。防护设备应具有防光、防热、防水、防电、防磁、防病毒等特性，要远离辐射和磁场的干扰。

三、企业档案修复技术

档案修复，就是对破损档案进行技术处理，加以修正和恢复，去除档案中对耐久性不利的因素，使档案恢复原来的面貌，提高档案制成材料耐久性的过程。

档案修复工作的基本原则是最大限度地长档案寿命，尽量保持档案的历史原貌。档案修复的技术方法主要有以下几种。

（一）加固

对于一些档案字迹褪变和纸张老化的情况，在档案修复时可采取加固的方法来处理。其方法一是涂料加固，在档案纸张、字迹表面加一层涂料，使之免受各种介质的影响及机械磨损，这是目前档案部门常用的巩固字迹、提高纸张强度的一种加固方法。二是加膜法，在档案的正反两面各加一层透明网膜，档案被透明网膜夹在中间，既不影响阅读，又可加强纸张的强度。三是丝网加固，用蚕丝织成网状，并喷上聚乙烯醇缩丁醛胶粘剂，在一定温度压力下，使丝网与档案粘合在一起。

（二）去污

一是机械去污，对于纸张强度好而污斑较厚易除的档案，可用手术刀、毛刷等工具依靠机械力量去除污斑。二是溶剂去污，利用溶剂与污斑之间的作用力大于污斑内分子之间的作用力，以及污斑与纸张纤维之间的作用力的原理，使污斑溶解于溶剂。三是氧化去污，对于霉斑、铁锈斑等某些溶剂难以去除的污斑，可用氧化剂使污斑中的色素成分氧化变成无色物质，从而达到去污目的。使用氧化去污要慎重，要考虑纸质档案纤维素及字迹色素的耐久性，避免去污的同时降低了纸张的机械强度，造成字迹褪色。

（三）去酸

一是湿法去酸，它是用钙、镁的氢氧化物溶剂中和档案纸张中的酸。二是碱性有机溶剂去酸，用不以水为溶剂的溶液对档案进行去酸处理。这种溶液一般由去酸剂和有机溶剂组成。三是干法去酸，通过用氨气、吗啡啉等碱性气体中和酸。

（四）修裱

修裱实质上就是用"修补"或"托裱"的方法，将破损的档案原纸与特选的修裱新纸进行粘合加固的过程。通过加固能恢复档案的原来面貌，增加强度，延长寿命。修裱中使用的粘合剂有小麦淀粉浆糊、段甲基纤维素、二醋酸等。所用的纸张一般为宣纸、棉纸、皮纸、毛边纸等。

（五）复制

一是重氮型晒图技术，它是复制技术图纸的主要方法。其特点是复印过程简单，速度快，价格低，但复印品容易褪色，保存寿命短。二是静电复印技术，它是电摄影方法的一种。其特点是复印速度快，对原稿适应性强，应用范围广，复印品图像清晰。静电复印品的耐久性能远不及油印和铅印品，在一般条件下难以永久保存。三是缩微摄影技术，它是利用摄影的方法将档案文献缩小记录在缩微品上。四是磁性录音录像复制技术，它是通过声、光、电、磁在一定条件下相互转换的原理，记录下人们各种活动的声音和形象，是目前较为先进的方法之一。五是数字化加工，是指通过扫描仪将纸制档案采集为数字化数据并加以处理和存储的过程。纸质档案数字化的基本环节主要包括档案整理、目录建库、档案扫描、图像处理、图像存储、数据质检、数据挂接、数据验收、数据备份、成果管理等。

第四章　档案统计与检索

　　档案信息组织与检索是对包含在档案中的信息进行描述和揭示，使之有序化和系统化，编制档案检索工具，建立档案信息检索系统，提供档案利用。档案信息组织与检索不同于档案实体管理，它不局限于档案实体整理体系，能够打破全宗的界限，以整个馆藏为对象，提供多途径的检索服务，为档案信息资源的开发和利用奠定基础。

第一节　档案的著录

　　档案著录，是对档案内容特征和形式特征进行分析、选择和记录的过程。档案内容特征，是指文件或案卷所论述的主题内容；档案形式特征，是指文件或案卷的时间、数量、责任者、文种、载体等有关内容。揭示档案内容特征和形式特征的记录事项称为著录项目；档案著录的结果，称为条目，它是反映文件（案卷）内容与形式特征的著录项目的组合；由揭示档案特征的条目汇集而成，并按照一定次序编排的条目组合，称为档案目录。在著录项目中，分类号、题名、主题词、文号等特征常被用来选作标目，标目是排列条目顺序的依据及档案检索的媒介，标目的名称决定了条目和目录的名称。

　　1985年我国颁布了国家标准《档案著录规则》（CB/T3792·5-85），经过十几年的推广使用，在总结已有经验的基础上，国家档案局对该标准进行了修订，并于1999年以行业标准发布了新的《档案著录规则》（DA/T18-1999）。此外，我国还制定了有关的档案著录细则，如《明清档案著录细则》（DA/T8-94），《革命历史档案著录细则》（DA/T17·1-95）、《中国人民解放军档案著录规则》等，使我国的档案著录标准初步形成了一个内容全面、相互补充和协调的体系。

一、著录项目

著录项目是揭示档案内容特征和形式特征的记录事项。《档案著录规则》（DA/T18-1999）根据各种类型档案著录和目录编制的特点，将著录项目规定为七大项，在各大项下设若干小项。

1.题名与责任说明项

包括正题名、并列题名、副题名及说明题名文字、文件编号、责任者、附件6个小项。

2.稿本与文种项

包括稿本与文种两个小项。文件的稿本反映了文件的形成过程，不同稿本在形式、作用、有效性等方面都有差异，据此可鉴别文件的价值和可靠程度，是利用者识别和选择档案材料的重要线索之一。

3.密级与保管期限项

包括密级与保管期限两个小项。密级反映文件内容的机密程度，便于控制文件的利用范围。保管期限是根据档案价值确定的档案应该保存的时间。

4.时间项

时间是指文件的形成时间和案卷内文件的起止时间，它能够帮助人们了解文件产生的时代背景，对于深入理解文件内容，正确判断档案价值，具有重要意义。

5.载体形态项

包括载体形态、数量及单位、规格三个小项。

6.附注与提要项

包括附注和提要两个小项。附注指各著录项目中需要补充和说明的事项。提要是对文件和案卷内容的简介和评述，是利用者了解档案内容，选择所需档案的依据。

7.排检与编号项

排检与编号项是目录排检和档案馆（室）业务注记项。它是在档案加工和整理过程中所形成的各种号码和标识，包括分类号、档案馆代号、档号、电子文档号、缩微号、主题词或关键词六个小项。它是编排目录、指明档案存址、进行检索的主要途径，有着很重要的查检作用。

二、著录格式

著录格式是构成条目的各个著录项目在载体上的排列顺序及其表达方式。《档案著录规则》（DA/T18-1999）规定，一般可采用段落符号式（见图4-1），实际工作需要时也可以使用表格式。所谓段落符号式，是将著录项目划分为四个段落，每个著录项目之间用特定的标识符号区分开来。段落符号式的优点是每一著录项目的字数不受限制，而且采用通用的标识符号分割各个项目，便于识别不同的著录事项，克服不同语言间的障碍，与国际通用的著录规则和我国国家标准《文献著录总则》的规定一致，有利于信息交流和资源共享。表格式是将著录项目名称及填写位置印刷成表格，虽然比较直观，但是每一著录项目字数受到表格的限制。

分类号	档案馆代号
档号　　　　电子文档号	缩微号
正题名＝并列题名：副题名及说明题名文字：文件编号/责任者＋附件.—稿本：文种.—密级：保管期限.—时间.—载体类型：数量及单位：规格.—附注	
提要	
主题词或关键词	

图4-1　档案著录段落符号式条目格式

GE5.75	411010
2-53-107-8	46-94
转发国务院批转国家教委关于改革高等学校毕业生分配制度通知的通知：京政法［1989］56号/北京市人民政府＋国务院…通知＋国家教委…报告＋［市计委、市高教局、市人事局实施意见］.—副本：通知，—内部：永久.—19890702.—8页：260 mm×184 mm，—教委报告不全：市计委、市高、教局、市、人事局实施意见全无	
国家教委报告分析了毕业生分配制度上存在的问题及进行改革的意见。国务院通知要求各地区各部门制订改革措施。北京市有关单位提出了实施意见。	
毕业生分配　高等院校　教育改革　制度	

图4-2　档案著录实例（以文件为著录对象的著录条目）

JD15211	411001
16-2-30	92-1
各省、自治区、直辖市1952年粮食产量统计表.—永久，—19530314-19530520.—新疆维吾尔族自治区统计表因污渍大部分不清	
1952年全国各省、自治区、直辖市耕地面积、粮食作物播种面积、总产量和各种粮食作物产量分省与综合累计统计。	
粮食生产　统计　1952年　耕作面积　粮食产量	

图4-3　档案著录实例（以案卷为对象的著录条目）

（1）段落符号式条目格式将著录项目划分为四个段落。第一段落中分类号、档号分别置于条目左上角的第一、二行，档案馆代号、缩微号分别置于条目右上角第一、二行，电子文档号置于第二行的中间位置。第二段落从第三行与档号齐头处依次著录题名与责任说明项、稿本与文种项，密级与保管期限项、时间项、载体形态项、附注项，回行时，齐头著录。第三段落另起一行空两格著录提要，回行时与一、二段落齐头。第四段落另起一行齐头著录主题词或关键词，各词之间空一格。

（2）实际工作需要使用表格式条目时，其著录项目应与段落符号式相同，其排列顺序可参照段落符号式。

（3）无论著录对象为单份文件、单个案卷还是一组文件或一组案卷，均按此格式著录。

（4）著录条目的形式为卡片式时，卡片尺寸一般为12.5cm×7.5cm，著录时卡片四周均应留1cm空隙，如卡片正面著录不完，可接背面连续著录。

三、著录用标识符号

为识别各著录项目、单元（小项）及其内容，可添加如下规定的标识符。

".—"置于下列各著录项目之前：稿本与文种项、密级与保管期限项、时间项、载体形态项、附注项。

"="置于并列题名之前。

":"置于下列各著录单元之前：副题名及说明题名文字、文件编号、文种、保管期限、数量及单位、规格。

"/"置于第一个责任者之前。

";"置于多个文件编号之间、多个责任者之间。

","用于相同职责、身份省略时的责任者之间或同一责任者的不同职责、身份之间。

"+"置于每一个附件之前。

"［］"置于下列著录内容的两端：自拟著录内容、文件编号中的年度、责任者省略时的"等"字。

"（）"置于下列著录内容的两端：责任者所属机构名称、责任者真实姓名、责任者职责或身份、外国责任者国别及姓名原文、中国责任者时代、历史档案中的朝代纪年、农历、地支代月、韵目代日转换后的公元纪年。

"?"用于不能确定的著录内容，一般与"［］"号配合使用。

"…"用于节略内容。

"□"用于每一个残缺文字和未考证出时间的每一数字，未考证出的责任者及难以计数的残缺文字用三个"□"号。

"_"用于下列著录内容之间：日期起止和档号、电子文档号、缩微号各层次之间。

著录用标识符使用说明如下：

（1）除"题名与责任说明项、排检与编号项"外，各项目连续著录时，其前均冠".—"。如遇回行，不可省略该标识符。但各项目另起段落著录时，则可省略该标识符。

（2）".—"符占两格，在回行时不应拆开；";"和","各占一格，前后均不再空格。

（3）如某个项目缺少第一个单元（小项）时，应将现位于首位的单元原规定的标识符改为".—"。

（4）凡重复著录一个项目或单元时，其标识符也需重复。

（5）不著录的项目或单元，其标识符应连同该项目或单元一并省略。

四、著录用文字和著录信息源

著录用文字必须规范化。汉字应使用规范化的简化汉字。外文与少数民族文字应依照其文字规则书写。文件编号项、时间项、载体形态项、排检与编号项中的数字应使用阿拉伯数字。图形及符号应照录，无法照录的可改为其他形式的相应内容，并加"［］"号。

著录信息来源于被著录的档案。单份或一组文件著录时主要依据文头、文尾。一个或一组案卷著录时主要依据案卷封面、卷内文件目录、备考表等。被著录档案本身信息不足时，参考其他有关的档案资料。

五、著录细则

（一）题名与责任说明项

1.题名

题名，又称标题、题目，是表达档案中心内容、形式特征并使其个性化的名称。题名包括正题名、并列题名、副题名及说明题名文字。

（1）正题名：档案的主要题名，一般指单份文件文首的题目和案卷封面上的题目名称。正题名照原文著录。需要注意的是：没有提名的单份文件依据其内容拟写题名，并加"［］"号；单份文件的题名不能揭示内容时，原题名照录，并根据其内容另拟题名附后，加"［］"号；单份文件的题名过于冗长时，在不丢失重要信息和不损伤原意的情况下，可删去冗余部分，节略内容用"…"号表示；案卷题名不能揭示案卷内容或过于冗长时，一般应重新拟写，将原案卷题名修改好后再著录。但是不可动辄重新拟写，特别是历史档案，原案卷题名的用词用语具有时代特征，一般不宜随意更改。

（2）并列题名：以第二种语言文字（如外文、少数民族文字）书写的与正题名对照并列的题名，必要时并列题名与正题名一并著录，便于按两种不同的文字进行检索。并列题名前加"="号。

（3）副题名及说明题名文字：解释或从属于正题名的另一题名。必要时副题名照原文著录，当正题名能够反映档案内容时，副题名不必著录。副题名前加"："号。

说明题名文字是指在题名前后对档案内容、范围、用途等的说明文字，必要时照原文著录，其前加"："号。

（4）文件编号：文件编号是文件制发过程中由制发机关、团体或个人赋予文件的顺序号，包括发文字号、科研实验报告流水号、标准规范类文件的统编号、图号等。文件编号照原文著录，其前加"："号。

2.责任说明

责任说明著录责任者。责任者也称为作者，是指对档案内容进行创造、负有责任的团体或个人。

（1）责任者只有一个时照原文著录，其前加"/"号。

（2）责任者有多个时，著录列居首位的责任者，立档单位本身是责任者的必须著录，其余视需要著录。被省略的责任者用"［等］"字表示。第一责任者之前加"/"号，责任者之间以"；"号相隔，职责或身份相同的责任者之间以"，"号相隔。例如："/国家计委；财政部；商业部等""/中共北京市委办公室，北京市人民政府办公厅"。多个责任者具有同一职责或身份又必须著录时，可将职责或身份置于最末一个责任者后的"（）"中，责任者之间用"，"号相隔。例如："/舒适，项堃，上官云珠（主演）"。同一责任者有多个职责或身份又必须著录时，可将多个职责或身份置于责任者后的"（）"号中，职责或身份之间以"，"号相隔。例如："/徐昌霖（编剧，导演）"。

（3）机关团体责任者必须著录全称或不发生误解的通用简称。例如："中国共产党中央委员会"简称"中共中央"；"湖北省人民政府政治协商会议"简称"湖北省政协"；中华人民共和国各部省略"中华人民共和国"，只著录部的名称；国务院直属局、委、办冠以"国家"二字，简称为"国家经贸委""国家税务总局"等。不得使用非通用简称，不得著录"本省""本部""本公司""省政协"等。

（4）历史政权机关团体责任者，其前应冠以朝代或政权名称，并加"（）"号，以便于了解该机构的所属朝代，并区分不同历史时期相同名称的机构。例如："/（清）内阁""/（民国）外交部"等。

（5）个人责任者一般只著录姓名，必要时在姓名后著录职务、职称或其他职责，并加"（）"号。例如："/陈毅（外交部部长）"。文件所署个人责任者有多种职务时，只著录与形成文件相应的职务。例如：由江泽民签署的中央军委文件，责任者著录为"/江泽民（中央军委主席）"。

（6）清代及其以前的个人责任者应冠以朝代名称，并加"（）"。例如："/（清）李鸿章"。

（7）少数民族个人责任者称谓各民族有差异，著录时应按少数民族的署名习惯著录。

（8）外国责任者姓名前应著录相应历史时期易于识别的国别简称，其后著录统一的中文姓氏译名。必要时著录姓氏原文和名的缩写。国别、姓氏原文和名的缩写均加"（）"号。

（9）文件所属个人责任者为别名、笔名时，均照原文著录，但应将其真实姓名附后，并加"（）"号。例如："/胡服（刘少奇）""/茅盾（沈雁冰）"。

（10）未署名责任者的文件，应著录根据其内容、形式特征考证出的责任者，并加"［］"号；经考证仍无结果时，以三个"□"代之，著录为"□□□"。

（11）文件责任者不完整时，应照原文著录，将考证出的完整责任者附后，并加"［］"号。例如："/周［周恩来］"。

（12）文件的责任者有误时，仍照原文著录，但应将考证出的真实责任者附后，并加"口"号。例如："/王国央［王国英］"。

（13）考证出的责任者证据不足时，在其后加"？"号，一并录于"口"号内。例如："/［张治中？］"。

3.附件

附件是指文件正文后的附加材料。有些附件是正文的重要补充和说明，不可忽视。附件只著录题名，其前冠以"+"号。文件正文后有多个附件时应逐一著录各附件题名，各附件题名前均冠以"+"号。例如："+工程项目单+北平市立中小学校校舍修缮工程标准说明书"。如附件题名过长也可简略，其节略内容用"…"号表示，自拟附件题名加"口"号。

如果附件题名具有独立检索意义，亦可另行著录条目，并在附注项中说明。

（二）稿本与文种项

（1）稿本是指档案文件的文稿、文本和版本&稿本依实际情况著录为草稿、定稿、手稿、草图、原图、底图、蓝图、正本、副本、原版、试行本、修订本、影印本、各种文字本等，其前加".—"号。

（2）文种是指文件种类的名称。文种依实际情况著录为命令、决议、指示、通知、报告、批复、函、会议纪要、说明书、协议书、鉴定书、任务书、判决书、国书、照会、诰、敕、奏折等，其前加"："号。

（三）密级与保管期限项

（1）密级是指文件的机密程度，密级依 GB7156-87《文献保密等级代码》划分为 6 个级别。名称与代码如表 4-1 所示。

表 4-1　文献保密等级代码

名称	数字代码	汉语拼音代码	汉字代码
公开级	0	GK	公开
国内级	1	GN	国内
内部级	2	NB	内部
秘密级	3	MM	秘密
机密级	4	JM	机密
绝密级	5	UM	绝密

密级一般按文件形成时所定密级登录，公开级、国内级可不登录，对已升、降、解密的，应著录新的密级，其前加".—"号。

（2）保管期限是指根据档案价值确定的档案应该保存的时间，一般按案卷组成时所定的保管期限著录，其前加"："号，对已更改的应著录新的保管期限。

（四）时间项

时间项视不同著录对象，分为文件形成时间、卷内文件起止时间等，其前均加".—"号。以单份文件为对象著录一个条目时，著录文件形成时间；以一组文件或一卷、一组案卷为对象著录一个条目时，著录文件起止时间，即其中最早和最迟形成的文件的时间，其间用"—"号连接。

（1）文件形成时间一般按以下规则著录：公私文书、信札为发文时间；决议、决定、命令、法令、规程、规范.标准、条例等法规性文件为通过或发布时间；条约、合同、协议为签署时间、技术评审证书、技术鉴定证书、转产证书为通过时间；获奖证书、发明证书、专利证书为颁发时间：科研实验报告、学术论文为发表时间；工程施工图、产品加工图为设计时间；竣工图为绘制时间；原始实验记录、测定检验报告为记录时间。

（2）时间项依据 GB2808_81《全数字式日期表示法》著录，一律用八位数表示，第 1-4 位数表示年，第 5-6 位数表示月，第 7-8 位数表示日。

（3）历史档案中的朝代纪年、农历、地支代月、韵目代日，应照原文著录，同时将换算好的公元纪年附后，并加"（）"号。例如："-清乾隆十年九月二十六日（17451021）"。

（4）没有形成时间的文件，应根据其内容、形式等特征考证出形成时间后著录，并加"□"号。例如："．—［19630124］"。

（5）文件时间不完整或部分时间字迹不清时，仍著录原文时间，原时间中缺少或字迹不清部分以"□"代之，再将考证出的时间附后，并加"［］"号。例如："．—195□□□□［19550307］"。

（6）文件时间记载有误或有疑义时，仍照原文著录，再将考证出的时间附后，并加"［］"号。例如："19500105［19500115］"。

（7）文件形成时间考证不出时，著录为"□□□□□□□□"，亦可著录文件上的收文时间、审核时间、印发时间等其他时间，但应在附注项中说明。

（8）如果考证出的时间根据不足时，在其后加"？"号，一并著录于"□"号内，例如："．—1935□□□［19350916？］"。

（9）著录起止时间时，无论是本年度或跨年度都要著录完整，不能省略年度，例如："．—19890107—19891015"。

（五）载体形态项

该项包括载体类型、数量及单位、规格三个小项。

（1）档案的载体类型分为甲骨、金石、简牍、缣帛、纸、唱片、胶片、胶卷、磁带、磁盘、光盘等。以纸张为载体的档案一般不著录，其他载体类型据实著录，并加"．—"号。

（2）数量用阿拉伯数字，单位用档案物质形态的统计单位进行著录，如"页""卷""册""张""片""盒""米"等。其前加"："号。例如．—5页""．—唱片：3张"。

（3）规格是指档案载体的尺寸及型号等，其前加"："号。例如："．—5页：260mm×184mm""．—磁盘：4片：3.5英寸"。

（六）附注与提要项

附注项是著录各个项目中需要解释和补充的事项，依各项的顺序著录。著录时有则录，无则免，除确系需要外，一般可不著录。项目以外需要解释和补充的列在其后。附注项前加"．—"号，各附注项内容之间亦用"．—"号分隔。如每一附注都分段著录时，可省略该标识符。各项附注中使用的标识符可与各著录项目使用的符号相一致。各著录项目中需要说明的事项主要有以下几个方面。

（1）题名附注：注明同一文件的不同题名或其他称谓。例如：对《新民主主义的政治与新民主主义的文化》一文，在附注项中注明"．—现名《新民主主义论》"。

（2）责任者附注：注明考证出责任者的依据和责任者项未著录责任者的数目

或名称。例如："责任者项据笔迹考证。"又如：对于《天津污染气象要素的研究》一文，除在责任者项中著录课题负责人之外，在附注项中注明"，一参加本课题人员还有边海、李檬、陈英、刘学军"。

（3）时间附注：注明考证出时间的依据。著录非文件形成时间时应注明为何种时间。例如："时间依据收文登记考证""时间为收文时间"。

（4）载体形态附注：注明载体形态的破损、残缺、变质及字迹褪变等情况。例如："．—中间缺3页""．—西藏自治区统计表因污渍大部不清"。

著录项目以外需要注明的事项主要有以下几方面。

（1）被著录文件的不同稿本。例如，清代一些档案有汉文和满文两种版本，应在中文版的著录条目中附注项中注明"另有满文版"。

（2）被著录文件另有其他载体形式应予注明。例如：为北京业余英语广播讲座教学唱片著录时，应在附注项中注明"．—同内容纸质铅印教材2本"。

（3）被著录文件的来源为捐赠、购买、交换、复制、寄存等情况时应予注明。例如："．—复制件"。

（4）被著录文件经考证为赝品者应予注明。

（5）与被著录文件关系密切的相关文件应予注明。

（6）需要注明的其他事项，如科研课题的获奖情况、音像档案的播放时间等。

提要项对文件和案卷内容的简介和评述，应力求反映其主要内容、重要数据（包括技术参数等），简明扼要，准确清楚，文字流畅。提要在附注之后另起一段空两格著录，一般不超过200字。

（七）排检与编号项

排检与编号项是目录排检和档案馆（室）业务注记项。该项包括分类号、档案馆代号、档号、电子文档号、缩微号、主题词或关键词六个小项。

（1）分类号依据《中国档案分类法》和《档案分类标引规则》的有关规定著录，置于条目左上角第一行。

（2）档案馆代号依据《编制全国档案馆名称代码实施细则》所赋予的代码著录，置于条目右上角第一行。档案馆代号在建立目录中心或报道交流时必须著录。

（3）档号是指档案馆、室在整理或管理档案的过程中赋予档案的一组代码。文书档案通常包括全宗号、案卷目录号、案卷号、件号或页号，某些科技档案包括具有检索意义的专业号、工程号、专题号、产品型号等编号。档号著录于条目左上角第二行，与分类号齐头，各号之间用"号相隔，占半格。例如："21-3-57-6"。

（4）电子文档号是档案馆、室管理电子文件的一组符号代码，著录于条目第二行中间位置。

（5）缩微号是档案缩微品的编号，著录于条目右上角第二行，与档案馆代号齐头。

（6）主题词或关键词。主题词是在标引和检索中用以表达档案主题的规范化的词或词组，关键词是取自文件题名或正文，用以表达档案主题并具有检索意义的未经规范的词或词组。主题词参照《中国档案主题词表》《档案主题标引规则》及本专业、本单位的规范化词表进行标引。主题词或关键词在附注与提要项之后，另起一行齐头著录。各词之间空一格，一个词或词组不得分作两行书写。

第二节　档案标引与档案检索语言

档案标引是对文件或案卷的内容进行主题分析，根据检索语言赋予检索标识的过程。档案检索语言主要有分类法和主题法两种。依据分类法给予分类号标识的过程，称分类标引：依据主题法给予主题词标识的过程称主题标引。所谓主题，是指档案文献所记载和涉及的具体对象与问题，即档案的中心内容。

一、档案标引程序

档案标引的基本程序如下：

（1）审读文件、案卷，了解档案所论述的内容。主要通过题名来确定档案主题，如果题名不能确切反映文件内容和成分，再查阅正文、文头、文尾和附加标记等，力求准确把握档案的主题。

（2）进行主题分析，确定主题类型与结构。

（3）查表，转换主题概念。将档案的主题概念分析出来后，即可从档案分类表和主题词表中选定相应的分类号和主题词进行概念转换，对于多主题的档案应该分解成几个单主题进行标引。

（4）给出档案标识，即给出分类号或主题词。

（5）作标引记录。对标引的结果以及标引中所处理的某些问题（如增删主题词等）进行记载，以不断提高标引质量。

（6）校对审核。主要审核主题分析是否全面、准确，主题概念的转换是否符合标引规则，标引记录有无差错等。

二、档案主题分析

档案主题分析，是根据档案标引和检索的需要，依据一定方式，对档案内容进行分析，提取档案主题概念，确定档案主题的类型与结构的过程。主题分析的质量如何，直接关系到档案标引的效果乃至整个档案检索系统的检索效率。

（一）档案主题分析的依据

分析档案主题的依据主要为档案题名、文件版头、附加标记乃至正文等，其中档案题名是作者对档案中心内容的概括，一般都能准确反映档案的内容和性质，但也有一些档案题名不能准确表达档案的中心内容，所以题名不能作为档案主题分析的唯一依据，此时就需要查阅文件版头和附加标记。文件版头包括作者、收文机关、文件字号、时间、密级等内容，通过它有助于明确文件的具体内容、使用范围及参考价值等。当从标题、文件版头和附加标记还不能判定档案主题时，就有必要浏览正文。通过翻阅档案正文可以了解其撰写目的、中心内容，从而确定档案论述和研究的主题。

而在实际标引中，在绝大多数情况下，以档案题名为主要依据基本上就能迅速、准确地判定档案的主题。这主要是由于题名的拟写有比较严格的规定和要求，形成了档案题名规范性的特点。普通档案题名一般由作者、事由、文件（案卷）名称三部分组成，并标明了发文机关名称，其中含有大量可供检索的内容特征和形式特征，基本能反映档案的主题。

（二）档案主题分析方法

1.对主题类型的分析

依主题数量，档案主题类型可分为单主题与多主题两种。只记录或阐述一个事物或一个问题的档案，称单主题档案，如经济作物、档案馆建筑设计等；论述两个或两个以上事物或问题的档案，称之为多主题档案，如棉花和大豆的种植与销售等。对多主题档案应分解为几个单主题分别进行分析。

依主题的构成因素，可分为单元主题和复合主题。单元主题是指由一个主题因素构成的主题，如农作物、图书馆等，论述的是一特定的事物对象或问题，分析时只需将该主题概念析出即可；复合主题是指由若干个主题因素结合构成的主题，如大气污染的防治、中国机构改革现状等，对复合主题须深入分析其结构及主题因素之间的相互关系。

依主题的重要程度，可分为主要主题和次要主题。在进行主题分析时，应重点分析主要主题，根据标引的需要对其作充分的提炼，而对次要主题，则应根据它的实际标引价值决定取舍。

依对主题表达的明确程度，可分为显性主题和隐性主题。显性主题是作者明确阐述的主题；隐性主题是作者未直接加以表达，而是隐含于档案内容之中的主题。对显性主题的分析较为容易，可根据档案题名或正文直接提取主题概念，而隐性主题则易漏标，须在深入了解档案内容的基础上进行分析和提炼。

2.对主题结构的分析

主题结构是指构成主题的因素（主题因素）以及这些主题因素在主题中的作用和相互关系。单元主题结构简单，只由一个主题因素构成，而复合主题结构复杂，一般由几个主题因素构成，因此分析主题结构，主要是针对复合主题而言。主题因素分为以下五种：

（1）主体因素。即文件或案卷中论述的关键性主题概念，是主题中的核心部分。凡具有独立检索意义的主题概念，都可作为主体因素。

（2）通用因素。即构成主题的通用概念。凡是没有独立检索意义的一些主题概念因素，如研究、方法、设备、总结等，均为通用因素。它们一般不能作检索入口，在主题中主要对主题因素起细分作用，用以补充说明主体因素。如"拖拉机的生产规划"这个主题中，"规划"为通用因素。

（3）位置因素。即档案所论述的对象所处的空间、地理位置等主题因素，它对主体因素所在的空间、地理位置起限定作用。

（4）时间因素。即档案所论述的对象所处的时间范围的主题因素。如朝代、年代、年度等，它也对主体因素起限定和修饰作用。

（5）档案类型因素。即表示档案种类或文件名称的主题概念，如会议记录、指示、通知、报告、通报、命令等。

按照上述五种主题因素的重要程度进行组配，次序如下：主题因素—通用因素—位置因素—时间因素—档案类型因素，不同档案主题所包含的主题因素多少不同，应根据标引深度的要求选择应该标引的主题概念。例如"中国七五期间工业经济体制改革研究报告"包含了上述五种因素，如果标引深度为4的话，那么只能选择"工业经济—经济体制改革—研究—中国"进行组配标引。档案主题概念，除主体因素不能省略外，其他因素都可根据要求在标引中略去不标。

3.对主题因素间相互关系的分析

主题因素之间的相互关系主要有下面几种：

（1）限定关系。表示事物与事物的某一属性及方面，如"汽车的保养"。

（2）交叉关系。表示具有概念相交关系的同级事物或对象，如"水生哺乳动物"。

（3）应用关系。表示某种科学、原理、方法、材料、设备、工艺等在某方面的应用，如"激光技术在医学中的应用"。

（4）影响关系。表示某事物对另一事物的影响，如"环境污染对生物的影响"。

（5）因果关系。表示某事物是另一事物的原因或结果，如"大气污染的危害"。

（6）比较关系。表示两个或两个以上主题因素之间的比较，如"国有经济与个体经济气

三、档案分类标引与档案分类法

（一）档案分类标引的基本规则

（1）档案分类标引须依据档案分类原则，以档案的职能特性及其他特性为依据，对档案文件进行周密的主题分析，查明文件所论述的对象属什么类别。

（2）应根据档案分类表及其使用规则，辨明类目的确切含义，不能脱离类目之间的联系和类目注释的限定来孤立地判定类目的含义。

（3）档案分类标引须符合专指性要求，分入最切合档案内容的类目，只有当分类表中无恰当的类目时，才能分人上位类或相关类，并作出记录，以保证标引的一致性。

（4）档案分类标引应提供必要的检索途径，为充分发挥档案的作用创造条件。当一份文件或案卷涉及两个以上主题时，可标引一个以上的分类号。

（5）档案分类标引的内容必须是文件或案卷中比较具体论述了的，有一定参考价值，可以成为检索对象的。具备了上述条件的不予标引，为标引不足：为具备上述条件而给予标引，则为标引过度。总之应进行适度标引，保证较高的检索效率。

（二）档案归类方法

1. 单主题档案的归类

（1）只记录或阐述一个事物或一个问题，内容比较专一的单主题档案，依其内容的职能性质归类，如"关于开展党员培训的通知"归入"A242党员培训"。

（2）从不同的方面来论述同一事物的档案，应按分类表中有关集中与分散的要求，归入相应类目。如棉花的生产和购销分别归入"MA21农作物业生产"和"LA2商品购销"。分类号标引为"MA21+LA2"。

（3）论述同一事物的两个或两个以上方面的档案，若论述的方面是属于同一职能同一类别的，应归入其上位类，如"知识分子入党和提干问题"归入"A2"组织类；若属于不同职能类别的，依档案论述的事物的主要方面归类，如"关于稳定物价加强物价检查监督的通知"归入"JF51"物价监督检查类。

（4）从几种职能工作角度综合论述一个主题的档案，按其主要职能归类，如"工青妇组织和党政部门关心大龄未婚青年"归入"CA94"民政类。

2. 多主题档案的归类

一份档案论述两个或两个以上主题时，标引时应分析各主题之间的关系，确

定给予一个或几个分类号。

（1）并列关系。三个以下并列主题，应分别给予分类号，如"水资源和生物资源保护"，分别给予两个分类号"MA2832"和"MA2833"。如果并列主题超过三个以上，又属于同一上位类，则归入其所属上位类，如一份档案论述了函授、夜大、电大、自学考试等内容，应归入其上位类"GE6成人教育"。

（2）从属关系。即上下位类关系，一般归入上位类，如"职业技术教育与中专教育"归入"GE4职业技术教育"。如果两个具有从属关系主题中重点论述的是较小主题时，则归入下位类，如"档案事业与企事业档案工作"重点论述企事业档案工作方面的内容，则归入"GA414企、事业档案工作"。

3.多因素主题档案的归类

（1）因果关系。按结果一方归类，如"由于忽视航空安全检查造成××飞机失事的调查报告"归入"PD23312飞行事故调查分析"。

（2）影响关系。一般按受影响一方归类，如"新技术革命对档案事业的影响"归入"GA4I档案事业"；如果论述一事物在各方面影响的，则依发生影响的主题归类，如"计算机科学技术对电子工业的影响"归入"NK电子工业"。

（3）应用关系。按应用到的主题归类，如"计算机在工程和技术科学中的应用"归入"HE工程和技术科学"；如果是综合论述一主题在各方面应用的情况，则按被应用的方面归类，如"微型计算机在图书情报和档案工作中的应用"归入"NK24U1418微型数字计算机"。

（4）比较关系。一般按作者所要阐明的主题归类，如"农村集体所有制与个人所有制的比较"，作者重点阐述的是个人所有制，归入"JC941213农村个人所有制"。必要时，也可将被比较的几方分别归类。

（三）《中国档案分类法》

档案分类法，是以国家机构和社会组织从事社会实践活动的分工为基础，按照档案的内容和特点，分门别类组成的科学体系。它是对概括档案内容特征的概念进行逻辑分类和系统排列形成的一种概念标识系统。档案分类法的表现形式是档案分类表。档案分类表是进行档案分类标引的依据，用于编制分类检索工具，提供分类检索途径。档案分类法以职能分工为主要分类标准，并结合档案记述和反映的事物的属性，选择其他辅助分类标准，如行业分类、载体分类、学科分类等。档案是人类社会实践活动的历史记录，而人类社会实践活动是以国家机构、社会组织和个人的职能分工形式来进行的，因此，职能特性是档案特有的最主要的属性，以职能分工为基础建立起来的分类体系能反映出社会实践分工情况，与档案实体的全宗管理原则相协调，具有稳定性和客观性，也便于档案利用者有效地检索和利用档案。职能分工原则是档案分类法区别于其他文献分类法的主要标志。

在体例上，档案分类法采用的是体系分类法的原理。所谓"类"，是许多具有某种共同属性的事物的集合。用以表示一类事物的名称，称为类名，在文献分类中，称为类目。类目是分类法的基本单位，类目的代号称为分类号，分类法是以分类号做标识，按分类号的顺序排列的。类是可分的，一事物除了具有与同类事物共同的属性外，还具有其他属性，因此，可以用另外的属性作为分类标准对一类事物进行划分，即分类。经过一次划分所形成的一系列概念称为子类或下位类，被划分的概念称为母类或上位类，它们之间的关系是隶属关系，各子类之间互称同位类，它们之间是并列关系。分类可以连续进行，经过一次划分所得的子类，还可以用其他分类标准再次划分。这样层层划分，层层隶属，便构成了一结构严密的等级体系。

《中国档案分类法》由编制说明、基本大类一览表、简表、详表（主表）、辅助表（复分表）等组成部分构成。

1.基本大类一览表

《中国档案分类法》的基本大类一览表共分为19个大类。排列如下：

A 中国共产党党务

B 国家政务总类

C 政法

D 军事

E 外交

F 政协、民主党派、群众团体

G 文化、教育、卫生、体育

H 科学研究

J 计划、经济管理

K 财政、金融

L 贸易、旅游

M 农业、林业、水利

N 工业

P 交通

Q 邮电

R 城乡建设、建筑业

S 环境保护、土地管理

T 海洋、气象、地震、测绘

U标准、计量、专利

2.详表（主表）

详表是分类法的正文，由类目、类目之间的关系、标记符号、注释组成。

（1）类目是分类法的基本单位，《中国档案分类法》第2版共有10万条类目。

（2）类目之间的关系。分类法主要通过主表的等级结构来表达类目之间的相互关系，如图4-4所示。在此例中，类目之间的隶属、并列关系一目了然。

```
K    财政、金融、保险、审计 ·········································· 一级类目

KA    财政 ······························································ 二级类目

1        财政制度 ··················································· 三级类目
             计划、监督检查入此。
11        预算 ······················································ 四级类目

12       工交财务
13       商贸、金融财务
14       农业财务
         ⋮

2       财政预算、决算、总决算
21        财政总预算、总决算
22        企业财务计划与决算
          ⋮
29        其他预算、决算（年报）
             ·········（等同关系）

3       财政收入
31        企业上缴利润、预算收入
[32]      税收
             宜入KC
```

（同位类并列关系）

图4-4　档案分类法类目体系图示

（3）标记符号。《中国档案分类法》采用汉语拼音和阿拉伯数字相结合的混合号码制，数字的数位一般表示类目的级位，并能显示类目之间的各种逻辑关系，基本上遵循了层累制的编号原则。当同位类过多时，灵活采用了八分法和双位制的编号法。

所谓八分法又称为"扩九法"，它用前8位数字1-8表示8个同位类，当同位类超过8个时，第9个同位类开始展开，不用9而用91，第10个同位类用92……直到第16个类目用98，第17个类目若不扩展用99，若继续扩展从第17个同位类

分别用991，992，993……998来标记。

双位制又称为"百分法"，是为了缓解类列扩展与符号基数不足之间的矛盾而采用的一种编号方法。具体做法是，当一个类目展开的下位类太多时，第一类不用1，而用11；第二类不用2，而用12；第三类不用3，而用13……第九类不用9，而用19；第十类不用20，而用21；第十一类用22……

为了补充基本类号的不足，《中国档案分类法》采用了以下辅助符号，用以表达类目的特定含义。

①"+"并列符号。为了适应分类标引的需要，对有并列关系的多主题档案进行标引时，需要赋予多个分类号，其间用"+"号相连，以便把多主题档案的类号组配起来。如：××县第×届人大代表赴乡、镇视察与调研的文件材料，分类标引结果为"BA17+BA15"。

②":"关联符号。又称组配符号。它将主表中两个或两个以上类目的号码组成一个复合类号，用以表达一个复杂的主题概念。如：××中学关于学生饮水卫生情况的调查报告，分类标引结果为"GE23：GF55224"。

③"-"综合复分号。凡依综合复分表复分，必须标记此符号，使用时将"置于综合复分号码之前，与主类号连接。

④"（）"世界各国和地区复分号。主要用于区分世界各国和地区，使用时用"（）"标识将国家、地区复分号码括起来，与主类号相连。

⑤"［］"中国地区复分号如用于区分中国地区。使用时将中国地区复分号码用"［］"括起来，与主类号相连。

⑥"《》"民族复分号。主要用于区分民族，使用时将民族复分号码用"《》"括起来，与主类号相连。

⑦"（）"科技档案复分号。使用方法同上。

⑧"•"专类复分号。用于对主表中特定类目的复分，使用时将"•"置于专类复分号码之前，接在主类号之后。

⑨"="专用复分号。中华人民共和国档案分类表在外交、文化、新闻通讯、教育、卫生、国内贸易、对外贸易、农业、煤炭、铁路、公路、水陆等大类（或二级类目）后，设有专用复分表。使用时，将专用复分表的号码用复分符号"="接在主表的分类号码之后。

⑩"〔〕"交替类号。用以标识供选择的类目，不作为档案分类的实际号码使用。

⑪"/"起讫符号。表示类目号码的起止范围，只在主表中出现，不作为档案分类的实际号码使用。

（4）注释。为了帮助分类人员理解和使用类目，《中国档案分类法》对一部分条目作了必要的注释。注释有如下作用：指明类目的内容；指明类目之间的关系和范围；指明交叉和参照关系；指明细分方法。

3.辅助表

也称复分表、附表。它是将分类表中某些具有共性的类目从主表中抽出汇编成各种复分表，起到统一类目、简化类表、缩短篇幅、帮助记忆的作用。包括通用复分表、专类与专用复分表。

（1）通用复分表。通用复分表适用于分类表各大类。《中国档案分类法》设置了下列五种通用复分表：

①综合复分表，也称总论复分表。它是各类具有共性的有关综合事务方面档案复分的依据。复分符号为"-"。如：《农业条例》标引为"MA-14"。在使用综合复分表时要注意两点：第一，综合复分表的类目一般不在主表反映，但有时也作为专类在主表或专用复分表中列出，此时应本着先主表、专用复分表，再综合复分表的原则，分类时不使用综合复分表的相应类目复分；第二，具有综合复分表中两种以上特征的档案文件，只能选择其中主要的一种加以复分，不能重复使用。

②世界各国和地区表。它是各类目档案需要按国家和地区标准复分时的依据，凡主表中注明"依世界各国和地区表分"的都可用此表复分，其符号为"（）"，如"日本林业"的分类号为"MB（392）"。

③中国地区表。它是各类目档案需要按行政区划复分时的依据，凡主表中注明"依中国地区表分"的，均可用该表复分，其符号为"［］"。如"湖北省汽车工业"的分类号为"NO［42］"。

④中国民族表。需按民族复分时用，凡主表中注明"依中国民族表分"的，均可用该表复分，其符号为"《》"，如"回族自治"的分类号为"BE1《03》"。

⑤科技档案复分表。共有5个组成部分。分别为1科学研究档案；2基本建设档案；3设备仪器档案；4标准、计量档案；5产品档案。凡主表中注明"依科技档案复分表分"的类目，均可用该表复分。其符号为"（）"。如"体育场馆设施标准规划"的分类号为"GG86<412>"。

（2）专类与专用复分表。专类复分表是主表中附加的供某大类或某大类中的部分类目作进一步区分用的复分表，它是依据档案材料分类的实际需要而设置的。《中国档案分类法》（第2版）一共设置了17个专用复分表，137个专类复分表。专类复分表的分类号码前加圆点"·"，表的两侧均以印刷黑体竖线括起，如"家庭财产保险合同"的分类号为"KB9122·3"。专用复分表的分类号前用"＝"号，复分时将复分号码接在主类号之后，如"接收泰国通讯社新闻照片"的分类号为"GB2291＝122"。

需要注意的是,《中国档案分类法》中的专类复分表往往与通用复分表结合使用,复分时,应先依通用复分表分,再依专类复分表分。如:"蒙古族语言文字的翻译"的分类号为"GA432《02》·7"。

此外,《中国档案分类法》还采用了仿分和组配编号法。所谓仿分,是对于少量具有共性的类目在细分时统一列表,即仿照某一类的下位类来设类,而不专门编表。即某些类目具有相同的划分标准,将其中一个类详细列出子类,其他类下注明"仿××分";例如:"U型管式换热器冷却器"的分类号为"MB724221"。

组配编号法用于分类表中规定可以组配的类目,即把两个或三个互相关联的类目用":"组配起来,表示分类表中未列的一个复杂的概念。例如,乡镇企业贷款的分类号为"KB221:JC943"。

四、档案主题标引与档案主题法

(一) 档案主题标引的一般规则

(1)档案主题标引必须客观地、直接地反映档案论述或涉及的事物和问题,不应掺杂标引人员的臆测和褒贬。

(2)档案主题标引应遵循专指性原则,即选择词表中最专指、最恰当的主题词进行标引,当词表中有表达该主题概念的专指词组时,不得选用其上位词或下位词,也不得进行组配标引。

(3)当词表中没有专指词时,应选择最直接、最关联的两个以上的主题词进行组配标引;当组配标引不能准确地表达主题概念时,可选用最临近的上位词或相关词进行标引;当用上位词、相关词标引也不合适时,可采用自由词标引或增词标引。

(4)选定的主题词应是词表中的正式主题词,书写形式要与词表中的词形一致,不能随意更改或省略。

(5)每一份档案的标引深度,原则上应以能准确、完整地表达档案主题内容,充分揭示出有检索意义的档案信息以及检索系统的处理能力为依据。

(6)标引时要注意反映档案中的新论点、新政策、新成果,尽量向利用者提供更多的信息。

(二) 主题词组配规则

所谓主题词的组配,是指通过两个或两个以上主题词的逻辑组合来表达一复合主题概念。组配标引的规则如下:

(1)组配必须是概念组配,而不应是字面组配。概念组配基于概念逻辑原理,重在拆义,而字面组配以构词法为基础,重在拆词。如"键盘乐器的制造",这一主题概念应用"键盘乐器—乐器制造"进行概念组配，而不能用"键盘—乐器—制造"单纯从字面上组配。判断是否为概念组配的标准是看被组配的主题词在单独使用时会不会产生意义失真和有无检索意义。

（2）用词表中最专指的词进行组配，不能越级组配。如"业余学校的组织管理"应用"业余学校—学校行政"组配，而不能用"业余大学—学校行政"，也不能用"学校—学校行政"组配。

（3）如果被组配的词之间为交叉关系，用组配符号"："，如果是限定关系，则用组配符号"—"。

（4）当复合主题中含有多个主题因素时，应按其重要程度确定组配次序，并根据标引深度的要求对其加以取舍。当标引深度超过规定时，可略去次要的主题因素。

（5）当一份档案中有两个或两个以上主题，组配时可能产生假联系时，应对每一个主题分别进行组配标引。

（6）组配的结果应概念清楚，含义确切、专一，逻辑合理，当组配有可能产生歧义时，应改用上位词或相关词标引或增补新词。

（三）《中国档案主题词表》

主题法分为标题法、单元词法、叙词法等，以叙词法最为流行，叙词法是一种组配型的检索语言。《中国档案主题词表》是一部档案叙词表，也是中国第一部通用的档案主题词表。档案主题词表是进行档案主题标引的依据，它是将档案主题概念转换成主题标识、编制主题目录、主题索引及建立计算机主题文档的重要工具。《中国档案主题词表》按照档案论述和涉及的主题及事物集中档案材料，用规范化的自然语言语词做标识来直接表达档案主题概念，用参照系统间接显示概念之间的关系，并用字顺序列对档案信息进行系统化组织，提供按字顺主题检索的途径。

《中国档案主题词表》主要由主表、范畴索引、词族索引、辅助表（人名表、机构名表）等构成。

1.主表

主表是词表的正文，由全部正式主题词和非正式主题词按汉语拼音顺序排列而成。《中国档案主题词表》的选词范围包括20世纪初叶以来反映党政管理工作的词汇，及档案中经常涉及的政治活动、科学研究、生产技术、经济建设等方面的专业词汇和反映新事物、新概念的词汇。具体来说，主要包括以下方面的词汇：中国各民族、各民族文字与语言的名称，世界上其他重要文字、语言的名称，主要宗教名称；行政职务与专业技术职务名称，军职与军衔名称；部分国家法律和规章名称；节目、节令名称，具有特殊意义的会议名称和有重大影响的历史时间名称；学科名称及反映学科具体内容概念的部分词目，重要的、常见的化学元素、矿物、合金、化合物名称：小说、戏剧、曲艺、诗歌、绘画等文学艺术作品的泛称及其使用频率高的下位词；田径运动、水上运动、冰上运动和体操等体育运动项目名称及其直接下位词；常见的动物、植物、疾病、医药及各类工农业产品的名称；枪械、火炮、弹药等武器及其下位词。词的款目结构如图4-5所示。

Youyong	···	汉语拼音
游泳 [GE]	·································	款目词及其范畴号
D 游水	····························	"代"项 （等同关系）
F 蝶泳	································	"分"项
蛙泳		
仰泳		
自由泳		
S 水上运动	·······················	"属"项
Z 体育运动	·······················	"族"项
C 水球运动	·······················	"参"项 （相关关系）

图 4-5 档案主题词表款目结构

款目项主要起排列和检索入口的作用，其中的范畴号是该词在范畴索引中的分类号。参照项的作用是显示词间关系，其中"代"项显示等同关系，说明"游水"是"游泳"的同义词，在此作为非正式主题词，用来指引和查找正式主题词，不能作为标引和检索词使用，其对应的参照项为"用"项："分"项、"属"项、"族"项显示等级关系，"分"项中的主题词是款目词的下位词，"属"项中的主题词是款目词的上位词，"族"项中的主题词是款目词的族首词（最上位词），其后注以"*"号；"参"项显示相关关系。

此外，为了明确主题词的含义，主表中还设有限定词和注释。限定词用圆括号"（）"注于主题词之后，作为主题词的组成部分。如：注释是对主题词的含义所做的简要说明，用圆括号"（）"注于主题词之下，不作为主题词的组成部分。

2.范畴索引

范畴索引又称分类索引，它是将主表中的全部主题词按其概念属性划分成大大小小的类目排列而成，以满足从分类的途径查词和族性检索的要求。《中国档案主题词表》范畴索引的类目是参照《中国档案分类法》主表的类目并结合主题词的特点而设置的，所有类目不超过三级。其标识符号采用汉语拼音字母与阿拉伯数字混合制，一、二级类目用字母标识，三级类目用阿拉伯数字标识。当一词具有两个类目的属性时，在有关类目重复出现。

3.词族索引

词族索引又称等级索引，它是把具有等级关系即具有属种关系、包含关系、整体与部分关系的主题词汇集在一起，构成一个从泛指词到专指词的等级体系。所谓词族，是把属性相同的主题词按其概念等级（从泛指到专指）排列而成的概念体系。《中国档案主题词表》确定族首词（最上位词）1233个，入族主题词1398条，占正式主题词总数的52%。同一词族的词在索引中是用缩格的形式显示其等级关系的，其中概念外延最广的主题词称为族首词，其右上角缀以"*"号，族首词之间依汉语拼音音序排列。从最上位词（族首词）到最下位词的层数称为词族的等级数。族首词为一级词，其下分词前一个点"·"为二级词，两个点"··"为三级词，三个点"···"为四级词，依此类推。

词族索引的主要功能是可以从一族词中外延最广的族首词出发，找到一系列同族的主题词，显示其间的层层隶属关系，增强词表的族性检索功能。在机检系统中是实现自动扩检、缩检及上位登录的重要手段。具有属分关系的主题词，一般以一个词入一个词族为原则，少数主题词按其属性须跨两个或两个以上词族者，分别在不同词族中显示。同一词族内，有少数主题词按其属性须跨两级者，则在两级下重复显示。

词族索引与主表之间通过缀以"*"号的族首词联系，在主表中看到带有"*"号的主题词，可在族首词目录中先查到该词在词族索引中的页码，便可在词族索引中查到该族词。

4.辅助表

辅助表（索引）一般由专有叙词汇编而成，包括人名、地名、机构名、产品名等。《中国档案主题词表》设有两个辅助表，即人名表和机构名表。设置附表可以避免主表体积过于臃肿，又可以方便利用者查找专有的人名和机构名。人名表和机构名表中主题词款目的著录事项、著录格式及排列顺序与主表完全相同。

第三节　档案检索工具与档案检索系统

一、档案检索工具的种类

档案检索工具具有检索、报道、交流和管理馆藏的作用。按照功能的不同和差异，档案检索工具可划分为不同的种类。

（一）按照编制方式划分

（1）目录。它是将档案的著录条目，按照一定的次序编排而成的检索工具，如分类目录、题名目录等。

（2）索引。它是将档案中的某一内部或外部特征及其出处按照一定的顺序排列起来的检索工具，如人名索引、地名索引、文号索引等。索引与目录的区别在于：目录对档案文件内容和形式特征进行全面系统的著录，著录项目比较完整；而索引是对档案文件中的某一部分特征进行著录，著录项目简单。

（3）指南。它是以文章叙述的方式，综合介绍档案情况的一种工具，如全宗指南、专题指南、档案馆指南等。它可以作为工具书使用，相对于目录和索引来说，其报道性、可读性较强。

（二）按载体形式分

（1）卡片式检索工具。它是将条目著录于卡片上，将卡片按一定顺序排列而成的检索工具。其优点是具有较大的灵活性，便于增减条目以及调整其顺序，还可利用一次著录的结果，编制不同的检索工具。但体积大，不便管理，不便传递与交流，成本较高。

（2）书本式检索工具。将著录条目按顺序排列并装订成册的检索工具。其优点是体积小，便于管理，便于馆际间情报交流，编排紧凑，成本低廉，是我国档案界长期以来占主导地位的检索工具。但它缺乏灵活性，不能及时增减条目和调整顺序，不能完整反映馆藏档案，因此受到卡片式检索工具的严重挑战。

（3）缩微式检索工具。用缩微摄影方式制作的以胶片为载体的检索工具。其主要优点是体积小，节约空间，便于携带和交流，便于长期保存和使用。但它是在书本式或卡片式检索工具的基础上形成的，需借助阅读器或电子计算机阅读查找，且不便增减条目，只适用于永久性保存的档案。

（4）机读式检索工具。以磁带、磁盘、磁鼓等磁性材料为载体的供计算机识别的检索工具。其优点是存储密度高，检索扫描速度快，可进行多途径检索。

（三）按内容范围分

（1）综合性检索工具。以一个或若干个档案馆的全部档案或以一全宗的档案为检索和介绍对象的检索工具，如全宗文件目录、分类目录、全宗指南、综合性联合目录等。

（2）专题性检索工具。以有关某一专题的档案为对象的检索工具，如专题目录、专题指南、专题性联合目录等。

（四）按功能分

（1）馆藏性检索工具。反映档案实体整理体系及其相互关系的检索工具，如全宗目录，卷内文件目录、案卷目录等。其功能是固定和反映档案整理顺序，可借助它了解、分析馆藏情况，便于按档案整理顺序查找档案。但其目录组织方式受档案整理体系的限制，检索途径单一，一般不能超出全宗范围，检索深度较浅。

（2）查检性检索工具。它是从档案的某一内容或形式特征提供检索途径的检索工具，如分类目录、主题目录、专题目录、人名索引、文号索引等。其主要功能特点是不受档案整理顺序的限制，可以打破全宗的界限进行检索，能提供多种检索途径，选择任意的检索深度。

（3）介绍性检索工具。它是介绍和报道档案内容及其有关情况的检索工具，如专题指南、全宗指南、档案馆指南等。其特点是能全面、概括地介绍档案的情况，发挥宣传报道作用，向利用者提供一定的档案线索。但由于介绍性检索工具不仅记录档案文件的检索标识，不建立排检项目，借助它不能直接获得档案文件，只能算是间接性的检索工具。

上述各种类型的检索工具并不是每个档案机构都须配备，各档案馆（室）应根据本单位档案的特点以及检索的具体要求来确定编制哪些检索工具。要注意检索工具种类的多样化，提供多途径检索，满足利用者的不同需要。

二、档案检索工具的编制

（一）馆藏性检索工具的编制

1.卷内文件目录

卷内文件目录是以案卷为单位，系统登录卷内文件的题名及其他特征并固定其排列顺序的检索工具。卷内文件登录的内容一般包括：顺序号、文号、责任者、题名、日期、页号、备注。卷内文件目录能够固定文件在案卷中的具体位置，巩固档案实体系统整理的成果，而且能够反映卷内文件的基本情况，是检索具体档案文件的重要工具。

2.案卷目录

案卷目录是在档案实体整理过程中，对案卷进行排列与编号以后，将案卷号、案卷题名及其他痔征进行系统登记的检索工具。案卷目录表是案卷目录的主体，案卷目录表的基本项目包括：案卷号、案卷标题、案卷起止日期、卷内文件页数、保管期限和备注等，案卷目录的主要作用是：固定全宗内档案分类体系和案卷排列次序，反映和巩固档案整理工作成果；揭示全宗内档案内容与成分，是查找、利用档案的基本检索工具；是案卷清册和总账，便于档案的统计和安全保管。

3.案卷文件目录（全引目录）

案卷文件目录，是以全宗为单位，将案卷目录与卷内文件目录相结合按一定次序编排而成的一种档案目录。它既能够揭示全宗内的案卷信息，也能够全面反映每一案卷内的文件信息，兼有案卷目录和卷内文件目录的双重功能，所以又称为全引目录。编制案卷文件目录的方法：将案卷目录和卷内文件目录依次打印，复印剪贴后装订成册或者利用计算机技术进行编辑整合。

（二）查检性检索工具的编制

1.分类目录

档案分类目录是按档案分类法组织起来的，揭示全部（或主要部分）馆藏内容与成分的一种综合性检索工具。它打破了全宗的界限，不受档案实体整理体系的束缚，提供从档案内容入手检索档案的途径，是档案工作人员从事业务工作和利用者查找档案的不可缺少的工具。分类目录还可作为一种基本检索工具，派生出各种专题目录、重要文件目录等，向外报道馆藏，满足利用者的特定需求。分类目录的编制包括条目的排列、参照卡和导卡的设置、字顺类目索引的编制。

（1）条目的排列：将已经著录的条目按分类号的顺序排列起来，对同一类号的条目再按时间顺序、题名、责任者字顺等其他特征排列。

（2）参照卡是用于揭示类目间的相互关系，指引利用者准确找到所需的档案。导卡也称指引卡。是一种上端有耳状突出的卡片，用于揭示分类目录的结构及其逻辑体系，指导人们在目录内迅速准确地查到所需的档案卡片。一般可在每一类前放一张概括本类内容的导卡，在耳状突出处标明类号及类目名称，其下注明该类直接下位类类号及类目名称。

（3）字顺类目索引：将分类目录的类目按字顺排列起来，提供从字顺主题入手查找档案的途径，提高分类目录的利用效率。其编制方法如下：①对类名进行规范化处理，将之转化为标题形式；②补充分类表中未列的概念，如类名同义词、表中未收的新学科、新事物或其他重要概念等；③编制索引款目，对两个或两个以上主题的类目分别编制款目；④对某些款目词实行轮排，使同族概念集中，并提供多条检索途径；⑤将所有的索引款目按字顺排列。

2.主题目录

档案主题目录是根据档案主题法的原理，按档案主题词的字顺组织起来的目录。主题目录不受全宗和分类体系的限制，直接从事物出发按字顺查找所需档案，灵活性强，便于进行特性检索，但系统性不如分类目录。其编制步骤包括：标题形式的选择、主标题与副标题的确定、著录卡片按字顺排列、参照卡的设置。

3.专题目录

档案专题目录是集中揭示有关某一个专题档案内容的检索工具。它不受全宗的限制，有利于在全馆范围内按照专题查找档案，对于科学研究及解决专门问题有很大帮助。其编制步骤包括：选题、选材、著录、排列。

4.人名索引

人名索引是揭示档案中所涉及的人物并指明其出处的一种检索工具，可分为综合性人名索引和专题性人名索引两种。综合性人名索引是将馆藏档案中涉及的全部人名编制成索引；专题性人名索引是按某一专题范围编制人名索引，即选择若干比较常用的专题来编制人名索引。一般来说，专题性人名索引利用率较高，且编制工作量不大，对一般档案部门都是适宜的，可以满足大多数从人名入手查找档案的利用要求；而综合性人名索引编制工作量大，且并非档案中涉及的任何人名都有检索意义，所以，往往只用于人事档案、诉讼档案等，对普通档案不太适宜。

在编制人名索引时，应对一人多名的情况加以处理，在一个人的真实姓名、字号、别名、笔名、艺名等之间建立参照，将同一人的档案材料集中一处，避免漏检、误检。人名索引可参照《中国档案主题词表》所附人名表编制。

人名索引分人名和档号两部分，将人名引向所在档案的档号，即可查到记载某一人物的各种档案材料。人名索引可按人名字顺排列，有笔画笔形法、音序法等。

5.地名索引

地名索引是揭示档案中所涉及的地名并指明其出处的一种检索工具。地名索引可以为从地区角度入手查找档案的利用者提供档案线索。尤其是对利用档案编史修志者十分有用。地名索引比较适用于涉及地区范围较广的地质档案、农业档案、气象档案、测绘档案等。

在编制地名索引时，应弄清楚各地区在行政区划、名称等方面的沿革，在原用名和现用名之间建立参照，将同一地区的档案材料集中一处。

地名索引包括地名和档号两部分，必要时应加上注释，将地名引向所在档案的档号，即可查到记载该地区情况的各种档案材料。

（三）介绍性检索工具的编制

1.全宗指南

全宗指南是对一个全宗的档案的形成历史、内容范围、成分、数量等各个方面以文章叙述的形式所作的全面介绍。可分为组织全宗指南、个人全宗指南、联合全宗指南等，其中，组织全宗指南占绝大多数。

全宗指南的结构：由立档单位和全宗历史概况、全宗内档案情况简介、全宗内档案内容和成分介绍、辅助工具等组成。

立档单位和全宗历史概况。包括全宗构成者名称、时间、主要职能、隶属关系、全宗构成者主要负责人名录、内部机构设置及其各历史阶段演变情况等内容。

全宗内档案情况简介。全宗内档案的数量及保管期限、档案的完整程度、档案的利用价值及鉴定情况、检索工具的配置情况、档案的整理情况。

全宗内档案内容和成分介绍。文章叙述的形式，按全宗内档案的实际分类体系结合问题介绍。主要介绍档案来源（责任者）、内容、形式（种类、制成材料等）、形成时间、可靠程度、查考价值等。这是全宗指南的主体部分。可以采用详简结合的方法，根据全宗内档案的重要程度和实际需要进行介绍。

辅助工具。包括目次、机关简称表、人名索引、地名索引等。

2.档案馆指南

档案馆指南是对一个档案馆的概况及其全部馆藏以文章叙述方式所做的概略介绍。它是档案馆对其收藏和服务情况进行宣传和报道的重要工具。

详细的档案馆指南包括序言、档案馆概况、馆藏档案情况介绍、馆藏资料介绍、索引、附录等组成部分。

3.专题指南

专题指南是以文章叙述的方式，按一定专题对档案机构收藏的有关该专题的全部档案材料所做的综合介绍。专题指南在选题选材上与专题目录相同，在档案内容成分的介绍方式上类似全宗指南。专题指南一般由序言、目次、档案材料内容简介、索引、附录等部分组成。

档案馆（室）应建立科学合理的档案检索工具体系，达到如下基本要求：具有一定数量的功能不同的检索工具、检索工具与利用需求相适应、正确处理各种检索工具的联系与分工、在检索工具的编制中应推行标准化。

三、计算机档案检索系统

计算机档案检索系统是以电子计算机作为检索设备，将档案信息以二进制代码的形式记录在磁性载体上，由计算机检索软件进行控制，对输入的档案信息自动进行存储、加工、检索、输出、统计等操作的一种信息检索系统。计算机检索系统与手工检索系统相比，检索速度快、存储量大、检索途径多、检索效率高。

（一）计算机档案检索系统的类型

1.按数据库的性质，分为目录检索系统、事实与数值检索系统、全文检索系统

目录检索系统存储的是经过加工的档案目录信息，检索结果是符合检索要求

的档案线索。目录信息检索系统目前在档案计算机检索系统中占绝大多数，它是发展最早，应用最广泛的检索系统。

事实与数值信息检索系统存储的是档案中所包含的各种事实或数据，它对档案材料进行了更高层次的情报加工，输出的检索结果为用户可直接利用的事实和数据。这种检索系统有逐渐增多的趋势。

全文检索系统存储的是机读化的档案全文信息，通过这种检索系统可以检索档案原文中的任何一个字、句、段、节等，也可直接输出档案全文。

2.按检索方式，分为脱机检索系统、联机检索系统

脱机检索系统是将用户的检索提问集中起来，由系统操作人员统一输入，统一查找，再把检索结果打印出来分发给用户。这种检索系统的用户不能直接参与检索过程，需要较长时间才能获得检索结果，适于那些不需立即获得结果但要求较高检全率的检索要求。

联机检索系统是以人-机对话的方式，通过计算机终端和通信线路由检索人员直接对档案数据库进行检索。用户可以随时查找所需的档案信息，并能马上获得检索结果，还可随时修改检索提问，直到获得满意的结果为止。

3.按服务方式，分为定题检索系统和追溯检索系统

定题检索系统是将用户提出的检索要求编成逻辑提问式输入到计算机里，组成提问文件存储在磁盘上，每隔一定时间对数据库中新收入的档案信息进行检索，并按一定的格式打印输出给用户。定题检索服务一般是以脱机方式进行的。

追溯检索系统是根据用户的检索要求，对数据库中积累的档案材料进行

专题检索，可以普查若干年内与检索课题有关的所有材料，其检索可追溯到档案数据库所能提供的年代。

4.按检索语言，分为受控语言检索系统和自然语言检索系统

受控语言检索系统是采用分类表、词表等规范化的检索语言对标引和检索所用的词汇进行控制，检索时需通过分类表、词表将标引用语和检索用语进行相符性比较。

自然语言检索系统是直接采用自然语言存储检索档案信息，能够方便标引和检索，但要以计算机检索技术的高度发展为前提。

（二）计算机档案信息检索系统的构成

计算机档案信息检索系统由档案数据库、计算机硬件、计算机软件三大部分构成。

（1）档案数据库是将一系列档案文献条目用二进制代码的形式，记录在磁带、磁盘或光盘上，以便让计算机"阅读"理解和运算，其内容与普通的检索工具基

本一致，但为了便于计算机判断和处理，在条目中增加了指示符、分隔符、结束符等标志，并记明了各个著录项目以及整个条目的长度与地址。有时，为了提高检索效率，计算机还需对目录数据库作进一步加工，排成各种索引文档。一个计算机检索系统包含若干种文档。

（2）计算机硬件，指计算机及外部设备，它是进行信息存储、运算、输入、输出的实体。计算机的选型，应根据馆藏量、系统规模及检索功能的要求来决定。

在配置硬件时应考虑各种设备的兼容性、处理速度与处理能力、可靠性与适应性等，既要考虑目前的需要，又要着眼于将来的发展。

（3）计算机软件，指控制计算机各种作业的一系列指令，没有这些指令，计算机就不能运行。目前市场上出售的软件较多，先要配齐有关的系统软件，应用软件可以购买，也可以自己研制开发。由于档案种类的多样性，内容的复杂性以及档案管理、利用的特殊性，要求档案检索系统的软件开发须从档案的特点以及档案工作实际出发，进行系统分析和设计，不能完全搬用情报检索系统的软件。应加强档案通用软件的开发，既可节省人力、物力、财力，又能帮助那些缺乏技术条件的单位尽早开展计算机检索工作。

第四节　档案检索策略、检索方法和检索效率

所谓检索策略，是在弄清楚用户情报需求的前提下，选择检索途径、检索用词、构建检索表达式、明确检索步骤的科学安排。检索策略对检索效果有很大影响，检索策略制订得好，不仅可达到较高的检全率和检准率，还可以提高检索速度，缩短检索时间，降低检索费用。尤其是对计算机检索而言，制订周密的检索策略是检索得以成功的关键。档案检索方法可借鉴情报检索的一般方法和技术。档案检索效率可用五个方面来衡量：全、准、快、便、省。其中，检全率和检准率是评价检索效率最常用的两个指标。

一、档案检索策略的构造和调节

1.检索提问分析

检索提问是用户实际表达出来的检索要求，也称情报提问。档案检索提问分析是对档案检索课题所做的主题分析，目的是弄清用户真正的检索要求，以便确定检索对象和检索范围，它是制订档案信息检索策略的首要步骤。

档案检索提问分析包括以下内容：（1）检索目的：是为了查证某一事实，还是为了研究某一问题。（2）检索对象：是检索档案中包含的信息，还是检索某一特定的档案。（3）检索范围：检索哪种类型、时间、地区和专业范围的档案材料。

（4）现有档案线索：如立档单位的名称、职能、沿革、检索对象的时间、地点、档案责任者、文号、图号，相关联的人物、机构、事件等。掌握的线索越多，越有利于检索的进行。

2.档案检索策略的构造

（1）检索途径的选择。根据用户的检索提问选择合适的检索途径，决定检索人口。对某一特定的检索要求选择什么检索途径，决定于用户对档案线索的掌握程度及检索系统的设置情况。对于手工检索来说，检索途径的选择就是决定采用哪种检索工具进行检索，可以是分类目录，也可以是主题目录；可以是题名目录，也可以是文号索引，等等。而对计算机检索系统来说，则包括对数据库的选择及检索项目的确定。检索项目包括待检数据库中各种规范化代码如分类号、产品代码、国家或地区代码、机构名称代码等，以及表示主题概念的检索词。在计算机检索中，检索词是各种档案数据库中不可缺少的基本检索项目。检索词包括主题词和自由词，一般总是优先选择主题词作为最基本的检索项目，因此在计算机检索中，主题检索途径是主要的检索途径。

（2）检索标识的选定。选择好检索途径后，即可根据分类表或词表，将表达用户提问的主题概念转换成检索标识。所选择的检索标识适当与否取决于对检索提问进行主题分析的正确性和全面性以及标引的准确性、专指性。在这里，检索标识的选定对检索网络度和专指度有很大影响。检索网络度是指检索标识网络检索课题主题概念的范围和程度，网络度高，检全率就高。检索专指度是指检索标识表达检索课题的主题内容的确切程度，专指度越高，检准率就越高。为了达到较高的网络度和专指度，就要对检索课题进行深度标引，这意味着要用更多的检索标识来更全面、更具体地标引检索课题的主题概念。具体来说，要优先选择专指的主题词，另外可选用适当的自由词配合检索。需要说明的是，使用自由词可达到较高的专指度，可以及时反映新概念，灵活性强，但自由词缺乏词汇控制，增加了检索难度，因此，自由词的选用是有一定限制的。

（3）检索式的拟定。根据检索课题的主题内容选定了检索标识后，就可以用布尔逻辑算符和一些检索指令将检索提问中各有关概念之间的关系表达为布尔逻辑检索式。检索式是检索策略的具体表现形式，它是对检索提问的逻辑表达，也称检索提问表达式。

检索式中常用的布尔逻辑算符有：逻辑与（或称逻辑乘、逻辑积），符号"*"；逻辑和（或称逻辑加），符号"+"；逻辑非，符号"-"。检索指令是表示计算机能够执行的各种运算关系的标记和符号，不同的计算机检索系统有各自的检索指令。不管用户的检索提问多么复杂，都可以用布尔逻辑的原理，使用概念组配的方法，转化成布尔逻辑检索式。例如，对"外国铁路拱式钢桥"之一检索提问，可编制如下检索式：

$$（铁路桥 * 拱式桥 * 钢桥）* \overline{中国}$$

检索式编制的好坏，直接关系到检索效果。检索式的拟定有一定的技巧，其基本要求是：

①应完整而准确地反映出检索提问的主题内容。

②应遵守待检数据库的检索用词规则。

③应符合检索系统的功能及限制条件的规定。

④应遵守概念组配原则，避免越级组配。

⑤注意检索式的精练，能化简的检索式尽量化简。

（4）档案检索策略的调节。档案信息检索过程比较复杂，由于种种原因，检索结果往往不能满足检索要求而出现一些偏差，这就需要及时修改和调整检索策略，进行反馈检索，以达到既定的检索目标。

一般来说，需要进行反馈检索的课题有两种类型：一是未达到检索目标，或用户又在原来检索的基础上提出了进一步的检索要求；二是由于构造检索策略不当所造成的检索失误。不管是哪种情况的反馈检索，都要对用户提问和检索结果进行深入分析，在原有的检索基础上进一步扩大或缩小检索范围。可通过下列方法调节检索策略：

①调整检索式，扩大或缩小检索范围。

②增加检索途径。

③利用概念等级树扩检或缩检。

④采用截词检索、加权检索、精确检索等方法进行检索。

需要指出的是，由于检全率和检准率之间存在着相互制约现象，提高检全率常常会降低检准率，而检准率的提高又可能导致检全率的降低，因此，在构造和调整检索策略时，应深入分析用户检索提问的实质及需求范围，以达到理想的检索效率。

二、档案检索方法和技术

1.加权检索

所谓加权检索，就是在检索时，给每个检索词一个表示其重要程度的数值（即所谓"权"），对含有这些检索词的档案进行加权计算，其和在规定的数值（阈值）之上者作为检索结果输出。权值的大小可以表示被检出档案的切题程度。加权检索可对检出档案材料进行相关性排序输出，也可根据检准率的要求进行灵活的分等级输出，输出时按权值大小排列，只打印权值超过阈值的相关文献。

检索词的权值是按照提问者的需要给的。例如，有一个检索课题是关于环境污染防治的，可分别给检索词一定的权数。

$$环境 \quad 40$$
$$污染 \quad 40$$
$$防治 \quad 50$$

检索时，检出一系列有关档案材料，按权值递减排列如下：

权值
$$130 = 40 + 40 + 50 \quad 环境污染防治$$
$$80 = 40 + 40 \quad\quad\quad 环境污染$$
$$90 = 40 + 50 \quad\quad\quad 污染防治$$

若指定权值大于或等于90的为命中文献（90为阈值），则只有有关环境污染防治和污染防治的档案材料被打印输出。

2.截词检索

所谓截词检索，就是用截词符对检索词进行截断，让计算机按照检索词的部分片段同索引词进行对比，以提供族性检索的功能。截词检索主要用于西文文献的检索中。

截词检索可采用右截断（前方一致）、左截断（后方一致）、左右同时截断（中间一致）三种方法。

（1）前方一致。对检索词的词尾部分截断，右截断在计算机检索中广泛应用，这种方法可以省去键入各种词尾有变化的检索词的麻烦，有助于提高检全率。例如，键入检索词Computer+（"+"为截断符号）可以检索出任何以Computer为开头检索词的文献，如Computers，Computerize等。

（2）后方一致。把截断符号放在字根的左边，如+Computer，那么计算机在进行匹配时，索引词Minicomputer，Microcomputer等均算命中。

（3）中间一致。将字根左右词头、词尾部分同时截断，例如：+Computer+，可以命中包含该字根的所有索引词，如Minicomputer，Microcomputer，Computers，Minicomputers，等等。这种左右同时截断的方法，在检索较广泛的课题材料是比较有用，可获得较高的检全率。

3.限定检索

限定检索主要采用字段检索方式，即将检索限制在某一特定的字段范围内，以提高检准率。例如："环境保护（LA）"是对语种进行限定，括号内的"LA"表示语言，意指该检索词只在语言字段进行检索。除此之外，还可对文献类型、作者、国别、出版年、数据库更新时间等字段进行限定。

4.全文检索技术

档案全文检索，又称档案原文存储与检索，是借助于光盘存储器与缩微设备联机实现的一种档案检索方式。我国自从沈阳市档案馆于1991年最早开始光盘原文存储与检索的应用研究以来，档案全文检索已经逐渐由实验向实用化发展。

全文检索系统采用自然检索语言，大大提高了检准率和系统的易用性，但却导致检全率的降低，而后控词表是解决此问题的有效途径。后控词表综合了自然语言和常规的受控语言的长处，对于提高全文检索系统的检索效率有着非常重要的作用。

5.多媒体存储与检索技术

多媒体存储与检索技术是指将文本、数值、图形、图像、声音等多种类型的档案信息进行综合处理的技术。迄今为止，已有不少多媒体档案检索系统问世。

实际上，目前的多媒体系统大多数是将图与声压缩后当成一个文件甚至一个记录存储到计算机中，使用时即可与文本信息一样地使用，并且借助于附加在图形或声音旁的标引信息（如现在的图像信息常附有一个关键词）来实现对图形与声音的检索。而对图和声的直接检索则是今后发展的方向。

多媒体存储与检索技术能够使用户方便、直观、迅速地获得全方位的档案信息，保证了档案信息的完整性与准确性c本地区、本部门举行的重大活动，召开的重要会议等实况录像、录音均可录入计算机供随时调用，体现了档案的原始记录性。

6.智能检索技术

档案智能检索技术是应用人工智能技术模拟档案检索的过程，实现档案信息的存储、检索和推理的一种先进的档案检索技术。从国防科工委档案馆等单位研制的实验性的智能化系统来看，这种智能检索系统可以部分实现自然语言检索，提高检全率和检准率，代表了档案检索系统的发展方向。

三、档案检索效率

档案检索效率是评价一个检索系统的重要指标，主要用检全率和检准率来衡量。检全率是在一次检索中检出的与课题相关的命中记录数与系统中与该课题有关的全部记录数的比例，检准率是检出的与课题相关的命中记录数与检出的所有记录数之比。与检全率和检准率相关的是漏检率和误检率。如果用a、b、c、d分别表示检准的档案、误检的档案、漏检的档案和无关的档案，那么检全率、漏检率、检准率、误检率的计算公式如下：

$$检全率 = (a/a+c) \times 100\%$$
$$漏检率 = (c/a+c) \times 100\%$$

$$检准率 = (a/a + b) \times 100\%$$
$$误检率 = (b/a + b) \times 100\%$$

档案检索系统应保持较高的检全率和检准率。但需要指出的是，检全率与检准率之间存在相互制约的关系，提高检全率往往会使检准率下降，提高检准率又会使检全率下降。因此，应根据检索目的，选择检全率与检准率之间的一个最优比。

第五节　档案统计工作的内容与意义

档案统计是按照国家档案统计制度，对档案工作领域中的各种现象的数量关系进行调查、分析和研究，从而揭示档案管理的现状及一般规律。

一、档案统计工作的内容

目前，我国档案统计工作分为4个层次的内容：

（1）全国档案工作基本情况统计。该项统计由国家档案局组织，国家统计局指导监督，已经纳入国民经济和社会发展统计指标体系之中。

（2）专业系统档案工作基本情况统计。由国家专业主管机关组织。

（3）地方档案工作基本情况统计。由地方档案行政管理机关组织。

（4）档案馆（室）档案工作情况统计。由各档案馆（室）自行组织进行。

上述4个层次中，前3个层次属于宏观层面的档案事业状况统计，是对各级各类档案部门的机构设置、人员、设备、库房、财务、馆藏规模及管理水平等情况的统计。这类统计反映了全国、各地区、各个专业系统档案事业的发展水平。

第4个层次是对某一档案机构内部进行的微观层面的统计，主要针对档案管理活动各个方面进行统计。主要包括：馆藏量统计、档案构成状况统计、档案利用状况统计、档案用户统计等。这类统计具体反映了档案管理活动的基本情况及档案工作的发展规律。本书主要论述这一层次的档案统计工作。

二、档案统计工作的意义

（1）档案统计工作以表册、数字等形式，揭示档案和档案工作有关情况及发展规律，实行定量管理与定性管理相结合，使档案管理计量化、精确化，对于提高档案管理水平有重要的作用。

（2）档案统计可以准确反映各级档案部门工作的真实状况，便于更好地了解和掌握档案事业规模和档案工作水平，从而对各级档案部门的工作进行分类指导、监督和检查。

（3）档案统计能系统反映档案的数量、增长速度、馆藏档案的状况、档案利用频率等发展趋势，以及人力财力的需求量，可以为制定档案工作方针、政策、档案事业发展规划以及档案的科学管理提供依据。

三、档案统计的步骤与要求

（一）档案统计的步骤

档案统计步骤依次包括：统计调查、统计整理和统计分析。

1.统计调查

统计调查的目的在于获取大量的原始材料，其基本形式有统计报表和专门调查两种。

（1）统计报表。统计报表是下级档案管理机关和档案馆（室）按照统一的规定向上级机关以表的形式定期报送的文件，是档案统计中最基本、最经常的一种形式。也是档案统计工作的一项制度。

（2）专门调查。专门调查是根据一定的目的和要求临时组织起来的调查，是统计报表的一种补充形式。

2.统计整理

统计调查获得的资料是分散的、大量的、原始的，为了使这些资料系统反映档案工作情况，必须对它们进行整理，其结果是形成了各种统计表。

3.统计分析

统计分析是对整理出的资料进行分析研究，从中发现和总结具有典型性的经验教训，掌握不同时期档案工作的发展水平，以便进一步提高档案管理水平。

（二）档案统计的要求

档案统计作为获取反馈信息的手段，要求统计对象恰当，统计数据准确、全面、系统，统计方法和统计指标科学、合理。

1.统计对象恰当

档案统计的对象应选择能够确实反映档案工作情况的基本方面和关键因素，如：馆藏档案数量和质量、档案建筑与设备、档案工作机构的数量和状态、档案人员的年龄和学历、档案事业经费、档案利用情况，等等。

2.统计数据准确、全面、系统

统计数据的准确性是档案统计的基本要求，必须实事求是，获得准确的统计数据。统计资料必须系统、全面，切忌零碎不全。只有从系统的统计资料中，才能总结出档案工作的规律性。

3.统计方法和统计指标科学、合理

应用科学的统计方法搜集、整理、分析数据和资料，制定规范化的统计报表，规定统一的格式和标准，明确统计的范围、内容和要求，合理设计统计指标体系。

（三）档案统计指标

档案统计指标，是反映档案及档案工作现象的数量特征。如全宗数、利用人次、检索效率。

1.档案统计指标的种类

根据档案管理和研究目的的不同，档案统计指标分成不同的种类：

（1）按统计指标的内容，分为管理状况指标和利用指标。档案管理状况指标包括：馆藏量、全宗数、档案整理状况、档案鉴定情况、档案流动情况（档案收进、移出数量）等；利用指标包括：利用人次、利用案卷数、利用率、检全率、检准率等。

（2）按统计指标的性质，分为数量指标和质量指标。数量指标是反映档案、档案工作规模及总体数量多少的统计指标，具有实体计量单位，如档案人员数、保存档案数、库房面积等；质量指标是反映档案工作现象相对水平或质量的统计指标，如保存和销毁案卷的比例、年利用率、检索效率等。

（3）按统计指标的表现形式，分为总量指标、相对指标、平均指标。总量指标是反映档案及档案工作总体现象规模的统计指标，以绝对数的形式表现，如案卷数、库房面积等，反映全国或某一地区、某一部门在一定时期内档案工作的规模或水平；相对指标是两个有联系的总量指标相比较的结果，用相对数（百分比）来表示，如电子文件在馆藏中的比例，档案利用率等；平均指标是按某个数量标志说明总体单位的平均水平，如平均复制量、年平均整理案卷数量等。

2.档案统计指标体系及设计要求

各种统计指标不是孤立的，而是互有联系的，如总量指标常与数量指标相一致，质量指标常用相对数、平均数表示。利用统计指标中相对指标、平均指标用得较多，而总量指标又是计算相对指标和平均指标的前提和基础。若干个互有联系的统计指标相结合就构成了档案统计指标体系。用一系列反映档案工作相互联系的统计指标体系来揭示档案管理的整体运动状况，才能比较真实、全面地反映档案工作实际情况，使统计资料更为确切可靠。

档案统计指标的设计要求如下：

（1）要反映我国档案事业的发展现状和特点，适应我国档案管理的原则，统计内容要尽可能全面反映我国档案工作状况。

（2）要符合档案工作本身的性质、特点和运动规律。

（3）要考虑到管理的要求或研究的目的，使统计指标体系具有实用性。

（4）从整体和全局考虑各个档案统计指标之间的联系，形成一套多层次、多系统的统计指标群，以便全面描述档案工作现象和过程的各个方面。

（5）统计指标的选择要注意统一性和稳定性，注意计量单位和计算方法的科学与统~。

第六节　档案登记、统计调查与统计整理

一、档案登记

档案登记，就是对档案的收进、移出、整理、鉴定、保管、利用等情况，用簿、册、表、单等形式加以记载，从而揭示档案管理的过程、现状和变化，它是档案统计的一种原始记录形式，也是档案统计调查的基础。

（一）档案数量和状况的登记

1.收进登记簿

用以记载档案的增长情况，是以收进档案的次数为单位进行编号登记的。其格式见表4-2。

表4-2　档案收进登记簿

顺序号	收到日期	移交机关	文据（名称、日期、号数）	全宗（或一部分）名称	所属年度	数量		档案状况说明	全与	备注
						卷	米			

每次收进档案不管是一个或几个全宗，还是全宗的一部分，都只占一个顺序号，每个号下以全宗为单位登记。收进档案所属全宗如果是初次进馆，则须先在"全宗名册"上登记，取得全宗号后在登记簿上登记。

2.全宗名册

全宗名册是登记档案馆所保存的每一全宗的名册，是档案馆统计全宗数量和固定全宗号顺序所用的工具。其格式见表4-3。

表4-3全宗名册

全宗号	初次入馆日期	全宗名称	移出说明	备注

（1）"全宗号"是全宗名称的代号，用以统计全宗数量。除了档案馆新建全宗名册时可以按其他各种特征编排全宗号以外，一般情况下，都是按每个全宗初次进馆的先后顺序编号。

（2）"全宗名称"是立档单位的全称，若名称有变化，应将历次名称登上并指出改变日期。

（3）"移出说明"一栏只有在某一全宗的全部档案从档案馆移出时才填写。

馆藏全宗较多的档案馆，可视全宗性质不同分别设立全宗名册，编号登记。如对中华人民共和国成立前旧政权档案和中华人民共和国成立后全宗分别设立全宗名册。

3.全宗单

全宗单是以表格的形式反映全宗基本情况，全宗内档案成分与数量的统计文件，是以全宗为单位分别登记的。全宗单的内容由全宗情况介绍和档案成分与数量统计两部分构成。其格式见表4-4。

表4-4　全宗单

全宗号：

全宗名称			全宗名称的起止日期			
全宗初次入馆日期	检索工具及其编制说明		旧全宗号		备注	
未整理编目档案						
登记日期	收进		移出		现有数量	
文据（名称、日期、号数）	数量		文据（名称、日期、号数）	数量		
	卷	米		卷	米	
					卷	米
已整理编目档案						

登记日期	收进				移出			现有数量	
	目录号	目录名称、（组织机构或类别名称）	所属年度	数量	目录号	文据（名称、日期、号数）	数量		
				卷	米			卷	米

4.案卷目录登记簿

用来登记案卷目录情况，以目录的收进和登记次数为单位进行。其格式见表4-5。

表4-5 案卷目录登记簿

顺序号	全宗号	目录号	目录名称	所属年度	案卷数量	目录页数	目录份数	移出说明	备注

"移出说明"一栏只有在整个目录的档案移出时才填写。

5.档案总登记簿

用来反映档案室全部档案的总量和变化情况，以全宗内的案卷目录为单位进行登记。档案总登记簿逐年登记新收到或移出的案卷，又称为"流水登记簿"。其格式见表4-6。

表4-6 档案总登记簿

案卷目录号	案卷目录名称（组织机构名称）	所属年度	案卷收入			案卷移出或销毁				目录中现有数量	备注
			收入日期	目录中的数量	实收数量	移出日期	移往何处	移出原因和文据	移出数量		

6.档案成分和数量变化报道表

供档案行政管理部门掌握所辖范围内档案变化情况的一种登记形式。其格式见表4-7。

表4-7 档案成分和数量变化报道表

全宗号	全宗名称	新收进		移出		×年×月×日全宗内档案总数		备注
		组织机构或类别名称	年度	组织机构或类别名称	年度	已整理编目	未整理编目（米）	
						卷米		

（二）档案利用登记

档案利用登记是利用者在利用档案时履行手续的过程中完成的，而不是在某一时间专门进行或工作结束以后才进行的。它反映了档案利用工作的情况，可为改进档案利用工作提供依据。档案利用登记形式有：档案利用者登记卡、档案借阅单、档案借出登记簿、借阅情况登记簿。

1.档案利用者登记卡

这是档案机构掌握其服务对象的一种登记形式。其格式见表4-8。

表4-8档案利用者登记卡

姓名：_____　　性别：_____　　年龄：_____　　阅览证：_____

所在机关：_____　　　　职务：_____

印签或签字：_____　　　填卡日期：_____

2.借阅单

利用者在阅览室借阅和归还档案时的一种交接凭证。其格式见表4-9。

表4-9借阅单

借阅日期	所在机关	姓名	阅览证号	利用目的

借阅档案			备注	借阅档案			备注	借阅档案			备注
全宗号	目录号	案卷号		全宗号	目录号	案卷号		全宗号	目录号	案卷号	

拟借案卷总数	实际借阅案卷总数	借阅人签字或盖章	归还日期	签字

3.档案借出登记簿

档案借出馆（室）外时登记。其格式见表4-10。

表4-10档案借出登记簿

顺序号	借出日期	借出单位（地点及电话号码）	利用目的	数量	借出案卷				归还案卷		备注
					全	目录	案卷	借阅期限	借阅人签字	日期	签字

4.借阅情况登记簿

用来积累档案利用统计资料而进行的登记。其格式见表4-11。

表4-11档案借阅情况登记簿

顺序	借阅日期	利用者			利用目的	借阅案卷数量	备注
		所在单位	姓名	职务			

5.档案复制、摘抄登记表

档案复制、摘抄登记表是利用者复制、摘抄档案馆（室）档案时在登记过程中形成的记录。其格式见表4-12。

表4-12档案复制、摘抄登记表

编号	利用者			拟复制摘抄档案		份数	用途	审批		日期	复制摘抄人签名
	姓名	职务	工作单位	文件标题	档号			意见	审批人		

6.档案利用效果登记表

档案利用效果登记表是档案馆（室）对每次档案提供利用成效进行跟踪调查所形成的记录，对于档案馆（室）了解用户需求、不断改进利用工作具有重要的价值。档案利用效果登记表一般采用散页式的形式，其内容包括：利用者的姓名、年龄、职业、职务、工作单位、利用目的、利用档案的数量及档号、利用方式、利用效果等。其格式见表4-13。

档案利用效果登记表在档案提供利用时与档案一起交给利用者，并简要交代填写方法和要求，待利用完毕后收回。对于收回的档案利用效果登记表要进行整理和分析，并得出结论。

表4-13档案利用效果登记表

利用者基本情况						利用目的	利用档案的数量（卷）	档号	利用方式					利用效果
姓名	性别	年龄	职业	职务	工作单位				阅览	借出	复制	摘抄	制发证明	
满意度						意见和建议								
满	较满意	一般	不满意											

二、档案统计调查

(一) 档案统计调查的任务

档案统计调查是根据管理的目的和要求，采用科学的方法，有计划、有组织地搜索和统计资料的过程。

档案统计调查的基本任务是取得各种原始数据和资料，对其中的有关数据进行核算。根据管理工作的需要进行定期调查和不定期调查、普遍调查和专门调查，为统计资料的整理和统计分析奠定基础。

(二) 档案统计调查的方法

1.按组织形式，分为统计报表和专门调查

统计报表是按照上级主管部门颁发的统一表格，由各级档案部门根据一定的原始记录和核算资料，按照规定的时间和程序，自下而上地提供统计资料的一种调查方式。专门调查是为了特定的目的而专门组织的调查。

2.按调查范围，分为全面调查和非全面调查

全面调查是对调查对象中的所有单位和所有数据进行全面搜集。普查就是一种全面调查。非全面调查只是对调查对象中的部分单位进行调查，局限于特定的范围或方面。重点调查、典型调查和抽样调查都属于非全面调查。重点调查是在调查对象中，选择一部分重点单位作为样本进行调查，主要适用于那些反映主要情况或基本趋势的调查。典型调查是从众多的调查研究对象中，有意识地选择若干个具有代表性的典型单位进行深入、周密、系统的调查研究。进行典型调查的主要目的不在于取得总体数值，而在于了解与有关数字相关的生动具体情况。抽样调查是从全部调查对象中，抽选一部分单位进行调查，并据此对全部调查对象进行估计和推断的一种调查方法。抽样调查的目的在于取得反映总体情况的信息资料，因此，也可起到全面调查的作用。

3.按照调查时间的连续性，分为经常性调查和一次性调查两种

经常性调查是随着调查对象的变化，连续不断进行的调查。一次性调查是调查被研究的现象在某一时间点上的发展状态，可按档案管理工作的需要，按一定的时间间隔定期或不定期地进行，但在时间上是不连续的。

4.按取得资料的方法，有直接观察法、报告法和采访法等

直接观察法是调查人员到现场直接对调查对象进行观察、登记。报告法是报告单位利用各种原始记录和核算资料，向上级有关单位提供统计资料的方法，如统计报表。采访法是根据被调查者的答复来搜集调查资料的方法。

三、档案统计资料的整理

档案统计资料的整理，是对统计调查得来的资料、数据进行分组汇总，使之条理化、系统化，以反映统计对象的总体特征。包括统计资料的审核、统计分组、统计汇总和填写统计表等工作步骤。

（一）统计分组

统计分组是指根据档案工作内在的特点和统计研究的需要，将统计总体按照一定的标志区分为若干组成部分的一种统计方法。其目的是把同质总体中的具有不同性质的单位分开，把性质相同的单位合在一起，保持各组内统计资料的一致性和组间资料的差异性，以便进一步运用各种统计方法研究档案工作现象的数量表现和数量关系，从而正确地认识档案工作的本质及其规律，并做出评价。

分组标志是统计分组的关键。分组标志选择的是否正确，关系到能否揭示档案工作现象本质以及能否实现统计研究的目的。所谓分组标志，是统计分组赖以划分资料的标准或依据。分组标志主要有品质标志和数量标志两种。

1.品质标志

按照事物的质量或性质差异分组。例如，将档案馆按类型分组，利用者按职业分组等。按品质标志分组能直接反映事物性质的差异，给人以具体、明确的印象，这种分组标志具有相对稳定性。

2.数量标志

按照事物的数量属性进行分组。例如，按照馆藏卷数分组，可分为5万卷以下为一组，5万~10万为一组，10万~20万为一组。按数量标志分组能够通过数量差异来区分各组的类型和性质。在进行数量标志分组时，要注意数量界限必须能反映各组的质量差别，这样才能揭示现象在量变中质的变化。

在档案工作中，可从如下几个方面进行统计分组：

（1）对档案管理对象进行分组：即对档案实体、设备、档案人员、档案机构等进行分组。如按照档案类型、档案馆类型、馆藏档案数量、全宗类别或全宗群分组。

（2）对档案管理活动进行分组：对档案工作的各项业务及其工作过程进行分组。如按照工作量（调卷数）、工作效果（检索效率）、工作方式（服务方式）等来分组。

（3）对档案利用者进行分组：如按照职业、文化水平、年龄、性别、利用目的等进行分组。

（二）档案统计表

档案统计表是对被研究的档案工作现象和过程的指标数字加以叙述的图表。档案统计表的结构见图4-6。

某馆利用者情况统计表

利用者类型	利用人数（人）	利用人次（人次）	所占比例（%）
公务员	300	500	28.57
科研人员	400	600	35.71
学生	200	300	17.86
其他人员	200	300	17.86
合计	1100	1700	100

图4-6　档案统计表结构示例

1.档案统计表的结构

（1）标题：即统计表的名称，位于表的顶端中央。

（2）统计项目：表示档案工作各种现象的名称，如案卷数、馆藏数量等，分纵栏和横栏列出，称作纵标目和横标目。

（3）指标数字：各项统计的结果。

（4）计量单位：如卷、人次、平方米等。

（5）附注，资料来源等。

2.统计表的种类

（1）简单表。简单表对所反映的对象未经任何分组，具有一览表的性质的统计表（见表4-14所不）。

表4-14　某馆"八五"期间馆藏量增长表

年份	档案馆藏量（万卷）
1990	30
1991	32
1992	35
1993	38
1994	42
1995	46

（2）分组表。对统计项目按某一标志进行分组的统计表，如表4-15以利用档案的性质作为分组标志。

表4-15 某馆利用档案工作情况表

利用档案	利用单位	利用人数	利用人次	被利用案卷数
新中国成立后档案				
革命历史档案				
清以前档案				
民国档案				
总计				

（3）复合表。即对统计项目按两个或以上标志进行分组的分组表，见表4-16。复合表能比较全面、准确地反映档案工作状况，在对档案工作现象进行综合统计时用得较多。

表4-16 某馆档案构成统计表

档案类型	现有档案总量		档案整理状况				档案鉴定状况			
	全宗数	案卷数	已整理编目		未整理编目		已鉴定		未鉴定	
	案卷数		全宗数		案卷数	全宗数	案卷数	全数	案卷数	全宗数
新中国成立后档案										
革命历史档案										
清以前档案										
民国档案										
总计										

3.档案统计表的设计要求

（1）宜紧凑不宜烦琐，应合理安排各项目的序列。

（2）一系列统计表之间、各项目之间、总标题与各项目之间应构成互有联系的有机整体，避免交叉重复。

（3）统计表的标题、统计项目名称应精确。总标题应简明确切地反映统计表的内容，并标明统计资料的所属地区和时间。表中的项目名称应明确，不可模棱两可。

（4）表簿形式、规格应统一、规范。表中应指明计量单位的名称，并注明资料来源、填报单位、时间及制表人。

四、档案统计分析

档案统计分析是对反映档案工作现象的大量统计数据进行综合分析，从中发现问题，说明问题，为科学管理档案提供依据，是整个统计工作的最后阶段。通过统计分析，可以透过现象掌握本质，揭示档案工作发展的规律性。因此，统计分析是提供统计研究成果的阶段，也是发挥统计作用的阶段。

（一）档案统计分析的原则与步骤

1.档案统计分析的原则

（1）以全面、联系、辩证的观点来观察问题、分析问题，反对形而上学的分析方法。

（2）以大量的、充分的统计资料为依据，切忌主观随意性。统计资料反映了档案工作大量的现实情况，只有在这些数据材料的基础上，进行认真的、深入的分析研究，才能发现问题，找出矛盾，提出解决问题的方法。如果离开统计数字就不成其为统计分析，要保证统计分析的科学性、合理性，必须以可靠的数据为基础。

（3）切忌就数字论数字，要从大量的原始数据中分析档案工作的发展水平和变化趋势，研究各项业务之间的相互联系和平衡关系。做到质与量相互联系，避免抛开事物的质去分析事物的量，把统计分析变成"数字游戏"。

2.统计分析的步骤

（1）选题。明确统计分析的目的，根据具体的工作需要，选定需要分析的问题。选题须有现实意义和针对性，不能脱离实际。

（2）收集和鉴定统计资料。资料的来源有定期统计报表、平时积累的统计资料、向有关部门搜集的资料、典型调查的资料等。统计资料收集齐全后，要对资料的完整性、可靠度以及适用性加以鉴定，对有错误的资料进行重新调查或加以调整。

（3）选用适当的统计分析方法进行具体分析。要根据分析的目的灵活运用各种分析方法，从地区上、时间上、结构上、相互联系上进行系统、深入、细致的分析。

（4）撰写统计分析报告。得出结论，提出建议。

（二）档案统计分析方法

1.动态分析法

动态分析法，即运用统计表中的动态数列来说明档案工作现象发展变化规律的统计分析方法。所谓动态数列，就是把反映某种现象在时间上的变化的一系列统计指标，按时间先后顺序排列而成的数列。如表4-17所示。

表4-17某馆2020年各季度调卷情况表

	调卷数（卷）	有效调卷数（卷）
1	891	343
2	760	275
3	1020	454
4	950	350

档案工作现象是不断变化的，其水平、规模、结构及其比例关系的变化，反映了档案工作发展的过程、特点及规律性，动态分析法就是一种研究档案工作现象发展与变化的重要方法。

常用的动态分析指标有：发展水平、增长量、发展速度、增长速度等。

1）发展水平

发展水平是指动态数列中的各项总量指标，反映某种档案工作现象在一定时期或时点上所达到的水平，是计算其他动态分析指标的基础。动态数列中的第一项指标称最初水平，最后一项指标称最末水平，数列中各项指标的序时平均数（即把各时期指标加以平均得到的数值）称平均水平。通常还把所研究的那一时期的指标水平叫报告期水平。把与报告期对比的指标水平叫基期水平。

2）增长量

增长量是指在一定时期内所增长的绝对数量，它等于报告期水平与基期水平之差（正数表示增长，负数表示减少）。增长量由于基期不同可分为两种：一种是累积增长量，即以报告期水平减去基期水平；另一种是逐期增长量，即以报告期水平减去前期水平。

3）发展速度

发展速度是数列中报告期水平与基期水平之比，可用倍数表示，也可用百分数表示，即增加到若干倍或百分之几。

发展速度由于所用的基期不同，分为定基发展速度和环比发展速度。定基发展速度即动态数列中各报告期水平与基期水平之比，它说明长期发展。情况：环比发展速度即动态数列中各报告期水平与前一期水平之比，它说明短期内的变动。

发展速度不仅标志着现象发展的方向，而且还指明发展的程度。当发展速度大于1（或大于100%）时，说明发展趋势是上升；当发展速度小于I（或小于100%）时，说明发展趋势在下降。

4）增长速度

增长速度是增长速度与基期水平之比，用以说明报告期水平比基期水平增加了多少倍或百分之多少，表示现象的增长速度，即增加了多少倍或百分之几。

增长速度也可分为定期增长速度和环比增长速度。定基增长速度指累积增长量与基期水平之比；环比增长速度指逐期增长量与前一期发展水平之比。增长速度的计算公式如下：

增长速度=增长量/基期水平

=（报告期水平-基期水平）/基期水平

=报告期水平/基期水平-基期水平/基期水平

=发展速度-1（%）

2.分组分析法

分组分析法，是对统计资料按一定标志进行分组分析和研究。通过将档案工作的各种现象分成不同类型的组，可以加深认识档案工作总体构成与现象之间的相互关系，使档案统计分析的结果有针对性，便于档案管理有计划、有重点地进行。

正确地选择分组标志，是获得有价值的统计分析结果的前提。分组标志是根据统计分析的目的，即所要研究的问题来选定的，常用的分组标志有：

（1）案卷数量。用以分析各档案馆保存档案的状况，见表4-18。

表4-18某市档案馆馆藏情况统计表

案卷数（卷）	档案馆数（个）	平均案卷量（卷）
10000卷以上	8	11900
5000~10000卷	35	8500
2000~5000卷	48	4000
2000卷以下	10	1700

（2）档案类型。用以研究档案馆档案构成的状况，见表4-19。

表4-19某馆档案构成统计表

档案类型	现有档案总量		
	全宗数（个）	案卷数（卷）	长度（米）
新中国成立后档案			
革命历史档案			
清以前档案			
民国档案			
总计			

（3）利用目的。用以研究档案的利用情况，见表4-20。

表4-20　档案利用情况统计表

利用目的	利用案卷数	利用人次	利用人数
编史修志			
工作查考			
学术研究			
经济建设			
其他			
总计			

3.综合分析法

综合分析法是利用综合指标分析档案工作现象总体特征及其相互联系的方法。它将总量指标、相对指标和平均指标结合应用，能更全面和更深刻地说明档案工作现象的特征及其发展规律性，见表4-21。

表4-21　某馆利用情况综合统计表

档案类型	利用人数（人）	利用卷数（卷）	拒用率（%）	利用率（%）	平均复制量（件/人）
普通档案	250	2986	11.78	24.56	35
科技档案	467	5680	10.03	3.2	52
人事档案	350	3567	9.06	12	36
总计	1067	12233	10.29	39.76	41

表4-21中的数据反映了该馆利用情况的综合指标，其中利用人数、利用卷数两项为总量指标，是绝对数。拒用率、利用率两项分别说明未提供案卷占全部利用要求的比重、利用案卷数占馆藏总数的比重，是相对数。平均复制量指每人每年平均复制档案的数量，为平均指标，其数值表现为平均数。

在运用综合指标进行分析时应注意以下几点：

（1）在绝对数统计分析中必须合理应用计量单位，否则就不能准确反映档案工作领域具体的量。

（2）相对数用以说明档案工作过程中两个相互联系的指标的对比关系，所以保证指标的可比性是运用相对数的基本原则，用来对比的两个指标所包含的内容、范围和计算方法必须与计算某一相对数的目的和用途相适应，若用不可比的指标计算相对数，会歪曲现象之间的联系。

（3）分析时应将绝对数和相对数结合应用。相对数在表明现象间的联系和变化程度时，把现象的具体规模或水平抽象化了，因此，几个同类相对数的比较，只能反映程度，而不能反映规模或水平绝对量的差别。

因此，为了全面研究问题，得出正确结论，须把相对数与绝对数结合起来进行分析。

（4）在统计分析时将几种相对数结合应用，可从多方面说明档案工作情况。相对数有以下几种：

①计划完成相对数。即同一时期实际数与计划数之比，说明计划的完成程度及执行情况。

②结构相对数。即部分数值与总体数之比，反映部分在全体中所占比重。

③动态相对数。即同一现象在不同时期两个数值之比，反映同一现象在不同时期上的变动程度。

④比较相对数。即同一时期两个性质相同的现象的数值之比，表明同类现象在不同条件之下的对比关系。

⑤强度相对数。即两个有联系的不同总体总量指标之比，用以说明现象的相对发展速度或疏密程度，又称密度相对数。

各种相对数作用不同，反映了现象之间的多方面联系，结合运用可以更深刻地揭示现象特征。例如，某馆计划本年度著录案卷1000卷，到年底刚好完成计划，计划完成相对数为100%，但去年著录数为1200卷，其动态相对数为83.3%，比去年减少了16.7%。所以，该馆虽然完成了今年的著录计划，但著录数量却呈下降趋势。

（5）在运用平均数时，应遵循总体同质性的原则。只有同类现象才能计算平均数，否则就会歪曲现象的真实情况。此外，需要分组计算平均数和典型材料来补充说明总平均数。因为总平均数大大掩盖了各单位数量上的差异，总体内部构成越复杂，这种掩盖就越严重。例如：某馆平均每人每日编目数为58件，参加编目人员有2名馆员，4名助理馆员，4名管理员，将其分组计算平均数，或统计最多编目数、最少编目数等来补充说明总平均数，才是科学运用平均数的方法。

（三）档案统计分析的表现形式

统计分析的结果须用特有的形式明确表现出来。采用何种形式，要根据分析的对象、内容和解决的问题决定。统计分析的表现形式主要有统计分析报告、文字说明和统计图三种。

1.统计分析报告

统计分析报告是一种常用的重要的表达统计分析结果的形式，包括下面几种：

1）定期分析报告

主要是对计划执行过程进行检查分析，一般按月、季、年定期检查分析计划执行情况，写出报告。内容包括：计划完成程度、完成与否及原因、计划执行中存在问题和发展趋势，有哪些薄弱环节，改进工作的建议和措施等。

2）专题分析报告

这是根据某一时期的中心工作，针对某一专门问题，进行深入细致的分析后提出的报告。特点是：重点突出，内容专一。

3）综合分析报告

这是对研究对象进行综合分析所做的报告。内容丰富完整，能充分说明档案工作现象的内在联系和发展规律。

统计分析报告须具有准确性、鲜明性、生动性。具体要求如下：

（1）观点明确，段落分明，运用过去和现有的资料进行比较。

（2）观点和材料相结合，使报告具有说服力。

（3）符合逻辑，如实反映客观事物的内在联系。

2.文字说明

文字说明是用简短的文字表达分析的结果，一般是指结合统计报告内容所做的说明。

文字说明不应简单地重复计算出来的数字，而应指出数字所反映的问题，揭示隐藏在现象后面的本质，说明规律性，指出成绩和亟待解决的问题。

3.统计图

统计图是根据统计分析结果绘制的图形，用以说明档案工作现象的规模、水平、结构、发展趋势等。统计图能以具体的形象说明档案工作现象和过程，从而直观地获得明确而深刻的印象。常用统计图有下面几种：

1）条形图

即以相同宽度的条形的长短来比较指标数值大小的图形，如图4-7所示。

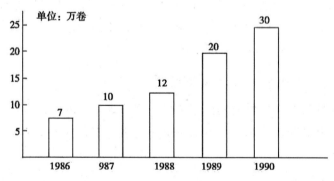

图4-7 某馆"七五"期间馆藏增长情况条形图

2）象形图

即以直观、形象的图形来比较指标数值多少的统计图，如图4-8所示。

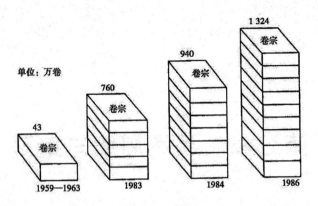

图 4-8 全国县以上档案馆提供利用档案情况象形图

3）动态曲线图

即以曲线的升降来表现统计对象在时间上发展变化情况的图形，如图4-9所示。

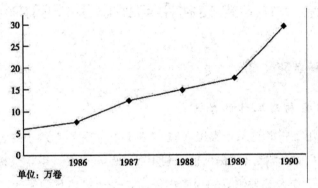

图 4-9 某馆"七五"期间馆藏增长情况曲线图

4.圆形结构图

即以全圆面积表现统计对象总体，以所分成的扇形面积表现各组成部分所占比例大小的图形，如图4-10所示

图 4-10 某馆馆藏结构图

第五章 档案利用与编研

第一节 档案利用与编研工作的内涵

一、档案利用工作

（一）档案利用工作的含义

档案的利用工作既包括档案馆（室）"提供档案利用"这一内容，又包括利用者"利用档案"这一内容。"提供档案利用"是针对档案管理者来说的，是指档案管理部门及其工作人员为满足利用者的需求，以档案信息资源为基础，通过一定的方式、方法和途径，向利用者提供有关的档案信息。"利用档案"是针对利用者来说的，是指利用者为研究和解决某种问题，以阅览、复制、摘录等形式使用档案的活动。这两者之间的关系是非常密切的，可以说相辅相成。如果没有"利用档案"，那么"提供档案利用"就毫无意义。反之，如果没有"提供档案利用"，"利用档案"也是不可能实现的。这两者往往先后或同时发生，表现为一个过程的两个方面。对于档案部门来说，明确这两个概念，有利于其明确自己的职责范围，同时也有利于其顺利开展工作，提高工作效率。

（二）档案利用工作的重要意义

档案利用工作尤其是"提供档案利用"是档案工作为社会主义事业服务的直接手段，它是兼承档案工作内外关系的一个重要环节，在档案工作中具有十分重要的意义。这具体表现在以下几个方面。

（1）档案利用工作是档案工作的根本目的和中心任务。整个档案工作的成果直接与各行业发生信息传递、文献供应和咨询服务关系，同时，其集中地体现着档案工作的方向和任务。

（2）档案利用工作是档案工作联系社会的一个窗口。档案利用工作是发挥档案作用、实现档案价值的主渠道，其直接服务于社会主义现代化建设。可见，其与社会的关系密切。档案馆（室）能否充分发挥馆藏档案资料的作用，快、准、全地向利用者提供所需要的档案材料，很大程度上也影响着其在社会中的声誉。

（3）档案利用工作有利于推动档案基础业务建设，提高档案工作水平。档案利用工作是在档案的收集、整理、鉴定、保管等基础业务工作具备一定条件的情况下进行的。在进行档案利用工作过程中，能够比较客观地发现和了解档案工作中其他业务环节的优缺点，如收集的档案是否齐全、整理是否科学、鉴定是否准确、保管是否安全等。也就是说对档案基础业务管理工作进行了一次全面检验。这便于有针对性地及时采取措施加以解决，推动基础工作，提高管理水平。此外，档案利用工作还通过对档案原件进行提炼、浓缩、编辑，档案用户可以利用开发成果，而减少了档案原件的直接使用，利于档案原件长久、安全保管。

（4）档案利用工作有利于促进档案工作人员业务进修学习，提高档案干部队伍素质和工作能力。通过档案利用工作，可以使档案人员加深对档案利用工作的重要性体会，提高认识水平。在提供利用过程中，档案人员通过大量、系统地查阅档案，可以进一步熟悉库藏，了解和掌握档案的内容与成分构成状况及档案完整、准确和系统程度，丰富实践经验，不断提高管理水平。同时，还有利于档案人员开阔视野、激励档案人员努力学习，挖掘本单位从事的有关业务知识，提高档案开发方面的知识和文字水平。

总的来说，档案利用工作是档案工作中最富有活力的一个环节。它不仅是档案工作的根本目的和中心任务，而且它对整个档案工作的开展有决定性影响。实践证明，做好档案利用工作才能使整个档案工作更具有生机与活力。

（三）档案利用制度

档案利用工作制度的内容主要包括以下几个方面。

1.提供利用的范围

提供利用的范围应包括提供利用的用户范围与提供利用的档案范围。具体来说，应当明确规定本单位提供利用工作为哪些用户（或部门、人员）服务；为哪些工作活动服务，严格区分公务活动与私务活动对档案的利用需求等；规定提供利用的档案及其信息加工材料的使用范围与使用方式，哪些档案及其信息加工材料可以内部阅览或外借或复制或开放利用等；各类用户分别可以利用的档案及其信息加工材料的范围；哪些档案是不可以直接提供原件的等。

2.利用凭证

对于需要利用档案及其信息加工材料的用户，一般应向档案部门出示利用凭证，包括出借、阅览、复制等的凭证。通常情况下，除公开向社会公布的档案信息加工材料外，凡利用库藏档案及其信息加工材料都应有相应凭证（包括身份证明、使用证明等）及有关审批手续等。

3.交接手续

凡是需要利用档案及其信息加工材料的外借、阅览及复制等，首先，检验相关凭证是否符规定与要求；其次，清点交接登记，即将交接双方对提供利用的档案及其信息加工材料一一清点，并做好相应的利用登记；最后，归还检查与注销。对于借阅与部分复制的档案及其信息加工材料按规定须归还档案部门，在归还时交接双方也应当认真检查与清点，并在利用登记表中登记与注销。

4.借阅期限

借阅期限是指用户对应当归还的档案及其信息加工材料的使用时间限制。档案部门必须对应当归还的档案及其信息加工材料的用户使用时间有针对性地作出相应规定和限制，对于超过使用时间限制的现象，应分别作出催还与续借的相应办法与措施。总之，不能让应归还的档案及其信息加工材料长期滞留在外，否则易失去控制，造成丢失或损坏事故。

5.使用守则

档案部门在提供档案利用服务的工作中，应当对用户使用档案及其信息加工材料的方式、方法及注意事项等作出严格规定。当然，规定的目的或宗旨就是既满足用户需求，维护档案的完整与安全，又防止档案遭到涂改、圈点、污染、撕毁等破坏及泄密事故发生等。

（四）档案利用工作的基本要求

1.熟悉档案，了解和研究利用者的需要

要想做好档案利用工作，熟悉档案是非常必要的一件事情。熟悉档案，主要就是熟悉馆（室）藏档案材料的情况，包括内容、范围、存放地点、完整情况和作用等，熟悉每一全宗的形成和整理状况，以及全宗与全宗之间的有机联系，熟悉各全宗的利用价值，尤其是充分掌握重点全宗和珍贵的档案。

用户的需求也是档案利用工作者需要了解和研究的。这关系到做好档案提供利用的预测工作，即对一定时期内可能会大量利用档案的单位、利用档案的内容有一个预测性估计。了解和研究利用者的需要，主要包括摸清利用者利用档案的规律；了解利用者需要利用的内容和要求。当然，档案管理部门还应进行社会调查，把握社会需求，以保证为用户提供及时、准确的档案。

2.明确服务方向，端正服务态度

　　档案工作具有鲜明的服务性特征。这。特征集中表现在档案提供利用的过程中。档案利用工作首先应当具备明确的服务方向这一前提。所以，档案利用工作人员一定要注意以服务于社会主义现代化建设事业为中心，全面地为党和国家各项工作服务。

　　档案工作人员明确了服务方向后，要树立坚定的服务思想和良好的服务态度。由于档案利用工作代表整个档案工作的成果，与社会中的很多工作有着密切的联系，也直接服务于利用者，因而档案工作人员必须具有高度的责任感，充分考虑利用者的需求，时时刻刻为利用者着想，将自身主动服务的精神充分发扬出来。

　　3.有计划、有重点地编制必要的检索工具和参考资料

　　了解利用者的需要后，档案部门要有计划、有重点地将必须用到的检索工具和参考资料编制出来，以促进档案的充分利用。编制检索工具要避免盲目性、随意性，要按计划，重要的、急需的要先编，否则会错过了利用良机。

　　4.建立查阅制度

　　查阅制度的内容主要有查阅手续、摘抄、复印范围及清点、核对手续、查阅注意事项等。例如，查阅必须有严格的审批手续及办理登记的手续；不可涂改档案内容，勾画档案资料中的字句；不可折叠档案；在查阅时，要保证档案的完整无损，严禁喝水、吸烟；未经批准，不得擅自摄制、翻印、复印和随意转版篡改、公布档案内容。

　　5.正确处理档案利用和保密的关系

　　为了合理发挥档案在国家各项事业中的作用，档案管理部门必须做好档案利用工作和档案保密工作。档案的利用工作和保密工作并不冲突，因为它们的出发点和目的是一致的。如果长期把档案禁锢起来不准使用，就失去了保存档案的意义。但是，有些档案又属于党和国家机密，在提供利用中必须对利用范围严加控制，这是档案工作政治性的要求。因此，在开展档案提供利用工作时，既要积极提供档案为各项工作服务，又要坚持保密原则。因此，何时开放什么档案、何时不宜开放什么档案，都必须根据档案的具体内容和国家利益的需要来认真审定和严格掌握。

　　要处理好档案利用和保密的关系，档案管理者必须明确以下两点：第一，保密不是不准利用，只是将利用档案的单位和个人限制在一定范围之内。保密实际上就是为了更好地利用。第二，保密是动态的，即现在的机密随着时间的推移与主客观条件的变化将来可能降密或解密。一般来说，档案机密程度与保存时间成反比例关系。随着保存时间的增加，档案的机密程度不断降低。因此档案人员要根据社会的变化和需求及时解密。

二、档案编研工作

档案编研工作，是指档案馆（室）以所藏档案为基础，根据用户的利用需求对档案信息进行研究和加工，编辑各种类型的档案的活动。

（一）档案编研工作的内容

档案编研工作的具体内容有以下几个方面。

（1）编辑档案史料和现行文件汇编。这项工作也被称为档案文献编纂。该项工作的成果具有原始性、系统性和易读性等特点，工作成果备受读者青睐。

（2）编辑档案文摘汇编。这是对档案原文的缩编，相当于档案二次文献，具有灵活、简便、及时的特点。

（3）编写档案参考资料。它以综合加工编写的作品提供利用。

（4）编史修志。我国历来的档案工作中，都有从事历史研究这一任务。古代的档案工作者往往同时也是历史学者，编纂朝代历史和编修地方志是常有的事。

（二）档案编研工作的类型

按照对档案信息进行加工的性质和层次可将档案编研工作分为以下三类。

1.抄纂

抄纂是按照一定的专题对档案文献进行收集、筛选、转录、校勘、标点、标目、编排和评价，并以书册形式或在报刊发表形式向读者提供真实、准确、可靠的档案原文。

2.编述

编述是在可以凭借的资料基础上加以提炼制作，用新的体例改编成为另一种形式的书籍。编述有两种形式：一是编写档案文献报道资料，主要指档案馆指南、专题指南、全宗指南、档案文摘等；二是编写档案文献撰述型资料，指根据档案文献所记录的史实记忆提炼综合编写的大事记、组织沿革、基础数字汇集、专题概要、年鉴、手册等资料书和工具书。

3.著述

著述，是指以馆（室）藏档案为基础，参加历史研究和编史修志，撰写历史文化读物、爱国主义教材和其他专门文章与著作等。

（三）档案编研工作的重要意义

档案编研工作对整个档案工作具有十分重要的意义。其具体反映在以下几个方面。

1.有利于更好地为社会提供档案利用

档案编研工作是主动地、系统地、广泛地提供档案利用的一个有效方式。因为档案工作人员把具有研究价值和实用价值的档案信息编辑、加工后，推荐、分发给有关人员使用或公开出版，是一种主动服务方式；而将特定题目的档案文件或档案信息集中、系统化，可以在很大程度上使利用者的查找时间和精力得以节省。此外，档案编研成果更利于传播，使馆外利用、异地利用成为可能。这些都说明，档案编研工作有利于更好地为社会提供档案利用。

2.有利于提高档案馆（室）的工作水平

首先，开展档案编研工作，档案馆（室）一般都会先进行档案的收集与整理等工作。这些基础工作往往又能够对档案馆（室）的整个工作起到全面检验的作用。其次，档案编研工作对档案工作人员的要求较高，其需要具备较高的知识水平、研究能力以及专业素养，因此不断开展编研工作又能够促进档案工作人员工作水平的提高。最后，档案编研工作能够向社会各界和本机关提供系统的档案信息服务，这有助于档案馆（室）扩大档案工作的影响，获得更多的社会支持。

3.有利于保护档案原件和流传档案史料

开展档案馆（室）的编研工作，编写参考资料和汇编档案史料，能够大大地减少这些资料和史料的损坏和流失，有利于档案原件较为长久地保留下来。将档案文件汇编出版，更是相当于为有关档案制作了大量副本，分存于各处。可见，档案编研工作有利于保护档案原件和流传档案史料。

（四）档案编研工作的基本要求

档案编研工作自身的特性决定了其是一项非常严肃认真的工作，需要编研人员有高度的政治责任心和实事求是的科学态度。具体的工作中，更是应当掌握以下一些要求。

1.保持史料上的真实性

档案编研过程中选用的档案史料必须客观、真实，能准确地反映历史事实。要想使编研成果的质量经得起历史考验，就必须重视其真实性。对于一些档案材料，不知道是否真实，就不加考证地盲目使用，必然是以讹传讹，最后导致难以想象的后果。因此，档案编研工作中的一个重要任务就是一一核实考证档案材料，在搜集素材、编辑加工、材料审核等各个环节都要做细致的去伪存真的分析研究，保留真实可靠的材料，切不可任由不真实的材料流传下去。同时，编研人员也要注意在任何情况下不能主观地歪曲、篡改档案事实。

2.保持政治上的正确性

档案编研工作不可避免地会带有一定的政治倾向。这是一个不争的事实。档案编研成果以档案为基础编辑或编写，带有一定的权威性，利用者往往会作为依据性材料加以使用。这就要求编研人员要将辩证唯物主义和历史唯物主义的思想方法贯穿在选题、选材乃至加工、编写的每一个环节中，使编研成果反映历史的真实面貌。

3.保持内容上的充实性和条理性

档案编研成果的内容是否充实与有条理往往决定着其在使用中的受欢迎和受重视的程度。如果一个编研成果内容丰富、材料充实，能完整地反映有关事物的发生、发展、变化和终结的全部过程，利用者使用起来得心应手，也就必然会受到欢迎。反之，如果材料零零散散、混乱不堪或不能反映事物的全貌，利用者就会感到不满足，编研工作也就没有达到预期目的。所以，编研人员要注意在编研过程中将与题目有关的档案材料收集齐全，尽量选用其中能反映一个事物发生、发展、变化、终结全过程的完整材料。

4.保持体例上的规范性与系统性

档案编研是开发档案资源的一项高难度文化工程，所以难以脱离科学化与规范化的轨道。档案编研工作要遵守一定的规范要求，什么样的编研产品，就有什么样的编写规范，不可随意。体例，即档案成果的编写格式或组织形式。档案成果在体例上要有一定的规范性与系统性，也就是说在内容上要条理系统，上下联系，合乎逻辑；在编排上要科学划分章节，结构严谨，自成体系。

（五）档案编研工作的程序

1.熟悉馆藏档案，确定编研课题

在档案编研工作开始之前，编研人员首先要做的就是熟悉本馆的馆藏档案。在此基础上，就可以开始档案编研工作的第一步——确定编研课题。确定一个好的编研课题是搞好编研的关键。在定题时，应当以实际需要为前提，以馆藏档案为依据，通过调查和分析作出结论。定题的方式通常有以下几种。

（1）根据需求预测定题。预测，就是在客观现实的基础上，运用科学的方法，对事物的发展作出展望和判断，使编研材料的提供与社会需求相一致。

（2）围绕党和政府的中心工作定题。地方党委、政府在一段时期内都会有突出的中心工作。在馆藏档案中，有许多内容是与中心工作相关的真实记录，档案部门可以根据党和政策开展的中心工作，开发馆藏档案信息，提供编研材料。

（3）根据档案利用查阅人多量大的需求情况定题。凡利用率高的档案，就是档案编研定题的目标，通过编研，把那些经常利用的而分散在各个全宗、各个案卷的档案，汇编成系统的专题史料，以满足社会利用的需要。

（4）根据最具有地方特色的馆藏档案定题。档案馆应尽可能发挥馆藏档案优势，积极开发具有地方特色的档案信息。这些地方特色的档案史料，不仅从长远看具有总结经验的价值，而且可以配合地方文化建设，直接产生经济效益。

2.收集相关资料筛选组织

确定了编研课题之后，编研人员就可以着手档案材料的选材、加工、编排及查考性材料与评定性材料的编写。首先是围绕题目，广泛收集和积累材料，占有丰富的文件材料，力求全面、准确、完整、系统。其范围越广泛越好，内容越完整、越系统越好。其次是组织材料，将材料进行梳理、筛检、编排，形成系统。

3.整理成果形成产品

编研工作的最终目的是将编研成果以图书等文献的形式呈现出来，供需要的人或组织来利用。编研成果一般要求"齐、清、定"。"齐"是指书稿的内容和有关部门对公布与出版部分档案材料的审批手续齐全。"清"是指稿面字迹清楚、图稿清晰准确。"定"是指送交的书稿无论内容还是规格都已最后确定。

在整理成果形成产品的过程中，编研人员要注意以下几点。

（1）进一步审定书稿的内容。书稿完成后要进行审核，主要审查书稿的内容是否合理、真实、有序。引用的档案材料有无错误或漏字等现象，以确保编研质量。

（2）进一步审核编研成果的辅助材料。辅助材料有三种：评述性材料，如注释、按语、序言等；查考性材料，如年表、插图、备考和凡例等；检索性材料，包括汇编目录和各种索引。

（3）统一编写规范。资料收集与编辑格式、转录的要求、标题的拟写、编者说明的拟写、封面目录的必要项目与格式等，都可以作出统一的规定。

（4）充分发挥网络作用。在当前社会背景下，互联网已普及开来。所以，网络档案编研必将成为新时期档案编研工作的趋势。所以，档案编研工作要注意充分发挥网络作用。目前，各级各类档案网站的建设为网络编研工作的开展提供了物质保证，同时也对档案编研工作提出了更高的要求。

第二节　档案利用服务方式

档案馆（室）提供档案为社会主义事业服务，是通过各种各样方式进行的，以下几种方式最为常见。

一、阅览室提供阅览服务

阅览室是档案馆（室）集中接待利用者，让其查阅档案信息，并为其提供咨询服务的基本场所。因此，通过阅览室为利用者提供阅览服务是一种很普遍的档案利用服务方式。

（一）阅览室提供阅览服务的优点

档案是历史记录的原始材料，一般多是单份、孤本或稀本，有的内容具有一定的机密性。此外，档案馆（室）收藏的档案，又不能也不必要全部复制多份广为传递，而应主要采用馆（室）内阅览的方式。建立阅览室接待利用的方式，有很多的优点，主要表现为：有专门设施，有专人监护和咨询，既便于档案的保护和保密，又能为利用者提供较好的阅览条件；可以减少档案流转环节，降低磨损程度，有利于延长档案寿命；可以提高档案的周转率和利用率，避免因一人借出馆外而妨碍多人利用之弊；便于了解和研究利用档案的情况，从而改进和提高利用工作。

（二）阅览室的设置

阅览室的设置应当既有利于为阅览者提供便利，又有利于工作人员的管理工作。一般来说，档案阅览室的设置包括地址、环境、配置和制度等几个方面。

第一，地址。要考虑方便管理和方便利用两方面因素，一般设在档案室附近，相对独立和安静。如果档案室用房比较紧张，也可以在档案管理办公室内设立相对独立的区域，不可将档案库房兼做阅览室。

第二，环境。要求空间比较宽敞，采光明亮，安静清洁，可放置一些绿色植物，保持空气清新。

第三，配置。阅览室应设有服务台、阅览桌椅、布告栏、检索工具等设备，还应附设为利用者服务的图书资料室，备有与馆藏有关的和通用的历史、政治、经济出版物，报刊资料，词典、文摘、索引、书目、年鉴、手册和指南之类的工具书。

第四，制度。阅览室必须悬挂阅览室服务人员和利用者共同遵守的规章制度，如《阅览室接待范围》《阅读档案须知》等。

近年来，随着办公设备现代化的普及以及各种非纸质档案资料的大量出现，可以开辟电子阅览室，室内配备计算机、录音机、阅读器等设备，以方便利用者。

（三）档案借阅的相关规定

阅览室须制定阅览制度，作为服务人员和研究人员共同遵守的行动规范，阅览室工作人员要负责宣传与监督它的实施，如规定档案借阅范围和办法以及其他有关的规则。

为了保护档案和保密，利用者不能借阅与其利用范围无关的档案。对于残旧、脆化等易损档案和特别珍贵的档案最好提供复制本，一般不出借原件。尚未经过整理的零散文件，一般不予借阅。出于特殊情况，需要和可能借阅时，须逐件登记。利用者必须爱护档案，不得在文件上作任何记号和涂改。利用者不得将档案带出阅览室外，阅毕的档案应及时归还，认真清点。加发现污损、涂改、遗失及其他异常情况，须立即采取措施，予以妥善处理。

为了总结经验改进阅览室的工作，阅览室应建立利用登记和统计分析制度。通过对利用者类型、利用档案成分、利用效果、利用者意见的研究，取得阅览服务的信息反馈。定期汇总分析上述情况，可以了解利用者的意见和动向，掌握利用工作的某些规律性，以便不断调整和改进阅览室工作以至整个档案利用工作。

二、外借

档案大多数情况下是不借出档案馆（室）使用的，但有时候为照顾党、政领导工作之便，或某些机关必须用档案原件作证等特殊需要，也可以暂时借出馆（室）外使用。不过，对于那些特别珍贵与残破的和脆化的常规文件、古稀文本，以及照片、影片、录像带、录音带等原件，不能借出馆外。

（一）档案外借的流程

1.审核借阅申请单

需外借档案者必须向档案管理人员提供经领导批准的借阅申请，如是本组织有关人员借阅档案，应填写档案借阅单，经分管领导批准后办理借阅手续。如是外单位人员借阅档案，应持查（借）阅档案介绍信，经其所在组织领导及本组织管档领导批准后办理借阅手续。不论内部人员借阅，还是外部人员借阅，档案管理人员均需对其提供的借阅单或介绍信认真审核，符合要求才给其办理外借手续。

2.填写档案借出登记表

档案借阅单经审核后，方可办理档案外借手续。此时，借阅人需填写档案借出登记表，如表5-1，审核各项内容无误，并与借阅人清点所借档案，让其在"借阅人"栏签字，经办人在相应位置签字，并叮嘱借阅人5天内将档案归还。

表5-1 档案借出登记表

档案室名称：第一分公司档案室

顺序号	借出日期	借阅人（单位）	利用目的	借出案卷						归还案卷		备注
				数量（卷）	全宗号	目录号	案卷号	借阅期限	经手人（签字）	日期	签字	
01	×年×月×日	销售部××	参考	3份				5天	×××			

3.设置代卷卡

档案被借出后，在被借阅案卷的位置上，应设置醒目的档案代卷卡，本任务处理见表5-2，标明借阅卷号、借阅时间、借阅组织和借阅人姓名、归还时间等，便于检查和催还借出的档案。

表5-2 档案代卷卡

全宗号	
目录号	
案卷号	
借阅者	
借阅时间	
归还时间	
备注	

4.归档检查

借出的档案在归还时，阅览室工作人员要认真清点数量是否与借出时一致，仔细检查档案状况，看是否有毁损情况，如完好则及时办理借阅注销手续，将借阅单退给借阅人，将借出档案归还原位，撤出代卷卡。如有毁损，应及时请示领导，予以补救与处理。

（二）档案外借的注意事项

（1）档案外借必须在严格的规章制度下进行，尤其是要经过一定的批准手续，否则不予外借。

（2）借出使用的时间一定要有限制，时间不可过长。同时，外借档案的数量也应得到必要的控制。

（3）借阅范围要明确。未经领导批准，借阅者不得随意扩大阅读范围或转借他人，以保护档案的完整与安全。

（4）档案馆（室）工作人员对档案的借出情况要随时掌握，使用期限快到的档案，应及时督促借阅者按时归还。借出档案被归还的时候，要细致检查案卷的数量和卷内文件情况。

三、制发复制本

部门开始制发档案的复制本供人们使用。所以，制发复制本现已成为非常流行的一种档案利用服务方式。档案复制本一般被分为副本和摘录两种。副本就是反映档案原件所有组成部分的复制本；摘录就是只选取档案某些部分的复制本。手抄、打字、复印、扫描、摄影等都是常用的复制方法。

（一）制发复制本的优点

制发档案复制本提供利用的优点：第一，利用者不用到档案馆（室）就可获得所需要的档案材料，这样既能够为用户提供大大的便利，又能够在同一时间内满足更多用户的需要，使档案更充分地发挥作用；第二，档案复制本代替档案原件供人们使用，档案原件就可以得到很好的保护和流传了。

（二）制发复制本的流程

1.审核档案复制申请单

利用者要想复制档案，必须先填写复制档案申请单（表5-3），说明复制的用途、档案名称、复制份数和规格、复制形式和方法等，报请有关部门或领导批准。档案管理人员要认真审核，符合要求才能准予复制，并将申请单归档备查。

表5-3　档案复制申请单

编号：01　　　　　　　　　　XX年X月X日

申请人	××	联系电话	12345678	经办人	××
复制理由	撰写××项目申报书参考				
档号	题名		密级	复制份数	备注
	××市安全生产监督管理局关于表彰2010年安全生产先进单位的决定		无	3	共15页
申请复制形式	提供副本（√）		提供摘录	提供复制	其他形式
申请复制方法	复印（√）		翻拍	扫描	其他方法
批准部门领导人签字	××			复制人	××
备注					

2.进行复制

根据实际情况采用抄录、复印、扫描、激光照排、翻拍、晒印蓝图等手段复制档案。

3.进行核对

将复制件与原件仔细校对，确认无误后在复制件的空白处或背面注明档案馆（室）名称、原件编号，并加盖公章以示负责。

4.做好登记

严格按照程序做好登记，填写档案复制登记表。属于用后需退回处理的复印件，要按时追回并依规章制度进行销毁。

（三）制发复制本的注意事项

（1）应注意提高复制技术水平，尽量满足不同的复制利用要求。

（2）在制发范围和批准权限等方面应妥善处理。

（3）档案复制本必须和档案原件仔细校对，并在文件余白或背后注明档案馆（室）的名称，档案原件的编号。必要时加盖公章，以示对复制本的负责。

四、制发档案证明

档案证明是档案馆（室）根据机关（如公安、检察、司法机关）、团体或个人的询问和申请，为了核查某种事实在本馆（室）保存的档案中有无记载和如何记载而编写的书面证明材料。档案馆（室）制发档案证明，是满足机关、团体和公民利用档案来说明一定事实的一种手段，因此也是一种重要的档案利用服务方式。

（一）制发档案证明的流程

1.利用者提出申请

档案证明服务必须先由利用者提出申请才能制发。申请要写明申请出具证明的理由、所要证明的事项及其时间、地点等情况。档案管理人员要对利用者提出的申请进行认真的审查，并查看其个人身份证明。

2.查找材料

经审查 利用者提供的申请手续完备、符合要求，管理人员就可以根据申请内容查阅有关档案材料，作好出具证明的准备。

3.编写证明

查到相关档案材料后，根据档案正本或可靠的抄本来编写证明。证明材料要写清申请者姓名、证明事项、依据出处及编发证明的档案机构名称、编发证明的日期等，以便于对申请书的审查以及证明材料的查找与编写。证明材料写好后，必须与原始材料进行认真的核对。

4.审批发出

证明材料办理完毕后，必要时还要将证明材料送领导审批，最后加盖公章后通过适当方式发给申请者。

（二）制发档案证明的注意事项

（1）档案证明必须根据机关、团体或个人的申请才能制发。

（2）档案证明应根据档案正本或可靠的抄本来编写。如果没有正本或可靠抄本，可根据草案、草稿来编写，并在证明上加以说明，如未经签署、记录草稿或试行草案等。

（3）不论根据什么材料编写，都要在档案证明上注明材料出处和根据。

（4）档案证明的文字要求确切明了，内容范围要限定，不能超出申请证明的问题而列入其他材料。

五、参考咨询

档案的参考咨询，是指档案工作人员对利用者在利用档案的过程中遇到的疑惑进行解答，并指导其更好地利用档案信息资源的一种服务方式。积极开展档案的参考咨询服务，能够帮助利用者解决问题，并有效地宣传档案及档案工作。

（一）参考咨询的流程

1.接受咨询问题

接受咨询时，首先要审明咨询的目的、内容、范围和要求的深度和广度，以便确定检索途径和咨询方式。特别要结合审题，明确本馆（室）有无咨询依据材料和承担咨询的条件。尚未明确的，应向提出咨询的机关、个人进一步问清，以避免无效劳动或答不切询。对利用者在借阅档案过程中提出的问题，如果问题较为简单，则立即回答，或借助于检索工具和有关材料，短时间内予以解决；如果问题比较复杂和困难，则记录下来研究后再予答复。需注意的是，不是所提问题都要处理、解答。如果利用者所咨询的问题已超出业务范围，或是涉及党和国家机密的，或是属于家庭与个人方面不宜公开的问题等，应说明情况，谢绝解答。

2.查找档案材料

根据利用者提出的咨询问题，档案工作人员要进行深入的分析与研究，明确需要查找的范围，然后选择合适的检索工具与检索方法，最后查找出有关的档案材料，获取到能够帮助利用者解答问题的信息。

3.答复咨询问题

档案工作人员在获取到相关的信息后，就可以据此向利用者提供答案。答复的方式要根据具体的情况来确定，可以直接提供答案，可以提供档案复制本，也可以介绍有关查找线索让利用者自己来查阅。需要注意，提供档案材料时一定要注明档案材料的出处，包括作者、文种、形成时间、档号（全宗号、目录号、案卷号、页号）。如果对于某一事实，档案中有不同的记载，要全部提供给利用者，由他们自己来分析判断，工作人员不需要给出自己的意见。

4.建立咨询档案

在参考咨询过程中，档案工作人员应当有意识地建立咨询档案，以方便后续的工作。尤其是重要的有长远参考价值的，或者可能重复出现与解答不了的咨询问题，应作完整的记载。

（二）参考咨询的注意事项

（1）接待咨询要求热情认真，解答翔实。无论利用者当面或电话咨询，凡不能即席解答的，或让利用者稍候，或另约时间等，都应从便于利用者考虑，使之省时省事而又获得满意的结果。

（2）明确咨询问题。档案工作人员在提供咨询时应知道询问者所提出的问题是什么，目的是什么，所涉及的内容和范围是什么。

（3）提高查阅档案材料的效率。档案工作人员应熟练使用各种检索手段，以便快速查找到目标档案，缩短咨询者的等待时间。

（4）解答咨询问题要明确，避免随意扩大信息范围。

六、展览

档案展览是指根据某种需要，采用平面或立体的手法，以一定的主题系统展示和陈列一些档案原件或复制件的一种档案利用服务方式。档案展览会可以由一个档案馆（室）单独举办，也可几个档案馆（室）联合举办，或有关单位联合举办。可经常性地长期陈列展出，也可以临时展出。展览陈列的地点和方式，可根据需要和条件，或固定展出，或巡回展出。

（一）展览的优点

档案展览在实际工作中发挥着不可替代的作用，主要是因为其具有诸多的优点，具体如下。

（1）档案展览会本身就是提供档案信息的现场，利用者可以从中得到较为集中和系统的材料，甚至发现从未见过和难以找到的珍贵材料和线索。

（2）能在一定范围内组织较多的观众参观，服务面比较广泛。

（3）档案展览能够带来良好的社会效益。经过选择和组织展出的典型材料，能以档案的原始性、真实性和形象鲜明见长，给观众留下深刻的印象，起到生动的宣传教育作用。

（4）档案展览能够促进档案馆（室）的各项工作。因为展览需要档案工作部门与人员精心筹备，需要对馆藏档案进行深入开发，设计出富有吸引力和感染力的展览形式。

（二）档案展览的流程

1.确定展览主题

在档案的展览过程中，主题的确定是非常关键的一环。它关系着档案展览的有效组织与实施。所以首先要明确举办展览的目的，确定题目以及展出档案的内容和范围，也就是要确定举办一个什么类型的档案展览会。展览的内容，是根据举办的目的和档案馆（室）所保存的档案的情况决定的。

2.设计展览方案

为了保证展览内容的思想性和科学性，最好事先拟出详细的展出计划和展出档案的提纲，提请有关领导批准后据以实施。

3.精选展览材料

档案展览会内容的思想性、科学性和展出的效果如何，首先取决于展出档案的内容和种类。所以，必须围绕主题精心选择最有价值和最有意义的材料，特别是选择能正确反映历史事件、揭示事物本质的档案材料。同时，一定要深入地研究和分析形成档案的历史环境、事件始末。只有以历史唯物主义的观点，在深入研究材料的基础上，选出的档案才更具有展览价值。

4.展出设计

为了加强展出效果，还应进行周密的展出设计，并根据整体方案对选出的档案进行分类排列。一般的分类排列方法是先按专题分开，每个专题内再按事件和时间顺序排列，既要照顾到一个专题内档案的集中和系统性，又要照顾到各个专题间的相互联系，使人看了既感到材料丰富、全面，又觉得主题明显，中心突出和完整地反映了历史事实的过程。对一些最贵重的档案，可陈列在引人注意的地方。为了使观众能一目了然，在每一部分或专题之前，可以写明标题提要介绍等。档案内容的重点，在不涂写档案的原则下，加上鲜明的标记。

5.档案展出

档案展出时，必须注意档案的保护和保密工作。展出的档案一般都用复制品，展出原件时应采取透明装置等保护措施，以防止档案的遗失和损坏。展出机密性的档案，需经领导批准和规定参观者的范围。在展览过程中应注意配合进行讲解工作，负责解答观众提出的有关问题，并适当地进行必要的宣传。

6.善后处理

展览结束后，展品若是原件，经检查确保完好后归还原处；若是复制品，拆除后也应妥善保存。展板可根据需要保存或拆除。当然，及时作出总结也是很重要的任务，尤其是要分析展览效果与影响，以便为以后提供借鉴。

第三节　开放档案

随着改革开放的逐步深入，我国开放档案的步伐也越来越大。1999年批准的《中华人民共和国档案法实施办法》第二十二条明文规定：凡中华人民共和国公民和组织，持有身份证或工作证、介绍信等合法证明，均可直接到档案馆利用开放的档案。外国人或外国组织，经我国有关主管部门介绍及其前往的档案馆同意，亦可利用我国已开放的档案。可见，现代档案开放利用的手续已经大大简化了。在我国档案利用工作中，向社会开放档案属于很重大的一项改革，其对档案事业有着极其重要的现实意义和深远影响。档案开放可以说是一个社会文明发展程度和水平的重要标志之一。本节就专门对开放档案进行一定的探讨。

一、开放档案的概念

关于开放档案的界定，我国20世纪80年代以后出版的档案管理学教材中，一般将其解释为：将保密期满和其他可以公开的档案，解除"封闭"，向社会开放，只要履行一般的手续即可通过一定的方式进行利用。这种解释在一定程度上促进了我国档案馆的档案开放事业的发展，但是随着时代的发展，这种解释也表现出了一定的不足之处。这主要集中在：它并没有说明档案开放的主体是谁，谁可以代表国家和政府部门向社会开放档案，开放档案的实质是什么，它与公民民主权利实现的关系是什么，它与国家的政治民主化建设及公民合法权益的维护之间是什么关系。可见，开放档案的概念还需要进一步作出完整、合理的解释。

当前，比较常见的开放档案的定义是：档案管理单位根据档案价值实现的客观规律和特点，依法向社会公众和组织公开未列入保密与豁免公开范围的档案文件信息内容，并通过有效方式及时提供给有关组织及个人，满足其合法利用需求的社会化服务政策与措施。

这一概念主要包含了以下几个方面的含义。

（1）开放档案必须建立在对档案价值实现的规律和特点的深刻理解基础上。在以往的理论中，档案的第一价值实现一般被认为是在档案室保存阶段，档案第二价值的实现是在档案馆管理阶段。这种理论在传统的封闭和半封闭的社会背景条件下，是具有一定说服力备。但现代政府的基本社会职能就是服务，其建设与发展的目标就是要建立"阳光政府"，而这种类型政府需要实现政务信息的依法公开。所以，传统理论下的档案价值实现思想就暴露出了其不适宜之处。所以，档案部门必须注意开展现行文件（或归档文件）的开放，以便为其社会价值的实现搭建一个良好的"平台"。

（2）开放档案的范围应当依法确定。一般来说，凡是未列入保密范围或"豁免公开"范围的档案文件，原则上都应属于开放档案的范围。当然，这一点也意味着开放档案的范围并不是没有限制的，有些档案依然要保密，不可开放，如那些涉及国家安全、外交、军事、核心技术等方面机密的档案，以及涉及公民个人隐私的档案，各级人民政府的档案管理部门要加强管理和控制。

（3）开放档案应通过多种渠道和方式进行。档案部门应当积极地选择和营造各种有效的档案信息传播渠道，如设立档案信息展厅、建立和完善档案信息服务网站、利用大众传播媒介、利用大学讲坛和中小学课堂等，逐步实现全面服务于社会公众的目标。同时，档案部门还尽当根据不同传播渠道的特点，采用合适的服务方式，使社会公众对开放档案信息的利用需要得到更好的满足。

（4）开放档案是一种社会化服务政策与措施。开放档案是我国自20世纪70年代末确定的一项重要的档案服务政策，它的出台极大地推动了我国档案事业，特别是档案馆事业的发展，并有效地促进了社会档案信息意识的提高。开放档案也是一种服务措施。它要求档案部门必须通过各种有效的变革，实现开放档案所确定的各种政策目标。通过开展社会性的开放档案信息服务，档案部门已经赢得了越来越多的社会公众的青睐。

二、开放档案的重要依据

（一）理论依据

科学的理论往往是实践活动的重要依据。如果没有科学的理论指导，开放档案的实践就会走许多弯路。我国自从20世纪80年代以来所进行的开放理论研究成果，特别是档案价值实现方面的理论研究成果，为今后开放档案政策的进一步发展和完善提供了较为坚实的理论支撑。另外，我国及世界其他国家理论界在政务信息公开、建立无缝隙政府、公民权利实现等方面的研究成果，对深入开展开放档案也具有重要理论借鉴意义。

（二）实践依据

自档案的开放原则和思想提出以来，开放档案的实践对促进各有关国家的社会政治、经济、文化和科学技术的发展，起到了良好的影响作用。它使民主的思想深入人心，使社会的档案信息资源得到越来越多的开发利用。开放档案实践的直接结果，就是使公民的知情权得到了有效保障，并为社会公众的参政、议政提供了基本的信息支持。开放档案利用也意味着公民民主权利的实现。

（三）法律依据

当前阶段下，虽然我国现有的档案法律、法规还存在一些需要进一步修正和完善之处，但是就整体来说，开放档案的工作已经具备了较好的法律法规条件。《档案法》《档案法实施办法》《档案馆工作通则》《各级国家档案馆开放档案政策》等法律、法规都有开放档案的规定和要求。其中，《档案法》及其实施办法，为我们开放档案提供了最基本的法律和法规依据。随着我国政务信息公开立法工作的发展，政府信息公开法律和法规的陆续出台，开放档案的法律环境条件将会越来越好。

三、开放档案的重要意义

开放档案是从我国档案管理的状况和形势发展需要的实际情况提出的。因此，它不仅是档案部门自身工作发展的需要，也是适应新的历史时期客观形势的需要，对我国社会的进步和档案事业的发展都产生着十分重要的意义。这一意义具体表现在以下几个方面。

（一） 有利于政治民主化和繁荣科学文化

我国开放档案的方针是我国整个社会实行改革开放战略决策的一个组成部分，它从一个侧面反映着我国社会开放的程度，并服务于社会的改革、开放。档案开放也是政治民主化的一种表现，它体现着我国公民利用档案的权利。开放档案必将有利于加速我国民主政治的建设和科学文化事业的繁荣。积极地做好档案开放工作，已成为档案馆工作者的社会责任。

（二） 有利于促进档案事业的发展

开放档案是档案管理的一项重大改革，对于档案馆事业的发展具有深远的影响。开放档案标志着档案馆工作对传统观念和封闭思想的一次根本转变。它改变了过去不适当的馆藏结构及收集工作的政策，对档案文件的组卷方法、整理方法提出了新的要求，转变了检索工具单一、检索效能低的局面。它不仅简化了利用档案的手续，开阔了利用档案的领域，而且在通过广泛地为社会主义物质文明和精神文明建设服务的实践中，促进了档案馆事业更高水平的发展。

开放档案的实施也更充分地发挥了档案馆的社会服务功能，更充分地实现了档案的社会价值，这也就更加唤起了社会各方面对档案馆的关注和支持。在社会各界的关注与支持下，档案事业的发展必然会越来越好。

四、开放档案的要求和措施

在新时期内，开放档案是我国档案馆事业发展的新面貌。它的意义重大，能够在很大程度上促进档案事业的发展，为广大社会公众提供更好的服务。当然，这也就需要档案部门对自身提出更高的要求，同时采取更为妥当的措施。

（一） 为开放档案创造良好的物质条件

开放档案，各档案馆（室）首先应当有一定数量的档案，其次应该有必要的阅览条件和复制设备，以及其他必要的利用服务设施。此外，应注意开放利用的档案必须经过系统的整理；要有提供利用者自行检索的案卷或文件级开放目录；及时修复保护破损或字迹褪变、扩散的档案；对于古老、珍贵和重要的档案，尽可能地以复制件代替原件提供利用。

具备这些条件也是需要进行大量的工作的，各个档案馆应根据实际情况，将馆藏档案分期分批地向社会开放。因此，档案馆还必须把开放档案工作和各项业务建设密切结合起来，以开放档案推动和促进档案的收集、整理、完善检索体系等各项基础工作，为开放利用创造良好的条件。

（二）建立和健全开放档案的规章制度

科学合理的制度是很多工作的重要保障。开放档案作为一项严肃而细致的工作自然也不例外。各档案馆（室）应根据相关的法律法规制定本馆（室）的实施细则以及其他一些规章制度。一般来说，以下几个方面的内容是需要在制度中明确体现的。

（1）对馆藏档案的保密级别进行定期的审查，对于解密的范围和划分控制使用的范围要明确。

（2）档案馆的寄存档案是否开放和如何开放，必须由寄存者或其合法继承者决定。

（3）在开放档案的使用过程中，利用者可以对其摘抄、复制，也可在研究著述中引用，但禁止以任何形式公布。

（三）加强开放档案利用服务工作方式的多样化

各级档案馆（室）应该主动地开展档案开放工作，汇编各种档案史料，公布档案，编写与出版开放档案参考资料等，最大限度地方便利用者，充分发挥档案的社会作用，又有利于档案原件的保护。此外，在当前的信息化技术环境中，档案部门也要积极利用先进的科学技术及互联网等来提高档案利用效率。

（四）正确处理档案开放与保密的关系

开放档案的基本要求就是明确档案开放的范围。之所以有这一基本要求，是因为档案的开放并不是没有限制的，有些可以开放，有些不可以开放。所以，各级档案馆必须解放思想，提高认识，树立档案开放和保密观念相统一的全面思想。实际上，档案本身就具有一定保密性，因此必须把握好开放的"度"，只有有利于社会主义事业，而无损于党和国家、民族、公民权利等各方面利益的档案，才能开放。我国《档案法》明确规定了档案开放的一般年限及其掌握原则，并在《各级国家档案馆开放档案办法》等文件中，对档案开放和控制利用的范围进行了具体的规定。各个档案馆应据此做好档案的开放工作。

第四节 现行档案文件及档案文摘的汇编

一、现行档案文件汇编

（一）现行档案文件汇编的种类

常见的现行文件汇编主要有法规文件汇编、重要文件汇编、

发文汇编、会议文件汇编、公报和政报以及其他专题文件汇编。

1.法规文件汇编

法规文件是指党和国家各级权力机关及其所属业务主管部门颁发的强制推行的、用以规定各种行为规范的文件，如法律、法令、规定、决定等。法规文件汇编有综合性汇集和专题性汇集之分。综合性汇集是将某一级别政府机关颁布的各种法规文件加以汇集，如《中华人民共和国法规汇编》《中华人民共和国政策法令选编》等；专题性汇集是将某一专业领域的法规文件加以汇集，如《中国人民解放军军事规章汇编》《国家林业法令汇编》等。法规文件汇编一般应由有权制定法规的机关进行编辑出版，具有权威性、准确性和资料性等特点。

2.重要文件汇编

重要文件通常是指有关方针政策方面的规定性、指导性文件，将这些文件汇编成册即为重要文件汇编。重要文件汇编的收录范围可以是上级机关文件，也可以是本机关形成的文件，汇编完成以后可供本机关使用，也可印发给下属单位，供查阅执行。重要文件汇编在编前应当确定选材的范围和标准，以避免实际选材中的盲目性。重要文件汇编的内容大多是综合性的，编制时需分门别类后按发文时间顺序排列。

3.发文汇编

发文机关将本机关的发文定期（通常按年度）集中成册，即为发文汇编。一个机关的发文内容不同，保管期限不同，立卷归档后往往分散在不同的案卷之中。编辑发文汇编时应将本机关一定时期的发文收集齐全。发文汇编的特点是材料集中、时间针对性强，利用发文汇编可以代替查阅档案原件。

4.会议文件汇编

会议文件汇编，即把会议中产生的有一定参考利用价值的文件汇集成册。会议文件汇编不需要收录一次会议的全部文件，要选择在社会或机关发展中有重大影响，能够反映会议基本情况、具有查考价值的文件加以汇编。例如，各级党组织的代表大会，各级人民政府的人民代表大会，工会、共青团、妇联等社会团体

的会员代表大会，学术团体的重要学术会议等，都可以编制会议文件汇编。

编制会议文件汇编时，不可将不同性质会议产生的文件混编成一册。对于不同用途的会议文件汇编可采用不同的方式进行。

5. 公报和政报

党和政府的领导机关定期将重要文件汇集起来公开发行，可采用公报、政报等形式，如国务院定期出版《国务院公报》、教育部印发的《教育部政报》等。公报、政报是一种主动广泛公布文件、上情下达的有效形式，可供各方面查阅。公报、政报的选材范围主要是有关方针政策的规定性、指导性文件，如重要指示、行政法规、规章制度、重要文件及领导人重要讲话等。一般以正式下发的文件为主，选用领导讲话时要确保内容的准确无误。

6. 其他专题文件汇编

档案馆（室）还可根据需要编辑各种专题文件汇编，如规章制度汇编、工作规范汇编、调查研究文件汇编、学术文件汇编、范例类文件汇编、专门业务文件汇编、成果材料汇编等。专题汇编是将集中反映同一问题的一组文件汇集而成的一种一次加工的编研材料。专题文件汇编在选材上要专、要精，不要把其他问题的文件混杂其中，要注意选择正式下发的、现实有效的文件，调研、学术、范例、成果类汇编则要注意选择具有较高参考价值、学术价值的文件。专题汇编内文件可根据内容特点分类或按时间顺序排列。

上述几种现行文件汇编，应尽量使用原件的"重份"文件进行汇集。要用全文，不要节录。在文件汇编的正文之前，应编写编辑说明和目录，在编辑说明中简要介绍该汇编的编辑目的、收录文件范围、编排体例等事项。现行文件汇编有内部使用和公开印发两种发布形式，可根据文件特点和实际需要加以选择。

（二）现行档案文件汇编应注意的问题

1. 材料收集要注意完整

各级党委和政府及有关部门形成的文件，大部分需要基层单位贯彻执行，因此，文件汇编的材料是否齐全、完整，将影响到汇编使用的效果。为了保证收集材料的完整性，应严格按照收文或发文登记簿逐一进行收集，不得有遗漏。

2. 材料整理标准应注意规范

文件汇编应按照一定的规范和要求进行。第一，按照一定的秩序（作者—年度、年度—作者）排列文件，且排列方法应注意前后保持一致。第二，编制目录与页号。对文件汇编要逐页编号并逐件编写目录。第三，装订成册。一般情况下，一年的文件可装订成一册，如果一年内文件数量较多，可订数册，每册厚度一般在 2cm 左右。文件汇编的封面要求统一，整齐美观。第四，封面上应标示文件汇编的名称和年度。

二、档案文摘汇编

（一）档案文摘汇编的特点

档案文摘汇编具有以下几个特点。第一，篇幅短小，字数一般在200~400字，是对原文内容的精确概括。第二，信息量大，要求言简意赅地集中揭示出文献资料所反映的主要内容，利用者可在短时间内获得大量信息。第三，忠实于原始资料。文摘必须是对原始资料主要内容的准确概括。第四，引导利用。简明扼要的文摘方便使用者了解原文的主要内容，引导使用者查找选择自己需要的原始档案。第五，快速灵活。文摘的出版形式灵活多样，可汇集成册，也可以在刊物上刊载，能及时反映各种文件中的最新信息。

（二）档案文摘的编写

1.档案文摘编写步骤

档案文摘撰写工作，既可以由原文作者自行撰写，也可以由档案机关工作人员撰写。撰写档案文摘大体有以下步骤。

（1）精读原文，熟悉内容，对文献有充分的理解和认识。

（2）准确把握文献的主要内容，摘录要点。

（3）客观表述文献的重要内容，撰写文摘。

（4）审核修改。

2.档案文摘构成

当档案文摘作为著录条目的一个项目时，可直接撰写正文；独立使用的档案文摘要有统一的格式，一般由下列项目组成。

（1）文摘号，即文摘在汇编中的顺序号，表示排列顺序，便于检索。

（2）文摘题名，即一份文摘的标题，概括揭示摘录文件的内容，可使用原文件标题。

（3）原文作者，即档案文件的作者。

（4）原文出处，即档案文件的存址，可填写档案机构名称及档案号。

（5）文摘员，即编写档案文摘的人员，填写该项意在表示负责。

（6）正文，是对档案文献原文内容的概括介绍。撰写正文应注意要忠实于原文，客观、如实地叙述文件的主要内容，避免带有个人偏见或编写人员的主观意见；文字要简练、准确，使用规范的书面语和专业术语。

（三）档案文摘汇编的形式

比较常见的档案文摘汇编形式有以下三种。

（1）学术论文文摘汇编，如一些大专院校将保存归档的硕士研究生和博士研究生学位论文的全部或部分学术价值较高的文摘汇集成册，供利用者查阅。

（2）科技成果文摘汇编，是一种开展科技信息交流、宣传推广科技成果的有效方式。科研单位、企业、大专院校都可以编印科技成果文摘汇编。例如，中国航天工业总公司档案馆编印过两册《成果汇编》，整理选编了公司各系统1000多项科技成果文摘。

（3）专题档案文摘汇编，专题档案文摘汇编是根据社会各方面的需要，选择某一领域方面的问题编写档案文摘汇编公布使用。例如，福建省档案馆从1992年起编印《档案资料摘编》，结合社会发展形势定期发表专题档案文献汇编：结合全国开展的救助失学儿童的"希望工程"，选编了民国时期有关兴学、办学的档案文摘；结合股份制的兴起，选编了民国初期创办股份制企业的档案文摘，选材时效性强，编写精练、及时，很受利用者欢迎。

第五节　档案参考资料的编写

档案参考资料，是指"档案馆（室）根据一定的题目，对馆（室）藏档案的有关内容进行研究、综合、加工而编写的一种材料"。档案参考资料内容来源于档案又与档案原文不同，编写出来的"产品"是介于档案文献与学术论著之间的一种"半成品"，是一种"三次文献"，具有实际参考作用，但不具体指明内容的出处。编写和提供档案参考资料，既是档案编研工作的一个重要内容，又是档案馆、档案室开展档案利用服务的方式之一。

一、档案参考资料的种类

档案参考资料的种类很多，名称不一，用途也较为广泛，常见的如大事记、组织沿革、全宗指南（全宗介绍）、基础数字汇集、专题概要、专题目录、会议简介、专题汇编、科技成果简介、图集、手册、年鉴等。以下重点对前七种进行阐述。

（一）大事记

大事记是按照时间顺序简要地记载一定时空范围内发生的重大事件和重要活动的一种参考资料。大事记的名称比较灵活，除了称"大事记"外，还有的称"大事年表心大事记述""大事编年""大事纪要"大事辑要，"纪年""月表""日志"等。

1.大事记的种类

大事记的种类很多，根据大事记所记载的对象和内容可以大致分为机关大事记、国家或地区大事记、个人生平大事记这几种。

2.大事记的选材

大事记的内容要勾勒全貌，突出重点。这就牵涉到选事的范围。不同类型的大事记，其选事范围不尽相同，下面罗列了数种常用大事记的选事范围。

（1）机关综合性大事记

本机关召开的各类重要会议。

本机关作出的重要决定、决议、规划、部署以及发布的重要文件。

本机关成立、撤销、合并、复设及内设机构设置、调整情况。

本机关主要负责人任免、奖惩情况。

本机关的隶属关系和职能的变化情况。

本机关开展的重大活动、完成的重大任务、取得的重要成绩。

本机关参加上级机关或其他机构召开的重要会议。

上级机关对本机关的重要指示、批示、表彰，上级机关及其领导来本机关调研、视察、指导工作的情况。

本机关对下级机构检查指导工作的情况。

本机关内或管辖范围内发生的重大灾情和事故及处置情况。

本机关开展的重要文体、教育活动。

本机关开展的外事、对外交流活动。

本机关内或管辖范围内的模范人物事迹及其活动情况。

新闻媒体关于本机关的报道。

其他与本机关有关的重大事情和重要情况。

（2）企业综合性大事记

本企业生产、经营、技术创新改造、科研成果、重点建设项目的情况。

本企业召开的重要会议。

本企业制定或参与制定的重要政策、规章制度、标准规范。

本企业发布的重要文件。

本企业成立、撤销、合并、复建及内设机构设置、调整情况。

本企业主要负责人任免、奖惩情况。

本企业重要协议、合同的签订。

本企业发生的重大事故或灾情及处置情况。

本企业开展的重要文体、教育活动。

本企业开展或参与的重要外事、外贸活动。

上级公司或业务主管机关来本企业视察、调研的情况。

其他应予记述的重要事项。

（3）科技活动大事记

科研项目、基建工程和新产品研制任务等的立项、开工、攻关、定型、鉴定、验收等情况。

重要技术设备购置、安装、改造等情况。

重要技术合同的签订。

重要的专业技术类会议情况。

重要的学术交流活动。

科技活动的评奖、获奖情况。

科技活动主管人员的任免、奖惩情况。

技术部门的机构设置和调整。

专业技术职务的评定、晋升情况。

科技活动的保障情况（如科研经费拨付、后勤支撑等）。

各级领导对科技活动的批示、指示、视察、调研等情况。

重大技术、质量、设备事故。

其他有关科技活动的大事。

3.大事记的表述形式

大事记有叙述式和表格式两种表述形式。叙述式可以详细地记载，表格式的则记载简练。大事记可以作为一种独立的参考资料，也常常作为年鉴、专业辞书、史料汇编、专著等的附录，附在正文之后。例如，《档案学辞典》中就附有《中外档案工作大事记略》。

4.大事记的体例

大事记的体例一般采用编年体，在具体编排方式上，或者完全按照时间顺序进行记述，或者按照事件的性质分类后再按时间顺序进行记述。

5.大事记内容结构

大事记的内容结构主要由以下要素构成：封面、序言（或前言）、目录、正文、按语、注释、附录等，并按一定的顺序将其编辑成文。

（1）封面

封面由题名、纪事年限、编制单位或编制人、编制日期等事项构成。其中，题名即大事记的标题，概括反映大事记的主要内容。纪事年限要交代清楚大事记涉及的上下年限，可以直接列入标题里，也可附于标题之下。

（2）序言

序言也称前言，是对大事记编写情况的总说明，包括大事记的编写目的、阅读对象、大事记的时间断限、选材标准、编排体例、材料来源、档案的史料价值等。

（3）目录

目录也称目次，提供读者查找大事记条目的线索。编写大事记目录，应根据大事记的编写体例进行排序：编年体大事记可按历史时期或年代顺序列出大事记条目所在的页次，分类编年体则按所分类别列出大事记条目所在的页次。

（4）正文

正文包括两部分。

第一部分：大事时间。大事时间力求准确。要求对每件大事都写明年、月、日，有的还需要精确到时、分、秒。

第二部分：大事记述。大事记述是大事记的主要组成部分，一般一事一条。

（5）按语与注释

分类编排或按照历史时期编排的大事记，可在每个类别或每个历史时期前加写按语，用于简要介绍这部分内容的分类情况或历史背景，起到综述下文、引导阅读的作用；对于大事记述中涉及的重要历史人物、历史背景、地名、专业名词、行业术语等，则应以注释的形式加以解释说明，以便于读者理解。

（6）附录

属于大事记的辅助材料，附在文后。附录的内容可根据大事记的具体内容以及读者的实际情况而定，常见的附录内容包括：大事主题索引、人名索引、地名索引、参考书目索引、参考图表索引、专业数据索引等。一般机关、企业单位的大事记可不加附录内容。

6.大事记编写原则及要求

编写大事记应坚持实事求是的原则，维护事物的本来面目，客观记述。大事记的编写比较严格，其编写要求主要有以下几点。

（1）观点正确，用材真实

在分析人、物、事时，必须按照历史唯物主义的观点去分析，详略适当，褒贬公允。用材力求真实可靠，有根有据。

（2）大事突出，要事不漏，小事不要

不同的时间、地点、工作性质，对大事、要事均有不同的选择，即使同一重大事件，在不同的地区或单位，记述的重点也不同。记述的重点是有关路线、方针、政策、法律、法令、规章制度的制定、贯彻和实施的事情。重要的出访、来访活动，涉外协议合同的签订等，均可归入记述范围之列。

（3）系统条理，简明扼要

大事记的事实部分通常采用条目式的写法。撰写大事条目时，可根据客观情况的不同，详略有别。但无论内容详略，文字都应当力求简明。

大事记按时间顺序记述，一事一条，不要数事一条，即在一个条目里着重记述一件事情，切忌把几件事情糅在一起。如果同一天发生数桩大事，可另起一条目，并在条目前写明"同日气对于跨时间段的事实，原则上建议采用纪事本末体的写法，全面介绍该事件的发生、发展的全过程，同时亦可简单加以评论。

大事条目须严格按时间顺序编排，一般以年度为一个基本单位。若是综合性大事记，篇幅浩大，记事负责的，可采取多层分类法。如果一个地区的综合大事记可先分为政治、财税金融、军事、外事、工商业、民族宗教、文化、教育、科技、卫生、体育等大类，再于大类之下分若干属类，然后在每个属类下按时间顺序编排。

为了工作需要，不少地区和机关建立了大事记录制度，由专人平时负责记载，定期印发给机关领导和有关部门征求意见，修改补充，年终立卷归档。

（4）格式要统一，层次要清晰

"大事记"的格式，一般以年编号，年下分月，同一年内各月前的年份省略；月下分日，同一月内各日前的月份亦省略；日下记当日所发生的大事，同一日发生几件大事时可平列记载，也可编上顺序号。写明年、月、日是基本规范，对于一些特别重要的事件还可以加入时、分、秒。如果无法考证出具体时间，可按照时间的近似值来排列。排列原则为：日无考的，附于月末，标为"是月"；月无考的，附于年末，标为"是年"或"是岁"某些大事持续时间较长，是跨日、跨月的，其时间可以标注为"×日至×日""×月至×月间"等。时间要素应以公元纪年为准，对于历史档案里出现的非公元纪年方式，可予保留，但必须标明与之相应的公元纪年，如"康熙二十五年（1686）"。

总之，编写大事记时要实事求是地记述大事记的内容，注意收材的广泛性和用材的精练性，材料来源注明出处问题。另外，还应建立大事记录制度。

（二）组织沿革

组织沿革是系统记载一个机关、地区或专业系统的体制、组织机构和人员编制等方面变革情况的一种参考资料。

1.组织沿革的编写形式

组织沿革的编写形式可以是文字表述，也可以是图表式，或者图文并用。文字、图表交叉使用，可以做到内容全面、结构合理、脉络清晰，便于查阅。

2.组织沿革的种类

组织沿革的种类大体有机关组织沿革、地区组织沿革、专业系统组织沿革。

3.组织沿革的体例

组织沿革的体例包括编年法、系列法和阶段法等。

（1）编年法，即按年度记述某一机关（地区、专业系统）的组织概况。采用这种体例编写时，可先将材料按年度分开，在每个年度中再分别记述各方面的问题。编年法编写组织沿革有两种形式：第一种是年度—问题法，即以年度为主线，将内容分出若干个问题介绍。这种编排方法比较适用于变化情况不大、问题较少的机构组织沿革的编写。第二种是问题—年度法，即先将涉及的问题归类，然后在每一问题内按年度顺序逐一介绍。这种编排方法适用于组织机构内部结构复杂、变化频繁的情况。

编年法可以有效集中年度中有关该组织的材料，且自成体系，便于按年度查核问题，但因每一方面的问题都分散在各个年度之中，不容易把握某一方面问题的发展脉络。另外，有些多年没有变化的情况在历年中反复记述，因此也就很容易造成大量的重复。

（2）系列法，即以组织机构或问题形成系列，分别记述其沿袭变化的始末概况。系列法可以从机关体制、职能任务、隶属关系等各个方面，分述机构各个方面的发展变化情况，能较系统地揭示出机构内部各方面的发展脉络，因而比较适用于组织机构内部相对稳定、变化不大的机关的组织沿革的编写。

（3）阶段法，即根据机关（地区、专业系统）发展变化的特点划分为若干个历史阶段，在每个阶段中再分别记述各方面的情况。阶段法的时间阶段性强，避免了按年度记述的某些重复和按系列记述的整体感欠缺的不足，使得各个方面的情况反映相对集中，便于读者清晰了解机关（地区、专业系统）各个重要发展阶段的组织情况。可以说，阶段法在一定程度上吸收了前两种体例的优点，兼顾了时间和系列纵横两个方面的适当结合。它与编年法的相似之处在于均以时间为主线，与系列法的相似之处在于按问题分述情况。

下列为阶段法的内容程序。

第一，总序，说明编写目的、体例、材料来源、历史沿革概况。第二，每一阶段之首为机关名称，注明该阶段起止日期。

第三，每一阶段小序，说明该阶段本机关起、止的背景，主要职能、隶属关系、人员编制及其他有关问题。

第四，每一阶段内，按工作性质、重要程度依次编列各内设机构，分别写明起止时间，主要职能，隶属关系及其变化情况。

第五，在各内设机构下，编列其领导成员，以任职先后为序相蝉联，并分别注明任期。

采用阶段法的关键在于合理划分机关（地区、专业系统）的历史发展阶段，使之能够科学合理地反映出该组织的历史沿革及其发展特点。

以上三种体例各有特点，各机关可根据自身情况加以选择。

4.组织机构沿革的构成

组织机构沿革主要由序言、正文、附录三大部分构成。

（1）序言，说明编写目的、体例、时间断限、材料来源和历史沿革概况等。

（2）正文，主要说明地址迁移、机构成立和调整、机构的职权范围、机构性质和任务、隶属关系、编制核定、内部机构设置、干部任免等情况。

（3）附录，补充正文所涉及的有关材料。附录附在正文后面，起到补充说明的作用。

（三）全宗指南

全宗指南，又称全宗介绍、全宗名册，是介绍档案馆（室）所藏全部全宗简明情况的一种检索工具。主要用于向利用者简要揭示馆藏档案的范围，同时也用于馆藏档案的统计工作，如表5-4所示。

表5-4　全宗目录表

全宗号	全宗名称	案卷数量（卷）				档案形成起止时间
		总数	其中			
			永久	30年	10年	

全宗指南一般由全宗指南名称、全宗来源简况、档案内容和成分介绍、检索查阅注意事项四部分组成。其中，全宗来源简况以及档案内容和成分介绍是全宗指南的主要组成部分。

全宗来源简况是用来记录和反映全宗来源背景的内容，下列为其记录顺序。

（1）全宗构成者形成和职能。

（2）全宗构成者所有曾用名称。

（3）全宗管理机构和全宗档案的来源、种类、数量、起止时间。

（4）全宗档案收集、征集、接收、移交、寄存数量，说明该全宗全部档案是否集中存放、保管，完整程度、不同保管期限的案卷是否分库、柜保管。

（5）各类档案历次鉴定、销毁的时间、数量、主要内容、成分。

（6）档案材料霉变、损毁及修复、补救情况。

档案内容与成分介绍，可以按全宗内档案的实际分类体系（如机构设类目、问题类目等）进行介绍。全宗档案内容与成分介绍以概述的形式，罗列反映全宗构成者基本职能和主要活动方面的档案。

（四）基础数字汇集

基础数字汇集，又称统计数字汇集，是以数字形式反映一定地区或某一方面基本情况的一种参考资料。

1.基础数字汇集的种类

基础数字汇集的种类很多，按其基本内容可以分为以下两种类型。

（1）综合性基础数字汇集，即系统记载某一机关（地区、专业系统）全面情况的基础数字汇集，篇幅也较大。

（2）专题性基础数字汇集，即系统记载和反映某一方面基本情况的基础数字汇集，如《昆明市中小学教育基础数字汇集》《和林格尔县人口耕地基础数字汇集》等。专题性汇集的范围可大可小，可依据需要来确定其范围和内容，篇幅相对较小，一般只用一种表格记载。例如，在竹溪县《人口耕地基础数字汇集》中，除排列出该县历年的人口和耕地面积的数据外，还设计了人均耕地这一栏。这一栏里的相对值数据比起单纯的人口和耕地绝对值数据对于执行现行人口和耕地政策问题具有更鲜明的说服力。

2.基础数字汇集的编写要求

（1）选题要典型。统计数字汇集的选题要具有代表性和概括性：第一，汇集的年限要具有代表性。不同的专题对数据的相关年限有不同的要求，有的要求尽可能时间长远些，有的则要求具有代表性的一段时间的数据，编写者要根据不同的使用目的合理选择有关数据的年限。第二，汇集的数字指标体系具有代表性，应选择那些能揭示该专题实质的有价值的指标体系。

（2）在编写时，选择材料要充分利用统计报表和财务年报，保证所选用材料的准确性和可靠性。

（3）数据要准确。汇集中选用的数字材料要力求准确无误，所选数据要以来自权威部门正式发布的数字为准。对于尚未经核查的数据或非正规渠道获得的数据不得采录。

（4）统计口径要统一，对统计口径不统一的有关数据要换算。

（5）要根据实际工作的变化和统计内容的变化，及时调整选用的有关统计项目和数据。

（6）格式要清晰。统计数字汇集除了文字表述外，还可结合表格和示意图进行排列。采用表格式时，要注意设计好简明合理的样式，内容完整，条目清晰；使用示意图时要注意图形的简洁准确、规范美观，示意性强。

（五）专题概要

专题概要是用文章叙述的形式简要说明和反映某一方面的工作、生产或其他社会现象、自然现象的发展、变化情况的一理参考资料。常见的专题概要有会议简介（如《广西壮族自治区历届党代会简介》）、产品简如工程项目简介、科研项目简介（如《××大学获奖科研成果简介》）、地区综合情况概要（如《常州市概况》《海南岛概要》）、专门问题简介（如《安吉县中小学教育概况》），等等。它主要是向使用者集中提供某方面系统的专题历史材料。专题概要的"专题"具有相对性，是相对于馆藏和全宗而言的，例如《内蒙古自治区概要》，内容既有地理、气候等自然条件方面的内容，也涉及人口、民族、政治、经济等社会方面的内容，属于综合性概要，但相对于馆藏资料和全宗内容则是专题性的。

1.专题概要的特点

专题概要一般有以下几个特点。

（1）主题鲜明，内容专一。一部专题概要所提供的是某一方面的专门材料，往往具有特定的读者群和特定的作用范围。因此要求主题明确，内容单一。

（2）材料系统，重点突出。它可以向读者集中地提供某一方面的基本情况，将有关专题内容的重要过程叙述清楚，即所谓概其全貌，领其要点，读者不必翻阅档案原件即可知晓有关问题的概况。

（3）取材灵活，方便使用。专题概要涉及的内容灵活多样，历史问题、现实问题、社会问题、自然现象、生产问题、技术问题等均可介绍；可以综述某一地区或领域的情况，也可以简介某一事件；篇幅可长可短，形式图文并茂；成果可以公开出版，也可以内部使用。

2.专题概要的编写步骤

专题概要的编写步骤大体有选题、选材、综合编写。

（1）选题。选题是编写专题概要的首要环节。选题是否切合实际，直接决定概要的利用价值。选题应根据档案馆（室）中有关该题目的档案情况，同时也应该充分考虑社会实际利用的需要。

（2）选材。选材就是从题目涉及的各个全宗中挑选出的反映专题本质的档案材料。

（3）综合编写。专题概要不是有关材料的罗列和堆积，而是根据一定的题目和要求，对挑选出来的材料进行分析综合，按照一定体例编写出文字简洁、内容集中、详略得当、重点突出并具一定体例的专题概要材料。

（六）专题目录

专题目录是按照特定专题的要求，而不是实体档案的排列顺序来编制的，所以它往往是跨案卷、跨全宗的，编制过程有一定难度。

编制专题目录，最重要的是著录项的设计。著录项设置要简洁、明确、专指性强。具体而言，专题目录里的著录项可分为定位著录项和自由著录项两部分。定位著录项具有实体指向性，包括档案馆（室）代号、档号等。为保持档案之间的内在联系，可增加专题层次编号，包含专题序号、章节序号（体例较大的专题目录可增设章节）等。

自由著录项是编研人员根据专题目录的实际情况，自行确定的著录项，主要有档案题名、责任者、起讫时间、数量、载体类型、附注等。因此，自由著录项所起的作用是内容信息的指向性。例如，上海市档案馆编有"上海金融档案专题目录"。这一专题目录下设"银行""钱庄""其他金融机构""金融同业组织及辅助机构""金银、外汇、货币""金融法规""银行家"等大类，每个大类里再按全宗构成者不同分类，如"银行"大类里分为中央银行、中国银行、交通银行、中国农业银行、上海商业储蓄银行、浙江兴业银行、浙江实业银行、盐业银行、金城银行、大陆银行、中南售行等类目。每个具体类目都设有专题层次编号、档号、案卷题名、起始时间、终止时间、载体数量、划控标志（开放或控制）等。

（七）会议简介

这是介绍一个地区、一个机关历史性会议情况的参考资料。它能积累党、政、群团和各种专业活动发展的史料，为今后召开同类会议提供借鉴。会议的内容各不相同，编写时要因会制宜，但大体可依次编写如下内容。

（1）会议名称、时间、地点。

（2）代表名额（人员、人数），主席团的组成或主持人。

（3）议程，议题（包括学习、研究的主要材料，会议报告和典型发言）。

（4）选举结果或决议，决定。

（5）会议总结，闭幕式情况。

（6）其他应该说明的问题。

二、档案参考资料编写的一般步骤

档案参考资料的编写工作，大致可以分为如下几个步骤进行。

（一）制订编写计划

制订编写计划是编写参考资料的准备工作之一，是保证参考资料编写工作顺利进行的重要环节。编写计划应该写明参考资料的名称（题目）和编写目的，参考资料的内容、时间、地点，参考资料的结构和形式，还有编写工作和时间方面的安排等。制订计划应根据各个时期的中心工作、科学研究等各方面提出的要求和档案管理的需要而定。同时，选题要注意大、中、小型结合。

（二）收集材料

收集材料的方法，一般应该借助于档案馆（室）的案卷目录和其他检索工具（如专题目录、全宗指南等），了解哪些全宗内的哪些部分、哪些案卷包括有参考资料所需要的材料，然后调阅有关案卷进行选材和摘录。必要时，也可以从书刊资料中收集补充材料。由于编写参考资料有时属于公布档案内容的性质，在选择材料时也必须注意保密范围。在选择材料的时候，可能会遇到同一事件在档案中记载不一致的情况。这时必须进行细致耐心的考证工作。

摘抄材料的方法，可以采用卡片或夹签的办法进行。

为了保证参考资料的质量，要求选择的材料必须全面、准确、典型，力求不遗漏重要材料。

（三）综合编写

参考资料是根据一定的目的和要求，对摘选的材料进行分析综合，按照一定的体例，行文撰写。就是节录原材料也是经过一定的编辑加工。参考资料的编写，对材料的叙述必须保证政治上不发生错误，必须以历史唯物主义的观点，批判地对待和使用材料，保证参考资料所提供的材料以及表述的准确性和真实性。

参考资料的内容叙述和结构，是由参考资料的种类及其用途决定的。一般的参考资料，是以专题结合时间、地区分为若干章节，有层次地叙述档案内容，不要把重点放在议论上。

为了便于对参考资料的使用，还必须为参考资料编写序言、目录、注解和指明材料的出处。必要时，还可为参考资料编写索引（如人名、地名等）、名词简称表等辅助材料。

第六章　人事档案的管理

第一节　人事档案和人事档案工作

一、人事档案

（一）人事档案的定义及其基本含义

人事档案是国家机构、社会组织在人事管理活动中形成的，记述和反映个人经历、德才能绩、工作表现的，以个人为单位集中保存以备查考的文字、表格及其他各种形式的历史记录。

人事档案是历史地、全面地考察、了解和正确选拔使用职工的重要依据，是国家档案的重要组成部分。我国的干部（公务员）、职员、工人、学生（从中学开始）、军人都建立了人事档案，其主体是干部和工人档案。

人事档案主要来源于一定单位的人事管理活动。"所谓人事，并不是指人和事，而是指用人以治事，主要是指人的方面，以及同人有关的事的方面。"人事档案就是国家在用人治事，以及处理与人有关的事情所形成的文件材料。例如为了了解员工的基本情况，布置填写履历表、登记表、自传；对员工进行鉴定、考核和民主评议、形成鉴定书和考核材料；在用人过程中，形成录用、定级、调资、任免、升迁、奖惩等方面的各种文字、表格材料。

人事档案是反映个人经历、思想品德、业务实绩、个性特点、专长爱好等情况的原始记录，真实反映一个人的客观面貌。人事档案中的自传、履历表、登记表，是个人经历、思想演变、家庭与社会关系的反映；历年的鉴定，记载着个人不同时期的表现和组织的评价；入党、入团、提职、晋级等材料，是个人在党和组织的教育培养下成长的佐证；政治与工作情况的考核、考察、奖惩与科研成果的登记等方面的材料，是个人政治表现、工作能力、成绩贡献、技术专长的展现。所以，人事档案是如实记载个人情况的历史记录。

人事档案是处理完毕的具有使用价值和保存价值的文件材料。人事管理活动中形成的文件材料，凡是决定归入人事档案的，必须是完成了审批程序，内容真实，完整齐全，手续完全，有查考价值的材料，以保持人事档案的优良状态。

人事档案是以个人姓名为特征组成的专卷或专册。它的内容和成分只能是同一个人的有关材料，才能方便查找利用。假如一个人的材料被分散，就无法正确反映该人的全貌，影响对其全面评价。如卷内混杂了他人的材料，就会因张冠李戴而贻误工作，造成不良后果。

上述人事档案的定义，指明了人事档案的来源、形成原因、内容范围、价值因素和以个人为单位的形式特征。它既揭示了人事档案的本质——历史记录，也提出了如何识别和判定一份文件材料是否属于人事档案的标志。

（二）人事档案的特点

1.现实性

人事档案是由组织、人事、劳动部门以现职人员和离退休人员为单位建立的，由专门反映员工个人情况的文件材料所组成。它涉及的当事人，绝大多数还在不同岗位上工作、生产或学习。组织、人事、劳动部门为了考察和正确使用员工，要经常查阅人事档案，了解其经历、德才和工作业绩，以便安置在最适合的岗位上，充分发挥其聪明才智。现实工作中，用人就要先看档案，已成为必要的工作程序。作为依据性的人事档案，有时会对一个人是否使用、如何使用起着决定性的作用。但是，人事档案是"昨天"的历史记录，而它反映的对象——人，又是每天都要发生变化，谱写自己的历史篇章。因为，档案人员需要跟踪追迹，及时补充新材料，使档案既能反映某人的历史面貌，又能反映现实状况，达到"阅卷见人"或"档若其人"的要求。反映现实与具有现实效力和作用，是人事档案的重要特点之一。

2.真实性

人事档案的真实性，与一般意义上所说的档案的真实性还有一定区别。档案的真实性有两方面的含义：一方面，档案从总体上说，是由社会实践活动中形成的文件材料转化来的，是历史的沉淀物，客观地记录了以往的历史情况，无论从内容和形式都表现出原始性，是令人信服的证据。另一方面，从具体的每份档案材料来说，由于人们认识水平的局限性和政治斗争的复杂性等原因，有一部分档案所记载的内容并不真实，甚至是恶意歪曲与诬陷。但档案毕竟是历史上形成的，即使是内容不真实，但仍表达了形成者的意图，留下了当事人的行为痕迹，反映了当时的情况，仍不失其为历史记录而被保存下来。所以，档案的真实性是相对的。人事档案的真实性，有着特定的含义。从个体来说，每一份档案材料从来源、内容、形式等方面都必须完全可靠的真实。凡是来源不明、内容不实、是非不清的文件材料不能转化为人事档案，即便已经归档也要剔除。从整体上说，要求一个人的人事档案应完整系统，既反映过去，又反映现在，纵可以提供个人成长的道路，横能勾画出全方面概貌。真实性是人事档案的生命，是人事档案能否正确发挥作用的基础和赖以存在的前提。

3.动态性

历史在发展，社会向前进，每个员工的情况也在不断发生变化。人事档案从建立之日起就是动态的而不是静止的。一方面，由于人事档案涉及的当事人每时每刻都在谱写自己的历史，各方面都在发展变化，因而决定了人事档案必须根据当事人情况的变化而不断增加新的内容，补充新材料，以适应人事管理的需要。例如，学历的变化、能力的提高、职务和职称的晋升、工作的新成就、工作岗位的变化，以及奖励、处分，都应及时记载并收集有关材料归档，直至逝世（有的职工举行告别仪式的报道消息、讣告、悼词装入本人档案）。这才意味着收集补充材料工作的终止。另一方面，人事档案随着人员的流动而不断转递。人到哪里，档案就转到哪里，"档随人走""人档统一"，是管理人事档案的一条原则，也是人事档案发挥作用的必要条件之一。转递不及时，会出现人、档分家，发生"有档无人"或"有人无档"的现象，影响单位对工作人员的了解、培养和使用。人事档案也因对象的下落不明而成为"无头档案"的死材料。总之，人事档案从建立到向档案馆移交前，始终处于"动态"之中。

4.机密性

人事档案在相当长的时间内是保密的，不宜对外公开。1990年中央组织部颁发的《干部档案工作条例》以下简称《条例》指出："在干部档案管理工作中，必须贯彻执行党和国家有关档案、保密法规和制度，严密保管，确保干部档案的完整与安全。"《条例》对人事档案也是完全适用的。人事档案是组织上在考察和使用员工活动中形成的，记载了员工的自然情况（姓名、出生年月、民族、籍贯、简历、学历、家庭情况、社会关系、政治表现、个性特点、专长爱好等），学习、工作、科研成就，考核与奖惩等。它既涉及有关工作的重要事项，又有公民的隐私。由于人事档案涉及国家机密和个人私生活的秘密，在较长时间内必须保密，应建立严格的管理、利用制度，确保国家机密的安全，切实维护个人隐私权不受侵犯。

（三）人事档案的一般作用

（1）人事档案是考察、了解员工的重要手段。一个员工的工作与生活实践活动、思想言行、政治、业务水平以及个人素质都被记载下来，跃然纸上。人事档案有助于组织上根据每个人的特点，提出培训、录用、升迁等建议，达到"因材施教""量才录用"，调动人事群体的积极性。

（2）人事档案是做好组织、人事工作不可缺少的依据。组织、人事工作的根本任务，是知人用人，应做到知人善任，选贤举能。知人是善任的基础，要想知人，就要全方位地了解人。既要了解其德，又要了解其才；既要了解其长，也要了解其短；既要了解其过去，更要了解其现在。了解的方法，除直接考察这个人的现状外，还必须通过人事档案掌握其全面情况。实践证明二者的有机结合，收效颇佳。

（3）人事档案是澄清个人问题的凭证。人事档案是个人历史与现实的原始记录，它可以落实人事政策，平反冤假错案，调研工资级别，改善生活待遇，确定或更改参加工作、入党、入团时间以及解决个人历史上的遗留问题等提供可靠的线索或凭证，是查考、了解和处理问题的依据。

（4）人事档案可为人才开发提供信息和数据。组织、人事部门通过使用人事档案，从中探索人才成长规律，提高人事管理科学化水平，开发人才资源，适应社会对人才的广泛需求。

（5）人事档案是编写人物传记和专业史的宝贵史料。人事档案内容丰富，数量巨大，有较高的史料价值。它是研究党和国家人事工作，研究党史、军史、地方史、思想史、专业史、撰写名人传记的珍贵资料。人事档案是组织、人事部门形成的，其中许多材料是当事人的自述，情节具体，事情真实，时间准确，内容翔实，是印证历史的可靠材料。

二、人事档案工作

1.人事档案工作的基本任务和人事档案管理部门的职责

人事档案工作是用科学的原则和方法管理人事档案、提供档案信息为组织、人事工作服务的一项工作。人事档案工作是组织、人事工作的重要组成部分。也是国家档案工作的组成部分。它是为贯彻执行人事工作路线、方针和政策，选贤举能，知人善任，为社会主义现代化建设服务的。

（1）人事档案工作的基本任务。根据改革开放形势下组织、人事工作的需要，加强人事档案材料的收集归档工作，完善管理体制，搞好队伍建设，做好基础工作，进一步改善保管条件，努力提高科学管理水平，保障提供利用，有效地为组织、人事工作服务，为社会主义现代化建设服务。

（2）人事档案管理部门的职责。①保管人事档案，为国家积累档案史料；②收集、鉴定和整理人事档案材料；③办理人事档案的查阅、借用和转递；④登记员工的职务、工资和工作变动情况；⑤为组织、人事工作提供人才信息，为有关部门提供员工情况；⑥做好人事档案的安全、保密、保护工作；⑦调查研究人事档案工作情况，制定规章制度，搞好人事档案的业务建设和业务指导；⑧推广、应用人事档案现代化管理技术；⑨定期向档案馆（室）移交死亡员工的档案；⑩办理其他有关事项。

2.人事档案工作的管理体制

人事档案工作实行集中统一和分级负责的管理体制。人事档案是人事管理活动的历史记录，是开展人事工作的必要条件，管理人事档案是人事工作自身的需要，是组织、人事、劳动部门的职责。人事档案应由各级组织、人事、劳动部门集中统一管理。我国现行的人事档案的管理体制是：工人档案由所在单位的劳动（劳资）部门管理。学生档案由所在学校的教务或学生工作部门管理。军人档案由各级政治（干部）部门管理。干部档案则按干部管理权限集中统一管理。各级组织、人事部门有明确的管理权限，分管哪一级干部，就管哪一级干部的人事档案，做到"人档统一"。这一原则，在地（市）以上是完全适用的，但在县以下的单位（包括县委、县府直属单位），管的干部少，大多只是几十人，有的甚至只有几个人。单位小，档案少，无专人管理，不具备保管条件，严重影响了干部档案的安全保密和业务建设。为此，《条例》规定："县以下机关、单位的干部档案，实行由县委组织部集中管理，或由县委组织部、县人事局等单位相对集中管理。不具备保管条件或档案很少的单位，其干部档案由上一级单位管理。干部档案被纳入综合档案室管理的单位，其干部档案要固定专人管理。"

我国人事档案工作，目前仍实行分块管理，干部档案工作的领导与指导，由各级党委的组织部负责。企业职工档案工作由所在企业的劳动职能机构负责，接受劳动主管部门的领导与指导。学生档案工作由所在学校的有关部门负责，由教育主管部门领导与指导。军人档案工作由各级政治（干部）部门负责领导与管理。除军人档案工作外，上述3项档案工作均已纳入全国档案工作管理体系，由各级档案行政部门，按《中华人民共和国档案法》等有关规定，进行宏观管理和协调工作。

3.人事档案工作机构

《条例》规定："县以上（含县）的组织、人事部门，应建立相应干部档案管理工作机构，并负责对本地区、本部门、本系统的干部档案工作进行指导、监督和检查。每管理1000人的档案需配备一名专职干部，有业务指导任务的单位，要配备相应的业务指导人员。县以下实行集中或相对集中管理档案的单位，根据上述原则应当配备专职人员。不需要建立机构的单位，必须配备专职或以干部档案工作为主的兼职档案工作人员。"1992年，劳动部、国家档案局颁发的《企业职工档案管理工作规定》指出："职工档案由所在企业的劳动（组织人事职能机构管理。实行档案综合管理的企业单位，档案综合管理部门应设专人管理职工档案。"依据以上规定，中央各部、委、省、地（市）、县均建立了人事档案管理机构，按照管理1000人档案配备一名专职干部的要求配备人员。中央各部、委和省（市、自治区）一级的人事档案部门除管好本身的人事档案外，还担负本系统和全省（市、自治区）人事档案工作的检查与指导任务，根据指导任务的实际需要，酌情配备业务指导人员。

4.人事档案工作人员的素质

人事档案工作人员在人事档案建设和管理工作中承担着十分繁重的任务，应具备较高的政治素质和业务素质。为此，《条例》对人事档案工作人员提出以下要求：

（1）坚持四项基本原则、认真学习马列主义、毛泽东思想和党的各项方针、政策，努力提高政治思想水平。

（2）热爱本职工作，忠于职守，刻苦钻研业务，提高业务水平和工作能力，积极为人事工作服务。

（3）严格遵守《中华人民共和国档案法》和保密规定，保护档案的安全，不得泄露档案内容。

（4）坚持原则，严格按照档案管理工作的各项规章制度办事。

（5）工作调动时，必须做好档案和档案材料及业务文件等的交接工作。

《条例》提出的以上要求，全体人事档案工作人员都必须严格遵守，模范执行。人事档案工作干部要刻苦学习，积极钻研业务，努力提高自身的政治素质、完善智能结构，适应人事工作和人事档案工作发展变化的需要。

第二节　人事档案的收集和鉴别

一、人事档案的收集

收集人事档案材料，充实人事档案内容，是贯穿于人事档案工作始终的一项经常性的工作。收集人事档案材料，政策性强，涉及面广，难度较大，它不仅是人事档案部门的任务，也是形成人事档案材料部门的任务，必须各方面密切合作才能做好。

（一）人事档案的归档

1.人事档案材料的归档范围

做好收集工作，首先应明确收集什么。依据中共中央组织部制订的《干部人事档案材料收集归档规定》的精神。人事档案材料的归档范围包括：调配、任免、考察考核材料，录用材料，办理出国、出境材料，各种代表会材料，工资待遇材料，学历和评定岗位技能材料，职称材料，加入党团组织材料，政审、考核材料，奖励与处分材料，履历、自传、鉴定材料，科研材料，残疾材料，其他材料。

2.归档要求

（1）必须是办理完毕的正式文件材料。

（2）材料必须完整、齐全、真实、文字清楚、对象明确、写明承办单位及时间。

（3）手续完备。凡规定应由组织审查盖章的，须有组织盖章；凡须经本人见面或签字的，必须经过见面或签字。

（4）档案材料须统一使用16开规格的办公用纸。不得使用圆珠笔、铅笔、红色及纯蓝墨水、复写纸书写。除电传材料外，一般不得用复印件代替原件归档。

（二）人事档案材料的收集渠道

人事档案材料的形成不仅仅局限于组织、人事、劳动部门，凡是与人事管理活动有关的部门都有可能产生人事档案材料。应摸清人事档案材料的来源，做到"有的放矢"。当前，人事档案材料主要通过以下渠道收集。

（1）通过组织、人事、劳动（劳资）及其他人员管理部门，收集各种履历表、简历表、登记表、自传、鉴定、考核、考绩、任免、招聘、录用、招工、"以工代干"转干的材料；评聘、晋升、套改专业技术职务（职称）和评定工人岗位技能的材料；授予学位、学衔、军衔的材料；审计工作中形成的有关材料；出国、出境、办理工资、调整级别待遇、离休、退休的材料。

（2）通过员工所在党、团组织、政府机关、企业、事业单位的有关部门，收集员工入党、入团，民主评议党员、退党、退团、除名及参加民主党派的有关材料；授予各种荣誉称号的先进事迹和奖励材料；有关政治历史问题的审查、甄别、平反结论、调查报告和本人的申诉、检查交待材料；更改姓名、年龄、参加革命工作时间、入党入团时间、申请书和组织审批材料。

（3）通过纪律检查部门、行政监察部门、保卫部门和公安、司法、检察部门，收集员工违犯党纪、政纪、国法所受的党内外处分及撤销处分的材料，刑事判决书等。

（4）通过科技、业务部门、学校和培训部门，收集反映员工业务能力，科技发明、论著的篇目，业务考绩、成果、贡献评定、学习成绩、学历、鉴定、奖励、处分等材料。

（5）通过军队有关部门和地方民政部门，收集曾在部队工作过的人员的档案材料，地方干部兼任部队职务的审批材料，复员和转业军人的档案材料。

（三）建立和健全收集制度

（1）移交制度。人事档案部门应建立和健全移交制度，明确规定各单位、各部门日常工作中形成的，凡是属于归档范围的材料，均应移交人事档案部门。例如，各单位党团组织与同级组织、人事、业务部门，应在每批干部任免、调整职级、配备领导班子、专业技术职务评聘，评定工人岗位技能、考核考察以及调入院校学习或培训的学习材料。县团或相当于县团级以上党代会、人代会、政协会和工、青、妇等群众团体会议的代表登记表、委员简历、政绩材料等均应及时归入人事档案。保卫部门对员工的政治历史问题已弄清并做出结论后，应将结论、决定及有关重要材料送人事档案部门归档。纪检、监察部门应将有关员工奖惩的决定及重要材料送人事档案部门一份，归入人事档案。

（2）索要制度。人事档案部门不能完全坐等有关单位主动送材料上门，应经常与有关部门保持密切联系，定期（季、半年、1年）或不定期索要应归档的人事档案材料，对于迟迟未交者，应及时发函、打电话或登门索要，做到嘴勤、手勤、腿勤。

（3）检查核对制度。人事档案部门对所管人事档案数量的状况，应定期（季度、半年、1年）进行检查核对，将不符合归档要求的材料，退回形成单位重新制作或补办手续；不属人事档案范围的材料，予以剔除或退回原单位处理；发现缺少的材料，应填写补充材料登记表，以便有计划地进行收集。

（4）补充制度。组织、人事、劳动（劳资）等部门，根据工作需要和档案材料的缺少情况，统一布置填写履历表、登记表、鉴定表、自传等，使人事档案及时得到补充。

（四）新时期人事档案材料收集的重点

根据新时期人事档案工作的要求和新的用人观点，针对目前人事档案不能全面反映员工的现实状况，缺少反映业务水平、技术专长、工作业绩等材料，为此，当前应着重收集以下材料：

（1）反映工作能力、成就贡献、工作实绩的材料。包括考核工作中形成的登记表、民主评议、鉴定材料；评聘专业技术职务（职称）的任职资格申报表、专业技术职务考绩材料，聘任专业技术职务（职称）审批表、登记表、创造发明和技术革新的鉴定、评价材料、论文和著作目录；党内外奖励及授予英雄、模范、先进工作者等各种称号的事迹材料。

（2）反映学识水平和智能结构的材料。包括学员登记表、学习成绩登记表、毕业登记表、学习鉴定、授予学位的材料、学历证明、培训结业登记表。

（3）反映政治思想的材料。包括贯彻执行党的路线、方针政策、遵纪守法的材料；反映革命事业心、党性原则、道德品质、思想作风的材料；员工在国外、境外的鉴定材料。

（4）反映员工身体状况的材料。包括新近体检表、健康鉴定、伤残证明、确定伤残等级的材料。

二、人事档案的鉴别

人事档案鉴别工作，就是按照一定的原则和规定，对收集起来的档案材料进行审查，甄别其真伪，判定有无保存价值，确定其是否归入人事档案。它是人事档案材料归档以前的最后一次检查。鉴别是系统整理的基础和前提，也是保证人事档案材料完整、精炼、真实的重要手段。鉴别工作的好坏直接决定着人事档案质量的优劣。对能否正确贯彻人事政策也有一定的影响。它是一项非常重要的工作，在人事档案中占有特殊的地位。

（一）鉴别工作的原则

鉴别工作的政策性很强，必须遵循"取之有据，舍之有理"的原则。取之有据，是指归入人事档案的材料要有依据，符合上级的有关规定。舍之有理，是指决定剔除的材料，要有足够的理由，尤其是准备销毁的材料，更须十分谨慎，不能武断或草率。人事档案是培养、选拔干部的依据，有时一份材料会影响一个人的使用。因此，应以高度负责的精神，慎之又慎地决定材料的取舍。为正确贯彻鉴别工作原则，必须做到以下几点：

（1）鉴别档案材料必须以有关政策规定为依据。《干部档案整理工作细则》指出：鉴别归档材料，必须根据中央有关文件的精神，以《干部档案工作条例》和《干部人事档案材料收集归档规定》等有关规定为依据，严肃认真地进行。人事档案工作在长期实践中，中央有关部门制定了一系列文件，确立了鉴别的原则、政策界限和具体要求，是鉴别工作的依据和准绳。人事档案工作人员只有树立牢固政策观念，深刻领会有关文件精神和具体规定，才能做好鉴别人事档案材料的工作。

（2）鉴别档案材料应坚持历史的辩证的观点和实事求是的原则。《干部档案整理工作细则》指出："鉴别工作应坚持历史唯物主义和辩证唯物主义的观点，具体问题具体分析，根据形成材料的历史条件、材料的主要内容、用途及其保存价值，确定材料是否归入档案。"人事档案形成于不同的历史时期、不同的单位和个人，内容错综复杂，情况千差万别。对每份材料的处理，不可能全部从党中央、国务院有关文件中找到现成的答案。因此，必须运用历史的辩证的观点，具体问题具体分析，既要对材料内部和形式进行认真、全面、细致的分析，又要联系材料形成的历史条件，具体判定每份材料的价值和手续完备的程度，切勿简单化和一概而论。

（3）鉴别档案材料要有严格的制度鉴别是决定档案取舍和存毁的大事，必须有严格的制度保证其顺利进行。凡从档案中撤出的材料，必须遵循"舍之有据"的原则，符合有关规定；要有专人负责，严格把关，对比较重要材料的取舍，应请示有关领导；销毁档案材料，必须逐份登记，履行审批和监销手续。

（二）鉴别的内容和方法

1.判断材料是否属于人事档案

通过各种渠道收集来的材料，由于种种原因，有些属于人事档案，有些属于文书档案、案件档案、业务考绩档案、诉讼档案等，有的材料应该归档，有的应由本人收存，有的需转递有关部门。鉴别工作的任务之一，就是把不属于人事档案归档范围的材料剔除出去。

从党团组织收集来的入党入团志愿书、申请书、转正申请书、本人的政审材料、党团员登记表、优秀党团员事迹材料等，属于人事档案范围。讨论入党入团的会议记录、个人思想汇报、审批通知书、未被批准的入党入团的志愿书、申请书等由所在党组织保存。

从纪检、监察和行政管理部门收集来的处分决定、结论、批复、本人对处分决定的意见和检查交代材料，属于人事档案范围。本人申诉材料、旁证、检举揭发材料，属于案件档案范围，由纪检、监察部门保存。

从专业技术单位和学校收集来的评聘专业技术职称的申报表、审批表、考绩材料、发明、创造、革新成果登记和论著目录、受奖材料、学位学衔材料、毕业登记表、学历证明、考试成绩单（册）等，属于人事档案范围。著作、论文、译文、技术革新与创造发明体会等，属于科技人员业务考绩档案范围。入学通知、试卷等由学校和培训部门保存。毕业证书、学生证、受奖证书等由本人保存。

从组织、人事、劳动部门收集来的干部职务任免、员工录用、聘用、招用、职级待遇调整、更改姓名、参加工作时间等的登记表和审批材料等，属于人事档案范围。干部任免、职级待遇调整的请示报告、命令、通知、离退休的审批材料等，属于文书档案的范围。任命书、残疾证、离退休证、各种证书、个人信件、日记等由本人保存。

2.判断是否本人的档案材料

人事档案是以员工姓名为特征整理保存的，确定档案材料是否归档，首先应弄清楚是谁的档案，不能因同名同姓、同姓异名、异姓同名而张冠李戴，因一人多名而将材料分散。为防止张冠李戴，应仔细核对档案材料上的籍贯、年龄、性别、家庭出身、本人成分、工作单位、加入党团组织、参加工作时间、职务、工资级别等基本情况是否相同，主要经历是否一致。有些材料从形式看像是某人的，实际上不是，须从内容上加以辨认区分。由于历史原因，形成一人多名，鉴别时要核查曾用名及更改姓名的材料，否则，容易把同一个人的材料分散在几处，给查找、利用造成困难。

3.判断材料是否处理完毕和手续是否完备

只有处理完毕和手续完备的材料，才能归入人事档案。凡是悬而未决需要继续办理的"敞口"材料，不得归入人事档案。例如，干部任免、晋级、授衔、工人转干，有请示而无批复；涉及重大问题，只有检举揭发而无结论者，均属未处理完毕，不应归入人事档案，即使归入人事档案，也应抽出退回材料形成单位，待处理完毕后再归档。

4.判断材料是否真实、准确、完整

人事档案材料的内容必须真实、准确，不能有虚假和模棱两可或相互矛盾。鉴别中发现内容不实、词义含混、观点不明确、相互矛盾的材料，均应及时退回原形成单位重新撰写、核实。鉴别中应仔细检查材料系列的完整程度。每份材料不得有缺页、无时间、作者或签章等要素，一经发现应及时收集、补充、补办手续。

5.查对材料是否重复

人事档案要保持精炼，拣出重份和内容重复的材料。不管什么材料，正、副本只各保存一份。例如，某人一次填了几份履历表，正、副本各放一份即可。有人在入党过程中多次写了申请书；有人被审查时对同一问题多次写了交代材料；有人对同一问题在不同时期写了内容相同的证明材料，鉴别时只需选取1~2份内容全、手续完备、字迹清楚的归入本人档案，其余的剔除。

鉴别工作中，还应同时检查档案材料有无破损、霉烂变质、字迹模糊、伪造或涂改等现象，有问题时及时处理。

（三）剔除材料的处理

（1）转出。经过鉴别，认定不属员工本人的材料，或者是不应归入人事档案的材料，均应转给有关单位保存或处理。转出时，要写好转递材料通知单。

（2）退回。近期形成的档案材料，手续不够完全或内容尚需查对核实，应提出具体意见，退回有关单位，待修改补充后再交回来。凡应退还本人的材料，经领导批准后退还本人，退还时应进行登记，接收人清点无误，签名盖章。

（3）留存。不属于人事档案范围，又有保存价值的参考材料，整理后由组织、人事部门作为业务资料保存。

销毁。无保存价值、重份的材料，应按有关规定销毁。销毁时要认真审查，逐份登记，并说明销毁的理由，经主管领导批准后，进行销毁。

第三节　人事档案的分类

人事档案的分类，是根据人事档案所反映的内容和形式特征，分门别类、系统组织与揭示人事档案材料的一种方法。人事档案的分类，依据《干部档案工作条例》《企业职工档案管理工作规定》的划分法，人事档案的正本分为10类、副本分为7类。

一、正本材料的分类

人事档案的正本，由历史地、全面地反映员工情况的材料构成，其材料分为10类。

（一）履历材料

1.说明

凡是以反映员工个人的自然情况、经历、家庭和社会关系等基本情况为主要内容的表格材料均归入本类。

2.内容

（1）干部（公务员）、工人、科技人员、教师、医务人员、职员、军人、学生等各类人员历年的履历表（书）、登记表、简历表。

（2）个人从事革命活动的简历材料。

（3）更改姓名的报告及批件。

（4）本人填写反映个人经历的材料。

履历材料的归类，应以内容和用途为依据，不能单纯按名称归类。

（二）自传材料

1.说明

自传是个人撰写的自己家世、身世和主要社会关系的自述。

2.内容

包括本人历次所写自传（包括思想自传、历史自传、反省自传、小史、小传）

及带有自传内容的材料；自传内容的入党入团申请书（与申请书能分开的）；以自传为主，带有自传的履历表（书）、简历表、鉴定表。

自传及自传性材料，一般以第一人称叙述自己的经历，是本人撰写个人成长过程、思想演变的历史记录，是人事档案必备的材料之一。

（三）鉴定、考核、考察材料

1.说明

人事管理活动中，组织、人事部门通过各种途径，对员工的基本情况、学习、工作、才能、政绩、优缺点等方面，进行调查了解形成的评价性材料归入本类。

2.内容

（1）干部（公务员）、党员、团员、职员、工人、学生（学员）、军人等各类人员历年的鉴定（包括自我鉴定）。

（2）出国、出境、调动、学生毕业或结业的鉴定。

（3）以鉴定为主要内容的各类人员登记表。

（4）组织上正式出具的鉴定性的员工表现情况材料。

（5）考核登记表，考察、考核材料，民主评议和组织考核的综合材料。

（6）干部任免、调动依据的正式考察综合材料。

（7）以考核为主要内容的材料。

归入本类的材料，必须经过组织研究认可正式形成的，能正确、历史地反映员工实际情况，具有考查价值的鉴定、考察、考核材料、盖公章后才能进入人事档案。未经组织认可的一般考察、考核材料、会议记录、发言记录、谈话记录、索取的证明或从档案中摘录的员工材料等，一律不得归入人事档案。

（四）学历、评聘专业技术职务与评定岗位技能的材料

1.说明

凡是记载和反映员工学历、学位、学习成绩、培训结业、评聘专业技术职务、评定岗位技能情况的材料，均归入本类。

2.内容

（1）报考中专、高等学校学生（学员）登记表、审查表、审批表。

（2）中专、高等学校或自考、培训结业的学习成绩登记表、记分册、成绩单。

（3）中专、高等学校学生毕业登记表、毕业生分配登记表、审批表。

（4）授予学士、硕士、博士学位的决定。

（5）学历证明材料、认定干部文化程度呈报表、审批表。

（6）选拔留学生审查登记表。

（7）评聘专业技术职务（职称）任职资格申报表，专业技术职务考绩材料，

聘任专业技术职务（职称）审批表、登记表，套改和晋升专业技术职务（职称）审批表、登记表。

（8）评定工人岗位技能的登记、考核、审批材料。

（9）员工的创造发明、科研成果、技术革新成果的评价材料、著作、译著、有重大影响的论文（获奖、在国家级刊物发表的）等的目录；

（10）反映员工学历才识、专业技术方面的登记表、调查表等材料。

（五）政治历史审查材料

1.说明

凡对员工的政治历史、经历、出身、社会关系、党籍、参加工作时间等问题进行审查形成的材料，均归入本类。

2.内容

（1）政治历史问题的审查结论、调查或审查报告、上级的批复、调查证明的依据材料、检举揭发材料、本人对所审查问题的检查交代或说明材料、对结论、决定的意见、主要申诉材料。

（2）甄别、复查和平反结论、意见、决定、调查报告、批复及结论的主要依据材料。

（3）审干中形成的审干登记表、肃反审查表、党员审查表与调查表以及交代材料。

（4）入党、入团、参军、提干、出国的政审材料。

（5）家庭成员、社会关系的主要证明材料、平反决定、通知。

（6）更改民族、年龄、家庭出身、本人成分、国籍、入党入团时间、参加工作时间等问题的个人申请、组织审查报告、上级批复以及所依据的证明材料。

（7）高等学校学生考生政审表。

（六）入党入团材料

1.说明

参加中国共产党、共青团及民主党派的材料，均入本类。

2.内容

（1）批准转正的中国共产党入党志愿书、入党申请书、转正申请书、党员登记表。

（2）中国共产党党员重新登记表、党员暂缓登记表，不予登记表的决定、组织审批意见及所依据的材料。

（3）民主评议党员中形成的组织意见、党员登记表、劝退、除名党员的主要事实依据材料、组织审批材料、延长预备党员预备期、取消预备党员资格的处理决定和意见。

（4）中国共产主义青年团入团志愿书、申请书、团员登记表、退团材料。

（5）加入民主党派的申请书、登记表、批准加入组织通知等有关材料。

（七）奖励材料

1 说明

在工作或学习中有突出成绩的员工给予奖励或表彰的材料，均归入本类。

2.内容

（1）各级组织正式命名授予的劳动模范、英雄，先进生产者、三八红旗手、新长征突击手、先进工作者、优秀党（团）员、优秀学员以及其他荣誉称号的决定、审批表、登记表、奖励证书、先进事迹材料。

（2）创造发明和各种业务、技术奖励、通报表扬、立功受勋与嘉奖材料。

（3）有突出贡献和拔尖人员审批表。

（4）从事专业工作30年人员登记表、审批表。

奖励材料一般是县（团）级以上单位形成的才能归入本类，科室、车间、区、乡（镇）、村、部队营、连等单位形成的奖励材料不予归档。

（八）处分材料

1.说明

员工违反党纪、政纪、国法受到纪律检查部门、监察部门或其他审理部门，对其所犯错进行调查处理形成的材料，归入本类。

2.内容

（1）员工违纪、违法受党内外处分的决定、记过、查证核实报告（调查报告）、上级批复、通报批评材料、本人检查交代和对处分决定的意见。

（2）甄别、复查、平反的决定、结论、调查报告、上级批复及本人意见。

（3）法院的刑事判决书、劳动教养审批材料。

（4）免于处分的意见、本人检查交代材料、撤销处分材料。

（九）录用、任免、出国（出境）、工资、待遇及各种代表会议代表的材料

1.说明

凡办理任免、选举、调动、授衔、晋级、录用、聘用、招用、复员退伍、转业、工资、待遇、出国、离退休及退职材料，各种代表会代表登记表等材料，均归入本类。

2.内容

（1）办理工资待遇工作中形成的工资级别登记表、见习期、试用期、转正定级、奖励晋级、提职、调整工资、工资改革、兑现工资、奖励工资、浮动工资、津贴审批表、岗位技术工资变动登记表、解决待遇问题的审批材料、保险福利待遇材料。

（2）军队授衔、晋衔、晋级、提高职级待遇的登记表、审批表、军队转业、复员、退伍军人审批表、登记表、应征入伍登记表。

（3）干部调配（转业安置）、任免呈报表（附件）。

（4）录用和聘用审批表、登记表、聘用干部合同书、续聘审批表、解聘辞退材料、劳动合同材料。

（5）招工、以工代干代员转干审批表、登记表。

（6）退（离）休、退职审批表、享受部级、司局级、处级待遇审批表。

（7）出国、出境审批表、登记表。

（8）出席县团级或相当于县团级以上单位的党代表会议、人代会议、政协会议和工、青、妇等群众团体代表会议、民主党派会待会议形成的代表登记表和委员的简历、政绩材料。

（十）其他可供组织参考的材料

1.说明

凡上述9类未包括的、对组织上有参考和保存价值的材料，均可归入本类。

2.内容

（1）有残疾的体检表、确定残疾等级的材料。

（2）工伤、职业病，可享受劳保待遇或提前退（离）休的依据及体验证明材料。

（3）民事纠纷判决书、调解书。

（4）办理丧事的讣告、悼词、生平、报纸报道的消息、非正常死亡的调查报告、善后处理材料、遗书。

二、副本材料的分类

人事档案的副本是正本中以下类别主要材料的重复件或复制件构成。

第1类的近期履历材料。

第3类的主要鉴定、干部考核材料。

第4类的学历、学位、评聘专业技术职务的材料。

第5类的政治历史问题的审查结论（包括甄别、复查结论）材料。

第7类的奖励材料。

第8类的处分决定（包括甄别、复查结论）材料。

第9类的任免呈报表和工资、待遇的审批材料。

第10类别的多余的重要材料，也可归入副本。

三、类内档案材料的排列

1.人事档案材料的排列要求

人事档案的排列，应符合以下要求：

（1）排列次序有条理，能保持材料之间的有机联系，使类内的各材料成为一个有机整体。

（2）从个体来说，每份材料应有固定位置；从整体来说，一个类内的材料脉络分明，方便利用。

（3）能适应人事档案材料不断增加的特点，既便于及时补充新材料，又不破坏原有的排列顺序。

2.人事档案材料的排列方法

（1）按档案材料形成时间顺序排列。依档案材料形成时间的先后由远及近排列。正本的第1、2、3、4、7、10类均按此法排列。其中第7类的奖励材料应将组织的审批材料放在前面。

（2）按材料内容（问题）的主次关系（重要程序）进行排列。正本的第5、8类的排列顺序为：上级批复、结论或处分决定，本人对决定处分和结论的意见，调查报告，证明材料，本人检查、交代材料。第6类材料的排列，应将入团、入党、加入民主党派的材料分别排列。入团志愿书排在入团材料之前，入党志愿书排在入党材料之前。入团志愿书排在入团材料之前，入党志愿书排在入党材料之前，然后排列申请书、转正申请书、党（团）员登记表等。多次填写的党（团）员登记表，按时间先后顺序排列。

（3）按内容结合时间顺序排列。正本的第9类材料内容多，按内容性质相对集中排序与按时间排序相结合的方法，先分为4个小类：①工资待遇材料；②调动任免与离退休材料；③出国、出境材料；④其他材料。各小类内的材料，均按形成时间的顺序排列。

第四节　人事档案的保管范围、转递和查阅

一、人事档案的保管范围

人事档案的保管范围，是依据统一领导，分级管理，管人与管档案相一致的原则确定的。合理划分人事档案的保管范围，是统一领导、分级管理的原则落在

实处的举措，有利于人事档案的科学保管、转递和利用工作的顺利进行。

我国人事档案的管理体制，是与干部的任免权限相一致的，干部由哪一级任免，工人由哪一级招收，档案就由哪一级管理。任免权限改变了，人事档案的保管也随之改变，做到人档统一。如果两者脱节，组织上一旦要了解该人的情况，会因找不到相应的档案而影响对其了解和使用；该归档和补充的档案材料，不能及时归档和补充。如若保管范围混乱，人事档案部门积压的人事档案就不能发挥作用。

依据有关规定，下列各类人员的人事档案的保管范围如下。

1.在职人员人事档案的保管范围

在职人员人事档案的保管与人员的管理范围相一致。人事档案的正本由主管该人的组织、人事部门保管；人事档案的副本由主管或协管该人的组织、人事部门保管。非主要协管和监管的单位，不保管人事档案的正、副本，但可以根据工作需要保存近期填的履历表、简历表的重份或摘要登记表、卡片，该员一旦调走即可销毁。军队和地方互兼职务的干部，主要职务在军队的，档案由部队的政治部保管；主要职务在地方的，档案由地方的组织、人事部门保管。民主党派和无党派的爱国人士的档案，由各级党委统战部门保管。企业职工的人事档案，由所在企业的劳动（组织、人事）部门保管。学生档案由学校的学生工作部门或人事部门保管。

2.离休、退休人员人事档案的保管范围

党中央、国务院管理的干部，是中共党员的，其人事档案由中央组织部（或人事部）保管；是民主党派和无党派爱国人士的，由中央统战部保管；其他人员的档案，由该人的管理部门保管；工人档案，由所在单位的劳动（组织、人事）机构保管。

军队高级干部的档案，由总政治部保管；其他干部的档案，由各大单位或军、师级单位保管。

3.死亡人员人事档案的保管

党中央、国务院管的干部，死亡后其档案由原管理单位保管5年后，移交中央档案馆保存。

中央、国家机关各部委、各省、自治区、直辖市管理的司局级干部，全国著名的科学家、艺术家、教授和有特殊贡献的英雄、模范人物、知名人士，死亡后其档案由原管理单位保管5年后，移交本机关档案部门保存，并按《机关档案工作条例》规定的限期，定期移交同级档案馆保存。

上述范围以外的其他干部死亡后，其档案由原管理部门保存5年后，移交机关档案部门保存，按同级国家档案馆接收范围的规定进馆。

军队干部 1949 年 9 月 30 日以前牺牲、病故的排级以上干部的档案，交解放军档案馆保管；新中国成立后牺牲、病故和其他原因死亡的正师级以上干部的档案，交总政治部档案馆保管；副师级以下干部的档案，按隶属关系分别交由各大单位档案馆保管。

企业职工死亡后，其档案由原管理部门保管 5 年后，移交企业综合档案部门保存；对国家和企业有特殊贡献的英雄、模范人物死亡以后，其档案由企业综合档案部门按规定向有关档案馆移交。

4.辞职、退职、开除公职及受刑事处分人员人事档案的保管范围

员工辞职、退职、自动离职、被辞退（解聘）后，已就业的，其档案转至有关的组织、人事、劳动部门保管；未就业的，其档案转至人事部门所属的人才流动服务中心保管。

员工被开除公职以后，未就业的，其档案至劳动就业管理部门保管；已就业的，其档案转至有关的人事部门保管；凡通过劳动部门就业的，其档案由有关的劳动部门保管。

员工受刑事处分和劳动教养期间，其档案由原人事部门保管。刑满释放和解除劳教后，重新安排工作的，其档案由主管该人员的人事部门保管或政府所属的人才流动服务中心保管。凡通过劳动部门就业的，其档案由有关的劳动部门保管。

员工出国不归、失踪、逃亡等，其档案由原人事部门保管。

二、人事档案的转递

人事管理工作中，干部的任免权限与人员的主管单位不是一成不变的，由于多种原因，经常改变员工的主管单位和协管单位。因此，人事档案随着干部任免权限的改变、员工主管单位的变化，要及时转至新的主管部门，这就形成了人事档案转递工作。

人事档案工作是为人事工作服务的，只有对人员的管理和人事档案管理相一致，才有利于发挥人事档案的作用。做好转递工作是保持管人与管档案相一致的有效措施，是保证人事档案工作及时为人事工作服务的必要条件，是维护人事档案的完整与安全的一项重要业务建设，也是人事档案部门接收人事档案和充实档案内容的重要途径之一。

（一）转递工作的要求

（1）及时。为避免管人与管档案脱节，发生"有人无档"或"有档无人"的现象，必须及时转递人事档案。中共中央组织部早在 1952 年 8 月下发的《转递干部档案材料的通知》中明确规定："干部档案材料应于干部调走 3 天内转走，不得

积压。"1990年修订的《干部档案工作条例》也规定："干部工作调动或职务变动后应及时将档案转给新的主管单位。"要达到上述要求，人事管理部门与人事档案部门，应密切合作，相互衔接好。人事管理部门在员工提升、调动、转业、复员、离休、退休的决定、通知下达后，应及时抄送或通知人事档案部门，以使续填职务变更登记表和转递人事档案。

（2）准备。转递人事档案必须以任免文件或调动通知为依据，在确知有关人员新的主管单位后，直接将人事档案转至该人新的主管单位。不要把人事档案转到非人事主管单位的上级机关或下级机关，更不能盲目外转。

（3）安全。转递人事档案工作，要确保人事档案材料的绝对安全，杜绝失密、泄密和丢失现象。转递人事档案只能用机密件通过机要交通转递，也可由转出或接收单位派专人送取，不准本人自带，不得以平信、挂号、包裹等形式公开邮寄。凡转递人事档案，均应密封并加盖密封章，详细填写统一的"人事档案转递通知单"，确保其绝对安全。

（二）转递人事档案的原因和方式

转递人事档案的原因有：员工职务变动（提拔、免职、降职）改变了主管单位；员工跨单位、跨系统调动；员工所在单位撤销或合并入新单位；干部任免权变动与人事管理范围的调整，人事档案的管理范围也进行相应的调整；员工所在单位的隶属关系发生变动；干部进入院校学习毕业后统一分配；中专、高等院校毕业生分配工作；军队干部转业到地方安置或复员；员工离休、退休后异地安置；员工辞职退职、开除公职、刑满释放、解除劳教后重新就业的；员工死亡后，按规定应向相应档案馆（室）移交的；"无头档案"查到下落的；形成人事档案材料的单位需要向主管单位人事档案部门移交的等等。遇有上述情况者，应按规定转递其人事档案。

转递人事档案的方式，主要有零星转递和成批移交。零星转递是指日常工作中经常的数量不大的人事档案材料及时转递给有关单位，这是转出的主要的经常的方式，一般通过机要交通来完成。成批移交主要是指管档单位之间数量较多的人事档案的交接，经交接双方商定，由接收单位或移交单位派专车、专人到移交（或接收）单位取送，若移交与接收单位相距太远，则通过机要交通转递。

（三）转递人事档案的程序和手续

（1）转出的工作程序和手续。凡转出的人事档案，原主管单位应按规定进行认真清理和整理，做到材料齐全，内容真实，装订整齐。零星转递时，是指要转走的档案，在转出材料登记簿上详细登记，并在人事档案底册上注销，注明何时何原因转至何处，以及转递发文号，仔细填写《人事档案转递通知单》，将材料严密包封，加盖密封章，以机密件寄出；收到接收单位退回的转递通知单（回执）时，要粘贴在转递存根上，以备查考。成批移交的程序和手续是：取出人事档案材料，在转出材料登记簿上逐项登记，并在人事档案底册上注销已转出的人员名单；移交单位应编制移交文据和人事档案移交清册一式二份；文据上应有移交原因、档案数量、移交时间、移交单位和移交人。交接双方在移交文据上签字，以示负责。

（2）接收单位的工作程序和手续。接收单位收到转来的人事档案后，应仔细检查是否属于本单位所管理的人事管理；审核转递人事档案材料通知单，看其转递理由是否充分，有无误转的同名异人的档案，发现有误应及时退回；查对档案材料数量与人事档案转递通知单或移交清册的记载是否相符，档案材料的归档和整理是否符合要求，有无毁损情况，发现问题可退回重新整理、制作或补办手续。经过上述程序，确认无误，接收人应在《人事档案转递通知单》的回执或移交清册上签字，并加盖公章，将回执寄给转档单位，同时对接收的人事档案材料进行登记后入库。

（四）无头档案形成的原因及其处理方法

"无头档案"是由于不知员工去向而积存在人事档案部门的人事档案材料。无头档案长期积压在人事档案部门，既转不出去，又不能销毁，不仅不能发挥作用，而且还需要花费人力、物力去管理，无疑是一种浪费。员工的主管单位由于有人无档，增加了对员工考察了解的难度，影响对员工的培养、选拔和使用。因此，人事档案管理部门既要重视对已有无头档案处理，又要防止产生新的无头档案。

1.无头档案形成的原因

所以有无头档案，主要是由于档案人员不稳定，制度不健全，档案工作与人员调动、任免工作脱节，转递不及时、不准确、不彻底等因素造成的。员工已经改变了主管单位，没有及时转递人事档案，做到"档随人走"，使人与档案脱节，时间久了，情况一变再变，人员去向不明，而形成了无头档案。转递时，对接收单位名称不清楚或书写不准确，接收单位收到又未仔细查对，误收误存，久而久之，人档脱节，找不到档案人下落。人事档案材料的收集、归档不及时，或对收集来的零散材料没有及时整理，而转递人事档案时，只转走整理好的，余下的零散材料，时间一长就转不出去，形成了无头档案。

2.对无头档案的处理

主要方法是：先对无头档案清理鉴别，分清有无价值。无价值的档案，造册登记，报领导审核批准后予以销毁。有价值的档案，应详细登记，积极查询该人的主管单位。其方法可以先内后外，先近后远，内查外调，可以通过当事人的亲朋好友，查阅历年员工外调登记册，公安局的户口簿或向原籍查询，必要时人事部门印发被查询员工基本情况名册，发至各地人事部门广为查找，经过多方查询实在无下落者，可将有价值的材料转至当事人原籍的县一级组织、人事部门代为查找，或移交县档案馆保存。

3.杜绝无头档案的再产生

（1）人事档案部门要建立严格的管理制度并贯彻执行，发现未转递的档案材料要及时予以处理。

（2）人事档案部门要及时掌握人员录用、调动、任免及职务（职称）、军衔变动的信息。人员调动要坚持先调档后调入，新的主管单位一旦发现人到而档案未到时，应主动催要。

（3）新收集的档案材料，要及时归档、整理、装订。转递时，坚持一个人的档案一次全部转出，不得分批转递。

（4）保持档案人员的相对稳定，以便熟悉业务，更好地开展工作。档案人员调动时，应坚持"先配后调"，交接清楚后再调出。

三、人事档案的查阅

人事档案的内容涉及党和国家机密与个人隐私，查阅借用中既要满足组织、人事、劳动工作和其他方面的利用需要，发挥其应有的作用，又要贯彻执行保密法规和制度，确保人事档案的完整和安全，防止失密和泄密。

1.查阅的原则和范围

查阅人事档案总的原则是：宽严适度，内外有别，灵活掌握，便于利用。就利用者而言，由于人事档案是人事工作的重要依据和工具，组织、人事、劳动部门利用档案应从宽，其他部门利用档案应相对严一些。就利用范围而言，高级干部、中级干部、有贡献的专家、学者和有影响的知名人士，以及机要人员的人事档案，提供利用时应从严掌握，严格审批手段，对一般干部、工人、学生的人事档案，利用范围可从宽一些。

根据有关规定，员工的主管单位、组织、人事、劳动、纪检、监察、保卫、军法、检察等部门，凡因人员任免、调动、升学、提拔、出国、入党、入团、福利待遇、离休、退休、复员、转业、纪律检查、组织处理、复查、甄别、治丧等，要了解该人的情况，可以查阅和借用人事档案。其他单位不得直接查阅、借用人事档案，如确因工作需要，须办理手续。

关于有关单位或个人因编写党史、军史、革命斗争史、地方志、人物传记等，一般不得查阅人事档案，可直接采访本人。如本人已去世，或年迈丧失记忆，或有病不能口述的，可查阅其履历和自传材料。

2.查阅的要求

利用人事档案必须符合查阅范围的有关规定：利用党委组织部门的人事档案必须是中共党员；组织、人事、劳动部门查阅人事档案须有手续完备的信件；其他部门查阅人事档案应持有本单位领导签字的正式查档介绍信或《查阅人事档案审批表》（以下简称《审批表》）；查档人员不得查阅本人及其亲属的档案；未经领导批准，不得查阅同级人员的档案，下级人员不得查阅上级人员的档案；本单位组织、人事部门一般不得查阅本单位领导人的档案；只准查阅介绍信或《审批表》中提到的有关内容，其他所要调查的内容拒绝提供。

3.查阅的程序和手续

查阅人事档案，必须持介绍信或《审批表》，由主管负责人签字并加盖公章，报人事档案部门审批后方可查阅。《审批表》或介绍信中应写明查阅何人档案、理由、内容以及查

档人姓名、单位、职务、政治面貌等d查阅时，需要摘抄或复制档案材料的，应说明理由。

人事档案部门接到《审批表》或介绍信后，应认真审核《审批表》及查档人证件，看查档理由是否充分，查阅内容是否属于利用范围，手续是否齐全完备，然后决定该不该提供利用，提供哪一部分档案，提出处理意见报领导审批。提供利用时，将《审批表》及介绍信留下，办好借阅登记手续后，才能把档案交给利用者阅览。

人事档案一般不外借。在特殊情况下经过批准也可以短期外借，外借时须办理以下手续：

申请借阅者必须持有手续完备的《审批表》或介绍信，由人事档案管理部门审核并经主管领导批准后，才能借出3借出时，要认真登记，除在"借阅人事档案登记册"上逐项登记外，还须填写"人事档案借阅卡片"并将借阅介绍信或《审批表》一起保存，供备查和催办。归还时，应认真检查、清点无误后再在登记册和借阅卡上注销。

4.出具证明和复制档案材料的手续

利用者索取和出具人事档案内容的证明材料，应履行必要的手续。凡符合调查证明材料范围的县级和相当于县级以上党委组织、人事、劳动、公安等部门、人事档案管理部门可以依据利用者的需要，出具证明材料，经领导审阅批准后加盖公章，然后登记发出或直接交给利用者。

档案材料的复制，先由利用者提出申请，说明复制的内容和形式（手抄、复印、摄影），份数和用途，经人事档案部门审核批准后方可复制。复制品应与原件内容一致，注明材料出处，复制日期，必要时加盖公章，以示负责。

查阅人事档案注意事项：

（1）凡要了解员工情况，适宜与本人见面的，可建议直接采访本人，一般不得查阅人事档案。

（2）跨单位、跨系统查阅人事档案，除持完备手续的介绍信或《审批表》外，还必须经人事档案部门主管领导批准。

（3）子女或直系亲属入党、入团、入学、参军、提干、招干、招工、出国等进行审查，需要了解父母和亲属情况的，按有关规定，由员工所在单位的管理部门提供情况，一般不必查阅本人档案。

查阅人事档案，只许在指定的阅档室进行，不准携出室外。查阅档案时，不准议论档案内容、泄露和向外公布档案内容。借出的档案，要妥善保管，严格保密，不得让无关人翻看，未经批准不得复制。凡违犯者应视情节轻重，予以批评教育直至纪律处分。属于假公济私者，按违犯《中华人民共和国档案法》处理。

第七章 会计档案的管理

第一节 会计档案概述

一、会计档案的定义

会计档案是机关、企业、事业单位或其他经济组织在经济管理活动中产生的会计凭证、会计账簿和报表等具有保存价值并作为历史记录保存起来的会计核算专业材料。

（1）会计档案的来源广泛。会计档案的形成者来自四面八方，既有企业、事业单位，又有各种社会组织、社会团体；既有近些年发展起来的个体工商户、专业户，又有中外合资企业等。可以说，凡是有经济活动的地方与单位，就会产生会计档案。

（2）会计档案是会计核算的产物。会计核算是对会计对象进行连续、系统、完整的记录和计算。需要核算的每一项经济活动，必须严格地以凭证为依据，按规定的手续填制凭证，并按照有关政策和制度的规定审核经济活动是否合理、合法；设置科学的账户体系，对经济活动的内容进行归类反映；根据账簿记录，对核算资料进行整理汇总，按照规定的指标和格式，制成具有内在联系的报表体系，作为H常核算的集中和概括。凭证、账簿和报表都是在会计核算活动过程中形成的，是科学地组织会计核算的需要。

（3）会计档案的主要成分是会计凭证、会计账簿和会计报表。除此之外，一般不应属于会计档案的范围。只有通过会计凭证、会计账簿和会计报表这个统一的会计核算体系，才能对企业、事业单位、机关和团体的资金周转活动，进行连续的、系统地、全面的反映和监督。

二、会计档案的特点

会计档案与其他类型的档案相比较，有以下几个特点：

（1）广泛性。从形成会计档案的部门与单位来看，凡是具备单独会计核算的单位，都会产生会计档案。全国能独立核算的单位有几百万个，各级国家机关、事业单位几十万个，各级财政税务机关有几万个，国有企业和行政事业单位有预算会计人员几百万人，这些单位和人员，每天都在发生大量的会计事项，每年产生的会计凭证、会计账簿和会计报表等会计档案以千万吨计，会计档案产生与使用的普遍性，是它的一大特点。

（2）严密性。会计工作有严密的法规和规章制度作保障。会计档案是会计核算的产物，它与会计核算中的每项具体细致工作息息相关，没有会计核算这个环节，也就无所谓会计档案。从会计档案的内容和程序来看，它是先有会计凭证，然后依据会计凭证填写会计账簿，最后根据会计账簿，编制会计报表。在反映经济活动与财务收支方面，一环扣一环，具有连续性且联系十分紧密。一项经济活动或一项财政开支，从其业务发生到结束上报，连续地进行记录，对一连串的数字进行正确的计算、综合和分析，在一系列程序中，会计凭证、会计账簿和会计报表密切相连，不能脱节。这种内容与程序的严密性，远远超过了普通档案。

（3）稳定性。会计系统，包括工业会计、农业会计、商业会计、银行会计、行政事业单位会计等，门类很多，遍布生产流通和非生产流通各个领域。会计档案尽管内容与种类繁多，但是它的基本成分只有3个方面：会计凭证、会计账簿和会计报表。这种成分的稳定性，是区别于其他类型档案的重要标志之一。

三、会计档案的作用

会计档案是在会计工作中形成的，会计工作又是由于管理经济的需要而产生的。因此，会计档案在经济活动中具有重要作用。其主要表现在以下几方面：

（1）提供数据、资料。会计档案可以为制订经济计划、进行经济可行性研究、做出经济决策、领导经济工作提供各种有用的信息，为研究、指导国家经济建设提供可靠的数据和可比性资料，某些会计档案还对国家制定经济政策有重要的参考作用。

（2）提供决策依据。会计档案以大量的原始数据，为各企业事业单位的财务工作和生产经营提供决策依据。

（3）监督作用。会计档案对保护国家财产、监督执行国家财务制度和财经纪律有着重要作用，是查处经济案件、打击经济领域犯罪活动的有力工具。

（4）提供研究史料。会计档案是研究经济发展、总结财政工作的经验和教训的可靠史料。

四、会计档案工作

会计档案管理工作依靠财会部门和档案部门的紧密配合，按照《会计档案管理办法》和《会计人员职权条例》等有关法规的规定，与各级档案部门一道，建立、健全会计档案管理制度，以确保会计档案工作为国家经济建设服务。

1.会计档案工作的管理体制

由于会计档案工作的特殊性和会计档案形成的复杂性，会计档案的管理需要财会部门与档案部门的密切配合。

（1）国家财政部与国家档案局负责全国的会计档案事务。党的十一届三中全会以后，全党工作的重点转移到以经济建设为中心的社会主义现代化上来，会计作为管理经济的重要组成部分，监督经济建设的重要手段，会计档案作为国家经济宏观决策的科学依据，渐渐被人们所重视。1984年4月24日，财政部颁发了《会计人员规则》（以下简称《规则》），对建立会计岗位责任制、使用会计科目、填制会计凭证、登记会计账簿、编制会计报表、管理会计档案、办理会计交接等事项都做了具体规定。《规则》第一次把"管理会计档案"作为会计人员的重要职责之一。同年6月1日，财政部、国家档案局联合制发了《会计档案管理办法》，对会计档案的立卷、归档、保管、调阅与销毁都做了明确规定。1985年1月21日，由第六届全国人民代表大会常务委员会第九次会议通过颁布的《中华人民共和国会计法》，对会计档案管理规定了明确的条款，使我国会计档案的管理纳入了法制建设的轨道。

（2）地方财政和档案业务管理机关对会计档案实行指导、监督和检查。随着国家有关部门对会计档案管理的重视，各省、市、自治区的财政部门与档案部门密切配合，在财政部和国家档案局的领导下，结合有关文件以及各地的特点制发会计档案管理的地方性文件，从而便于实行对会计档案管理的指导、监督与检查。

（3）基层财务会计部门与档案室具体管理会计档案。基层财务科室是直接产生会计档案的部门，它们按照国家财政制度和本单位经济管理的需要，开展各项会计业务活动。由于会计档案形成和管理的特殊性，会计档案在相关年度查考利用率比较高。按照《会计档案管理办法》的规定，当年的会计档案，在会计年度终了后，可暂由本单位财务会计部门保管1年。期满后，原则上应由会计部门移交单位档案室保管。档案室经认真核实、查对，确无任何差错或疑问，办理交接凭证。档案室以及档案管理人员应按照有关规定，严格履行自己的职责。

2.会计档案管理制度

1984年6月1日财政部、国家档案局联合颁发的《会计档案管理办法》，进一步充实和完善了会计档案工作制度。档案管理部门对于违反会计档案管理制度的，有权进行检查纠正；情节严重的，应当报告本单位领导或财政、审计机关处理。

（1）以《中华人民共和国会计法》为准绳，提高法制观念。《中华人民共和国会计法》第十五条规定："会计凭证、会计账簿、会计报表和其他会计资料，应当按照国家有关规定建立档案，妥善保管。会计档案的保管期限和销毁办法，由财政部门会同有关部门制定。"把会计档案作为国家法律规定下来，在新中国还是第一次，把会计档案写进国家法律也是第一次。可见，会计档案管理工作不仅是档案部门的事，而且是财政、会计部门的重要任务。

（2）按照《会计档案管理办法》的原则规定，制定具体实施办法。由于各部门、各地区、各单位的具体情况不同，在具体方法上不可能完全一致，允许有一定的灵活性。例如，中国人民银行系统，参加国家制定的会计制度，自行制定本部门的会计档案管理办法和制度，报财政部与国家档案局备案。对于集体所有制企业、事业单位以及其他类型的组织和个人，他们的会计档案管理办法和制度，由有关主管部门参照财政部与国家档案局的有关规定自行制定。

（3）适应形势发展的需要，不断完善会计档案管理办法。国家建设事业的发展，对经济管理和会计工作不断提出新的要求。一些新技术、新方法日渐引进到经济管理和会计领域，档案管理技术也在发展更新。随着电子计算机在会计工作中的应用，会计凭证、会计账簿和会计报表等会计档案的形式也将发生变化，需要通过调查研究，适时做出会计档案管理的新规定。

第二节　会计档案的收集与保管

政府机关职能的转变，企业经营机制的转变，企业组织形式的多样化，社会财务管理的复杂化，使会计档案的形成、来源非常广泛。要保证会计档案的齐全完整，保证会计数据信息的科学利用，做好会计档案的收集是最关键的环节之一。

一、会计档案收集工作的要求

要使会计档案信息齐全、完整，收集工作必须有以下几点要求：

（1）认真贯彻执行"统一领导，分级管理"的原则。集中统一管理会计档案，是会计档案收集工作最基本的要求，是国家全部会计档案能够实现集中统一管理的基础。《中华人民共和国会计法》第十五条规定："会计凭证、会计账簿、会计报表和其他会计资料，应当按照国家规定建立档案，妥善保管。"由此可见，集中统一管理会计档案，是会计部门与档案部门的基本职责，是受法律保护的。

（2）收集工作要遵循会计档案的形成规律。随着经济建设的迅速发展和经济管理的日趋现代化，会计核算的领域在不断扩大。会计的职能，在我国以公有制为主体的商品经济中的重要地位和作用日渐被认识。我国的会计核算，逐渐冲破传统的事后记录、计算、考核、分析等环节的核算体系。会计档案及其前身——会计文件材料，正是在各项经济管理、生产活动、经营销售、预算决策的会计工作环节活动中自然形成的，有其一定的形成规律。这就要求会计档案的收集工作，必须遵循会计工作各个环节的形成规律，及时收集归档。

（3）收集工作要保证会计档案的齐全、完整和准确。随着科学管理的深入，各单位在制订经济计划，组织经济可行性研究，进行经济决策，领导经济工作对会计信息的数量、质量的要求会越来越高，越来越频繁。为此，会计档案的齐全、完整、准确，是保证会计信息质量的关键。

二、会计文件材料的归档

（1）要明确会计文件材料的归档范围，即哪些单位或部门的哪些材料应该送到档案室归档的会计文件材料，主要来源于财政机关总预算会计、单位预算会计、建设银行会计、机关经费会计、税务机关的税收会计、企业事业单位会计及建设单位会计。会计文件材料的归档范围，主要包括会计凭证、会计账簿和会计报表等会计核算专业材料。而财会部门经办的有关财会工作的方针、政策、制度、预算、计划、工作总结、报告以及来往文书都不属于会计文件材料的归档范围，应按照文书档案管理办法执行。

（2）按照会计制度的统一规定，年终在办理决算以后，会计凭证、账簿和报表应一律归档，统一保存，以备查询。会计文件材料的归档，通常有两种方式可供选择：一种方式是：本年度的会计凭证、账簿和报表由本单位会计部门保管，但在年终决算报上级批准后，会计部门应该编造清册，移交单位的档案室统一保管。另一种方式是：本年度的会计凭证、账簿和报表，可由会计人员自己负责保管，但在年终结算后，会计人员按其业务分工，把自己所保管的会计凭证、账簿和报表，按规范要求初步进行管理，交财务部门档案室统一保管，并指派专人专管或兼管此项工作，会计部门只需定期把其中具有永久保存价值的会计档案交本单位的档案部门集中管理。采用何种方式归档，会计部门应与档案部门协商，从实际情况出发，及时做好归档工作。

（3）要把会计档案的积累和归档，列入会计工作人员的职责范围之内要建立归档制度并明确归档的内容、范围和登记方法。根据会计文件材料形成的具体情况，可把归档或具体的收集渠道落实到人，以保证会计档案的收集质量。具体内容如表7-1所示。

表7-1　会计档案归档范围

		会计凭证	出纳、会计主管
会		总账	主管会计
计	账	现金账	出纳会计
核	簿	银行账	银行会计员
算		各种明细分类账	会计员
		会计报表	主管会计或科长
电算会计	电算会计软件文件 电算会计软盘文件		程序设计员
其他	会计档案鉴定大纲、会计档案销毁清册，会计档案保管期限表		会计档案员

三、会计档案的装具与排放

1.会计档案装具

主要是指用来保护会计凭证、账簿、报表的盛装用具。它既能减少频繁利用存放的机械磨损，又能有效地防光、防尘、防有害气体直接对档案的危害，是保护会计档案的一种较好的办法。

（1）会计档案盒的制作要求。用牛皮纸印刷、折叠而成。它存放整齐、美观、搬动方便。对制作会计档案盒有一定的技术要求，一般应符合下列条件：①制作卷盒的材料要坚固耐用，又要采取防虫措施，在制作时应加一定的防虫药剂。②卷盒应取存方便，减少机械磨损。③卷盒表面要光滑，便于除尘。④卷盒尺寸应以放存案卷方便为准。

（2）会计凭证档案盒。会计凭证档案盒的规格一般为：长25cm，宽（厚度）可分别为3~5cm，高为12cm。总之，会计凭证盒要略大于装订好的凭证。在会计凭证盒的脊背上装上塑料膜，以备往上插会计凭证卡片，卡片上印有"会计凭证、类别、年、月、卷号、保管期限"等项即可，以方便拆换。因为会计凭证保管期限较短，一般不超过15年即可销毁，会计档案盒可以较长时间使用，这样只要按时换去卡片即可继续使用，而且可以节省大量经费。使用时，将印有"会计凭证"字样的一头朝外放入档案架或柜橱内，查找利用十分方便。其外形如图7-1所示。

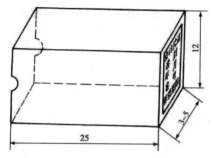

图7-1 会计凭证档案盒

（3）会计账簿档案盒。会计账簿档案盒的规格为：长30cm，宽22cm，高3~5cm。在盒盖翻口处两边的适当位置要设置穿扣，使盒盖能紧扣住卷盒。在会计账簿档案盒的脊背上印上"科目""目录号""案卷号""保管期限"等项即可。存放时，将会计账簿档案盒的脊背向外放入档案橱内，科目醒目，方便查找。其外形如图7-2所示。

（4）会计报表档案盒。会计报表档案盒的规格为：长30cm，宽22cm，高3~5cm，与会计账簿档案盒类似，其外形如图7-3所示。在其封面上印制：编号、密级、年度会计报表、编报单位、单位负责人、会计主管、填报人、保管期限等项。脊背上印制："会计报表""年代""目录号""案卷号""保管期限"等项。如果会计报表较厚，要采取特殊的方法予以保管。

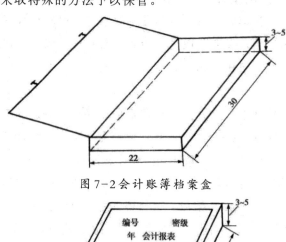

图7-2 会计账簿档案盒

图7-3 会计报表档案盒

2.会计档案的排放

接收入库的会计档案，登记后即可上架入柜固定其存放位置，以便查阅利用。由于会计档案的形成形式大小不一，规格不同，应该从保管条件的实际情况出发，科学地进行排放。档案柜架的排放，应符合下列要求：

（1）整齐一致。会计档案的排列，要整齐一致，横竖成行，如有大小样式不一的会计档案架（柜），应适当分类，尽可能做到整齐美观。

（2）松紧适度。会计档案架（柜）排放，不宜太松或太紧，既要注意最大限度地利用库房面积，又要便于档案的搬运和取放。

（3）统一编号。为了便于库房内会计档案的管理，应将所有的档案架、柜进行统一编号。

会计档案的排放一般有两种方法：

第一种是会计年度排放法，即把一个会计年度形成的全部会计档案分为报表、账簿、凭证、其他4大类，按保管期限降级依次排放。优点是方法简便，一个年度形成的会计档案在一起，便于查找和利用。这种方法适用于会计年度形成档案较少的单位。

第二种是会计档案形式排放法，即全部会计档案，按报表、账簿、凭证、其他4大类分别排放（第二个层次再分会计年度）。优点是形式清楚，排放整齐，便于鉴定销毁，查找利用方便。这种排放法，适合会计年度形成会计档案数量较多的单位。

第三节　会计档案的整理

会计档案数量多、来源广、内容丰富、信息量大。要使这个庞大的信息系统很好地为现代化经济管理服务，必须按其形成规律进行系统、科学的整理。

一、会计档案整理的内容与原则

会计档案的整理工作，就是将零散的和需要进一步条理化的会计文化，通过科学的分类、组合、立卷、排列和编目，组成一个有序体系的过程。会计档案是会计在进行经济管理活动中产生的。而会计工作是由会计设置、会计核算、会计分析、会计检查和会计预测决策5个部分组成的。它们是相互依赖、相互配合、密切联系着的，但又各自具有相对独立性。因此，会计档案整理工作的内容，就是依照会计工作的基本环节，进行科学的分类整理。

整理会计档案必须遵循的原则是：遵循会计档案形成的规律，保持其相互间的有机联系，分门别类，便于保管和利用。会计在其各个工作环节中所形成的会计文件，都有其各自的特点。按其各工作环节的特点，分门别类立卷，具有会计档案整理的科学性，而且便于档案部门管理以及会计和其他利用者利用会计档案。

二、会计档案的分类

会计部门在对经济管理活动中形成大量的杂乱的文件，只有通过科学的分类、整理，才能使之条理化。

会计档案的分类要从各单位的具体情况出发，不能一刀切。目前，主要有以下几种方法：

（1）会计年度——形式（凭证、账簿、报表）——保管期限分类法。这种分类方法，首先应分开会计年度，再把一个会计年度的会计档案按报表、账簿、凭证3种形式成为3大类，然后在3大类内按永久、25年、15年、10年、5年的顺序排列，一年编一个案卷流水号。这种分类方法简便，容易掌握，分类与保管同一，便于查找和利用。这种分类方法适用于单位预算会计、企业会计。

（2）会计年度——保管期限——组织机构分类法。首先按会计年度分开，再把一个年度的会计档案按不同保管期限分工，然后在同一保管期限内，按单位内的组织机构的顺序进行排列（同一组织机构先排报表、后排账簿与凭证），一年编一个案卷流水号。这种方法适用于各级总预算会计单位。

（3）会计年度——会计类型——形式——保管期限分类法。首先把会计档案按会计年度分开，再把一个年度的会计档案按会计类型（税务部门的税收计划、税收会计、经费会计）分设属类，然后按同一属类内的会计档案的报表、账簿、凭证顺序结合保管期限进行排列。这种分类方法适用于专业性强的各级税务机关的会计档案。

三、会计档案案卷质量与调整

按照《会计档案管理办法》第三条规定：整理会计档案"原则上应当保持原卷册的封装""个别需要拆封重新整理的，档案部门应会同财务部门共同拆封整理"。因此，在具体做法上一般不必拆封整理，不另加案卷封面、卷内目录和备考表，也不另编张号，只在原封面中加盖表示档号的戳记。

会计档案的立卷，应遵循经济活动和财务收支规律，由财务部门办理终结后，按照现金、银行存款、销售往来等会计科目装订成册，各类账簿也按科目成册形成案卷，直接成为档案的基本保管单位。在立卷时，一本凭证作为一个保管单位，一本账簿作为一个保管单位。会计报表是将年报、季报和月报分开立卷，同时考虑报表的多少组成保单位。

在装订处理上，凭证、账簿原样不动。对年度决算报表，根据其原来整理装订的具体情况，进行分别的处理和装订。

在整理加工中，对账簿处理有两种方法：（1）对死页账，为了保持原来面貌，不拆去空白页，填好账簿启用表，并在账皮上贴账簿封面卡片。（2）对活页账，填好启用表，拆去空白页，编好页码，前面加账簿封面；后面加备考表，装订好。这样不仅减少体积，并且又易于保管。对于凭证、账簿、报表封面上原有项目没有填清、填全的，要由会计部门的经办人补填。对于破损、缺页、装订不牢固的案卷，应由财会部门负责修补与装订。对于不符合要求的会计档案，档案部门不予接收。

四、会计档案的编目

会计档案经过分类、排列、装订和编号，使之位置固定下来，然后都要登入案卷目录，这就是会计档案的编目。为了保证会计档案编目工作的质量，编制会计档案案卷目录工作，一般由会计部门负责完成，也是会计管理工作的一个组成部分。《会计档案管理办法》第四条规定："当年会计档案，在会计年度终了后，可暂由本单位财务部门保管一年。期满后由财务部门编造清册移交本单位的档案部门保管。"这里所写的"编造清册"就是指编制案卷目录。编制案卷目录方法，通常按会计凭证、会计账簿、会计报表和其他会计资料分别编制目录。保管期限不同的案卷，一般应该分别编制案卷目录，尤其是永久保管的会计档案，应该单独编制案卷目录。

会计档案案卷目录，是按保管单位进行登记编制的，著录案卷内容和成分并按一定次序编排的用于检索的案卷名册。会计档案案卷目录的项目主要有：案卷顺序号、案卷号、原凭证号（或文号）、案卷标题、起止年月日、张数、保管期限、存放位置、备注等。其格式如表7-2所示。

表7-2　会计档案案卷目录

顺序号	案卷号	原凭证号	案卷标题	起止年月日	张数	保管期限	存放位置			备注
							库房号	柜号	格号	

会计档案的案卷目录填写方法如下。

（1）顺序号：指会计档案的案卷目录中顺次排列的序号，用阿拉伯数字填写。

（2）案卷号：每个案卷在该目录内的流水号。一本目录内不能有重复的案卷号。

（3）原凭证号：记账时按科目赋予的凭证编号，无原始凭证号，可填写该凭证册上的编号。

（4）案卷标题：指案卷封面上的标题。案卷标题不能过简，应写成xx单位xx年度报表，××单位××年度经费总账。

（5）起止年月曰：指案卷最早形成年、月、日至最后年、月、日。

（6）件数和页数：件数指会计档案中所保存材料的份数；页数填写案卷的总页数。

（7）保管期限：保管期限指会计档案保存的时间，分为永久、定期两类。定期保管期限分为25年、15年、10年、5年、3年等几种。

（8）存放位置：指会计档案存放库房号、架、格、盒的处所。

（9）备注：需要说明的未尽事宜。

第四节　会计档案的鉴定与销毁

会计档案在立档单位中占有重要地位。它是构成档案全宗的重要组成部分。会计档案的鉴定是一件细致而复杂的工作，必须认真对待。

一、会计档案保管期限的确定

划分会计档案的保管期限，是档案价值鉴定工作的主要内容之一。会计档案的保管期限，根据其特点分为永久、定期两种。原则上按《会计档案管理办法》和3个附件的规定执行，如有特殊需要，可以适当延长保管期限。会计档案保管期限中的永久保管为50年以上，定期保管分为25年、20年、15年、10年、5年等几个层次。各种会计档案的保管期限，从会计年度终了后的第一天算起。

永久保管是指在立档单位会计核算中形成的，记述和反映会计核算的，对工作总结、查考和研究经济活动具有长远利用价值的会计档案，应该永久保管。属于永久保管的会计档案有：年度决算报表、涉及外事和对私改造的会计凭证、账簿等。只在一定时期内具有查考作用的会计档案，可以定期保管。属于定期保管的主要是会计账簿、凭证和月份报表等。

会计凭证，一般情况下不需要永久保管，保管一定时期（例如15年）基本上可以满足查找利用的需要。会计凭证，天天月月产生，日清月结，数量很大，都作为永久保存，既无必要，也不可能。其中，对于涉及外事和对私改造的会计凭证应当作为永久保管。对于未了结的债权、债务的原始凭证，涉及林、地、房产产权的有关货币收支凭证，精简下放、退职回乡、落实政策的支付凭证，工资支付单，对处理历史遗留问题有参考价值的原始凭证等，应适当延长保管期限。

会计账簿，也不需要永久保管，保存15年至25年即可。这主要是因为会计账簿中的一些项目和数字已被会计报表所代替，会计账簿保管一定时期（例如15年至25年）已经很少有人再去查找。

会计报表，其中年度会计报表（决算）需要永久保管。季、月报表，保管3年至5年即可。如果年度报表过于简略或者年度报表遗失，需要季度、月份报表辅助时，季、月会计报表也可酌情适当延长保管期限。此内容的实例可参见表7-3、表7-4。

表7-3 企业和其他组织会计档案保管期限表

序号	档案名称	保管期限	备注
一	会计凭证类		
1	原始凭证	15年	
2	记账凭证	15年	
3	汇总凭证	15年	
二	会计账簿类		
4	总账	15年	包括日记总账
5	明细账	15年	
6	日记账	15年	现金和银行存款日记账保管25年
7	固定资产卡片		固定资产报废清理后保管5年
8	辅助账簿	15年	
三	财务报告类		包括各级主管部门汇总财务报告
9	月、季度财务报告	3年	包括文字分析
10	年度财务报告（决算）	永久	包括文字分析
四	其他类		
11	会计移交清册	15年	
12	会计档案保管清册	永久	
13	会计档案销毁清册	永久	
14	银行余额调节表	5年	
15	银行对账单	5年	

表7-4 财政总预算、行政单位、事业单位和税收会计档案保管期限表

序号	档案名称	保管期限			备注
		财政总预算	行政单位事业单位	税收会计	
一	会计凭证类				
1	国家金库编送的各种报表及缴库退库凭证	10年		10年	
2	各收入机关编送的报表	10年			
3	行政单位和事业单位的各种会计凭证		15年		包括：原始凭证、记账凭证和传票汇总表
4	各种完税凭证和缴、退库凭证			15年	缴款书存根联在销号后保管2年
5	财政总预算拨款凭证及其他会计凭证			15年	包括：拨款凭证和其他会计凭证
6	农牧业税结算凭证			15年	①
二	会计账簿类				
7	日记账		15年	15年	
8	总账	15年	15年	15年	
9	税收日记账（总账）和税收票证分类出纳账		25年		
10	明细分类、分户账或登记簿	15年	15年	15年	
11	现金出纳账、银行存款账		25年	25年	
12	行政单位和事业单位固定资产明细账（卡片）				行政单位和事业单位固定资产报废清理后保管5年
三	财务报告类				
13	财政总决算	永久			
14	行政单位和事业单位决算	10年	永久		
15	税收年报（决算）	10年	永久		
16	国家金库年报（决算）	10年			
17	基本建设拨、贷款年报（决算）	10年			
18	财政总预算会计旬报	3年			所属单位报送的保管2年

续表

序号	档案名称	保管期限			备注
		财政总预算	行政单位事业单位	税收会计	
19	财政总预算会计月、季度报表	5年			所属单位报送的保管2年
20	行政单位和事业单位会计月、季度报表		5年		所属单位报送的保管2年
21	税收会计报表（包括票证报表）			10年	电报保管1年，所属税务机关报送的保管3年
四	其他类				
22	会计移交清册	15年	15年	15年	
23	会计档案保管清册	永久	永久	永久	
24	会计档案销毁清册	永久	永久	永久	

二、会计档案鉴定工作的组织领导与方法

怎样以维护国家利用为前提，从浩瀚的会计档案中区别其不同的保管价值，有着十分重要的意义。

1.组织领导

会计档案鉴定工作责任重大，必须有组织有领导地进行，任何人不得擅自处理。各单位必须成立有主管领导、会计部门与档案部门负责人参加的鉴定工作领导小组，制定鉴定工作方案，学习与贯彻有关规章制度，明确鉴定工作要求、步骤与方法，确保鉴定工作的质量。

2.鉴定步骤与方法

由于会计工作的经济责任性和会计档案内容和成分形成的特殊性、多样性，决定了会计档案鉴定工作的层次性，使会计档案的鉴定分阶段进行。

第一步：初步鉴定。它是在会计核算材料整理过程中由会计人员完成。会计部门在每年的会计年度终了时，要对需要归档的会计材料进行整理、编目、装订，并且根据会计档案管理办法，确定每卷册档案的保管期限。此项工作贵在认真、细致、规范与坚持。

第二步：复查鉴定。档案部门接收会计部门移交的档案后，要定期会同会计人员对已到保管期限的会计档案进行复查鉴定，或延长保管期限，或确定销毁。对某些在初步鉴定时保管期限定得不适当时，可予以纠正。

第三步：销毁鉴定。对保管期满可以销毁的档案，由档案部门提出意见，再由会计部门与档案部门共同鉴定。经认定，确无继续保存价值时，造具清册，经

过批准可以销毁。

3.鉴定工作的要求

鉴定工作的要求包括：（1）认真做好鉴定与销毁前的准备工作。建立与健全鉴定工作制度，做好档案部门与财务部门的沟通与交流。（2）形成制度，定期会审。（3）对判定保管期满会计档案的价值时，其中涉及外事、未了债权债务的原始凭证以及历史遗留问题有重要参考价值的原始凭证与名册，要拣出重新立卷，由档案部门保管到确无保管价值再销毁。

三、会计档案的销毁

这是一项既严肃、谨慎，又必须办理的重要工作。

1.会计档案销毁清册的编制

《会计档案管理办法》规定：会计档案保管期满需要销毁时，由本单位档案部门提出销毁意见，会同财务会计部门共同鉴定，严格审查、编造会计档案的销毁清册。它是指会计档案超过其保管期限，经鉴定后对失去保管价值的会计档案所编制的目录名册，它作为被销毁会计档案的依据。其格式见表7-5。

表7-5　会计档案销毁清册

案卷号	单位	类别	案卷标题	所属年月	会计专业编号	页数	保管期限	鉴定日期	销毁日期	备注

2.会计档案销毁审计报告的编制

会计档案销毁审计报告，是指经过鉴定对需要销毁的会计档案的各类情况进行汇总，上报单位领导、上级主管部门以及上级财政部门和档案部门审批，且由监销与销毁人员签名盖章的责任报告。其格式见表7-6。

表7-6　会计档案销毁审计报告

经会计档案鉴定小组于年月日鉴定后，共清理出无保存价值的会计档案卷，应予销毁，请审批。					
单位名称＿＿＿＿＿＿＿＿　　　　　年　月　日					
会计档案	起止卷号	共计册数	起止年度	应保管年限	已保管年限

主管部门审批意见： 年 月 日	本单位领导意见： 年 月 日
财务部门审批意见： 年 月 日	档案部门审批意见： 年 月 日
监销人签名：	监毁人签名：

各单位按规定销毁会计档案时，应由档案部门和财务会计部门共同派员监销。各级主管部门销毁会计档案时，还应有同级财政部门、审计部门派员参加监销。集体所有制单位必须由主管部门派员监销。各级财政部门销毁会计档案时，由同级审计机关派员参加监销。

第五节 会计档案的提供利用

在众多的会计档案中，怎样选择经济管理中所必需的会计档案信息为领导决策服务呢？这就需要做好会计档案信息的开发利用工作。

一、开发会计档案信息资源的途径

会计档案是各单位的重要档案之一，它以其丰富的原始数据，为企业编制计划、改善经营管理、预测经济前景，为领导决策、提供全面和可靠的信息。在企业管理中，做好会计档案信息的开发，尤为必要。

（1）依据会计档案信息，制定科学的承包方案。会计档案是企业单位经营管理活动中形成的，它真实客观地记录了企业历年来经济活动的全过程和各个经济环节上的活动情况。根据这个信息系统，对企业的经济活动过程加以对比分析，从而得出带规律性的有量化概念的结论。这种依据客观规律和大量原始材料得出的结论，是制定承包方案的科学依据，它能使承包方案更加切合实际。

（2）利用会计档案，加强成本管理，参与决策。随着改革的深入，正确处理好生产成本与消费者利用的关系，依据会计档案提供的信息，生产适销对路的产品，以适应市场需求。

（3）其他。此外，可开发的内容还有：依据会计档案，制定科学的投标方向；开发会计档案信息，加强企业科学管理学。

二、会计档案的检索工具

会计档案的检索工具，主要有会计档案案卷目录和专题目录。案卷目录的编制方法大体有以下几种：（1）编制会计凭证、账簿、报表三者合一的会计档案案卷目录；（2）分别编制会计凭证目录、会计自由式簿目录、会计报表目录；（3）分别保管期限编制不同的会计档案案卷目录。一般情况下，以第3种方法为好，其优点是与会计档案的排列、编号一致，既有利于保管，又便于移交和销毁档案。案卷目录式样，见本章第三节。

专题目录，则是根据编制长远规划和国家经济建设的需要，将历年案卷目录中的有关生产、基建、供销、经费、财务决策及其说明等按专题编制的目录。

三、会计档案编研工作

利用会计档案从事编研工作，是一项行之有效的利用方式。

（1）基础数字汇集。它是利用会计档案中各方面数据信息，将立档单位的经济管理活动的数据，按若干项目汇集成册，以供领导与财会人员全面、系统地掌握情况。

（2）重要数据汇集。这是一种简单的又比较重要的编研材料。具体见表表7-1。

表 7-1

年代	数量（万元）	项目	总产值	实现利润	上缴利税	工资总额	奖金总额	产品成本	企业留利	人均产值

（3）阶段性资金分析表0它可使领导从某一阶段企业经营情况来研究企业的经济发展概况，或与某一阶段企业经济活动规律进行对比，以总结企业发展或经营的经验教训。

（4）企业历年经济效益曲线图。横坐标为年度，纵坐标为企业经济效益，每年的经济效益在平面上对应一个点，将这些点用线段连接起来，形成曲线图，从而可以直接从曲线上看出企业经济效益发展的变化规律。

四、提供利用会计档案需注意的问题

（1）建立、健全会计档案的借阅制度。要对会计档案的利用范围、利用方式、批准手续，以及归还案卷的检查，做出具体规定并认真贯彻执行。

（2）严格借阅手续。本单位人员因工作需要借阅会计档案，要经会计主管人员同意。外单位人员查阅会计档案，要有正式介绍信，经会计主管人员或单位领导人批准后，在指定地点查阅。调阅档案的人员，均需填写"调阅会计档案登记簿"，登记调阅者的姓名、工作单位、调阅理由和所调档案的名称、日期等。调阅人员一般不得将会计档案携带外出。

（3）确保会计档案原件的完整和安全。无论何人查阅会计档案，均不得在会计档案上做任何标记，不得折叠、涂改和污损，更不能拆毁原卷册，抽换会计凭证和账页，不得造成遗失和泄漏事故，违者应视情节轻重进行严肃处理。

（4）对复制、摘抄会计档案材料严格审查把关。利用者需要复印、复制、摘抄会计档案时，需事先征得档案保管人员审查签字，并经财会部门主管负责人审查批准后才能交付利用者。工商、税务、司法等机关需要以会计档案作为凭证时，可以出示复印件，加盖会计档案管理部门证明章，不得拆卷，更不能带走原件。

会计档案提供利用时，档案管理部门与会计主管部门应注意收集会计档案提供利用的效果，并把利用效果反馈的具体情况，包括利用目的、利用卷次及人次、解决问题的程度、社会效益和经济效益以及尚待解决问题的难点等等，逐一详细地登记在"利用效果登记簿"上，以便及时总结会计档案提供利用工作中的经验与教训，进一步改进会计档案管理工作。

第八章　音像档案的管理

第一节　音像档案概述

一、音像档案的含义

随着社会的发展和科学技术的进步，人类不仅可以采用文字记载的手段反映自然现象和历史事件，而且还可以采用各种音像记录手段，直观、形象地反映政治、经济、军事、外交、科学、教育、文化、艺术等领域的活动，从而形成了与纸质的文字档案相并列，载体形态特殊的声音、影像档案，简称音像（声像）档案。

与具有1000多年历史的纸质的文字档案相比，音像档案形成的历史显得很短。在我国，到19世纪中叶摄影技术才开始流传，照片档案只有140年左右的历史，声音档案则是20世纪初才开始形成。随着科学技术的飞速发展，音像档案发生了很大的变化：声音档案由唱片档案发展到磁带录音档案，而影像档案则由照片档案发展到录像档案和激光电视唱片档案。前者是声音档案在存储介质上的进步，而后者则远远超过了图像档案的定义，是声音和影像二者的结合。

关于音像档案的定义，国际档案理事会编制的《档案术语词典》中的表述是："任何形式的图片和（或）听觉形式出现的档案"。法国档案馆委员会1985年的解释是：复制在任何载体上的、由静止或活动图像和声音组成的文件。我国2001年颁布的档案行业标准《档案工作基本术语》对音像档案的定义为："记录声音或影像的档案，包括照片、影片、录音带、录像带等"。而将档案定义为："国家机构、社会组织或个人在社会活动中直接形成的有价值的历史记录"。

上述有关音像档案定义的表述，其基本含义包括以下几个方面：

（1）音像档案是各种机构、组织和个人在社会活动中积累而成的。随着摄影、摄像、录音、录像设备和技术的普及，音像档案的形成具有一定的普遍性和广泛性，其形成者不仅仅是宣传、新闻、广播、电视、文化艺术等专业单位和部门，还包括社会各机构、组织和个人。从法律的意义上说，音像档案是法人和自然人在其自身活动中形成的，能证明其法律或事务活动的各种音像材料，而且应当受到法律的保护。仅就音像档案的来源而论，它既包括"法人"，即依法成立并能以自己的名义行使权利和承担义务的各种组织；也包括"自然人"，即基于出生依法享有权利承担义务的个人。

一般来说，各个法人和自然人，特别是各种机关和团体，只要进行活动，总会产生活动的音像记录，这种音像记录的产生和积累，始终根源于各种机构或个人所进行的职能活动。

（2）音像档案信息的记录方式和载体是多种多样的。科学技术的进步，使声音和图像的记录方式和手段不断发展并呈现出多元化的态势。感光记录、磁记录和激光记录等，可根据需要和可能进行选择，其载体形式也较为丰富、有胶片、磁带、磁盘、光盘等，具体呈现为照片、影片、录音带、录像带、激光盘片等各种视听形态。

（3）音像档案必须辅以文字说明。音像档案是以记录音像的特殊载体为主、文字说明为辅的一种历史记录，文字说明在音像档案的构成中是不可缺少的要素。文字说明是画面、音响、形象的译写，如果没有文字说明作补充，就使人无法了解音像档案所反映的时间、地点、人物、事件、背景等具体情况。所以，音像档案除胶片、磁带、磁盘、光盘等特殊载体外，还必须辅以纸质载体的文字说明作补充。就档案的载体而言，音像档案是由特殊载体和纸质载体共同组成的多载体档案。

二、音像档案的特点

（1）具有明显的形象性和直接感受性。一般的文字档案很难有音像档案那种给人以活灵活现的感觉，有些自然现象或社会活动和事件，通过文字甚至是连篇累牍的文字都难以表达清楚。然而，通过音像记录手段，以摄影、录音、录像等形式表现事物，则使人宛如"身临其境"。音像档案是以画面、声音的可视可听功能逼真、生动地展现在利用者面前，便于利用者回忆、分析、对比、观察、测听、研究和揭示有关问题。音像档案的形象性与直接感受性超过其他类型的档案。

（2）具有强烈的时间感和空间感。音像档案由于依赖于先进的科学技术和快速的传递手段，它的时间感和空间感比一般档案强烈，并可以进行超越时空的远距离传递，这是一般档案所望尘莫及的。

音像档案记录了一瞬即逝的声音、面貌，日后可以再现当时的时间、空间、环境、氛围以及人物与事件，可以将人们引向对历史的深切怀念或者使人们对历史有更深刻的认识。1949年9月21日毛泽东主席在第一届全国政协会议上发出的"中国人民从此站起来"的洪亮声音，同年10月1日又在天安门广场举行的开国大典上庄严宣告："中华人民共和国，中央人民政府，今天成立了"的声音，至今听来依然逼真如初。

（3）具有易复制性和可转移性。纸质档案的书写记录与书写载体间的关系是难以分割的，而记录在音像档案载体上的信息，可以复制、转录到感光胶片、磁带和光盘上。此外，作为音像档案载体的磁带还可以用来多次记录，而原件与复制件的区分则十分困难。

随着科学技术的发展，胶片、磁带、磁盘、光盘等所记录的音像信息的复制、转移愈来愈方便、快捷。一方面，为利用者带来了极大的方便，而另一方面，却使鉴定、区分原版磁带与制作精良的磁带复制件、原版底片与制作精良的翻版底片的工作增加了难度。

第二节　音像档案的管理

一、唱片档案的管理

1.唱片档案的构成和种类

唱片是利用机械录音的方法，把声音存储在片状圆盘的密密的声槽中，使用时再用唱机将声槽中存储的声音发放出来的录音载体。

唱片档案主要形成于文化、教育、艺术等部门，一般由金属模板、唱片、纸质文字材料等构成。

（1）金属模板：用录制片电铸成形，再经翻铸制成。金属模板有三种：初次副模、初次正模和二次副模，简称一版、二版、三版。一版、二版作为永久保存录音档案的材料，而三版通常用来制成人们常见的唱片。

（2）唱片：用金属模版进行压塑与注塑制成。

（3）文字材料：包括纸质的文字记录、唱词、乐谱以及其他声音的内容介绍。

2.唱片档案的整理

唱片档案按制成材料可分为金属模版、唱片和纸质文字材料两大类，应对它们进行分别整理、保管。

金属模板按版次分别入库，按生产的片号、版号分类排列保管。

唱片按片种（粗纹、密纹、立体声）、规格（尺寸、胶板、薄膜）、内容分类整理、保管。

纸质文字材料（乐谱、唱词、说明等）不要和唱片紧贴在一起，可放在唱片封套与外包装袋之间。

档案部门在接收唱片档案时，要同时检查是否有文字记录材料，在听音检查时，要核对原文。

3.唱片档案的保护

唱片档案的保护，主要分为金属模板的保护和唱片的保护两种。

（1）金属模板的保护。唱片的金属模板大多是用铜、镀有镍的铜或是镀镍再镀铬的铜制成的金属圆盘，厚1~2mm，上面刻有声槽以记录信息。制作金属模版的材料机械强度要好，一般应不易破裂和变形，但这些材料的化学稳定性差，易氧化腐蚀，尤其是铜更容易腐蚀。如果金属模板受到腐蚀，就会破坏声槽，从而使声音失真，甚至消失。因此，金属模版的保护，主要是防止金属的腐蚀，其做法是：

①消除腐蚀电池的电动势，做好模版的清洗工作。

②使用缓蚀剂，延缓模版的腐蚀过程。

③去氧包装，将模版密封存放。

④使用防腐蚀剂，提高模版的贮存质量。

（2）唱片的保护。唱片是由经过加热软化的氯乙烯—醋酸乙烯共聚树脂热压而成。唱片加工工艺精密，材料韧性强，但容易损坏。如果在放音时唱片的杂音大大增加，即表示唱片的寿命将要结束。唱片寿命的长短与保护有很大关系，下面介绍几种常用的保护方法：

①防尘。取放唱片时，用手拿住唱片的边缘部分，尽量不用手指触摸唱片的任何一条沟纹，以免在唱片的声槽中留有灰尘和污物。使用后的唱片应该及时地套入封套内。

②清洗。若发现唱片表面积存尘埃，可以用柔软的绒布或软刷顺着唱片上声槽的方向轻轻拭拂，切忌用纯酒精或汽油擦刷，以免唱片受损。如有条件，可用蒸馏水冲洗，水干后再将唱片装入封套中。

③防潮。唱片遇冷变硬，受潮发霉。唱片应放在干燥通风处，室内相对湿度应保持在45%~65%之间。如果唱片出现轻度发霉，可用体积分数分别为50%的工业酒精和50%的蒸馏水溶液洗涤。

④防热。唱片遇热会变软，严重受热时甚至会使声槽变平甚至失去作用唱片宜存放在阴凉地方，室内温度在15~25℃为宜。

⑤竖放。唱片要竖放在支架上，并适当夹紧，不得东倒西歪，否则容易变形。

⑥选择合适的针压。放音时，唱片的针压太大或太小都会损伤唱片和影响放

音音质。一般国产普及型电唱盘的针压使用范围为0.06-0.12N。

⑦选用合适的唱针。唱片有粗纹、密纹和立体声三种，唱针不宜混用，否则极易损伤唱片。唱针用久了会磨损，磨损严重的唱针或损坏后的唱针必须及时更换，否则会严重损伤唱片。

二、磁带录音档案的管理

1.磁带录音档案的构成

磁带录音档案是国家机构、社会组织及个人在社会活动中直接形成的、有保存价值的以磁带为载体、以磁性录音为主要方式的历史记录。

磁带录音档案由录音磁带及文字说明构成。

（1）录音磁带。它是记录声音的磁带录音载体，可通过放音设备把声音放出来。录音磁带体积小、重量轻、携带、使用方便。

（2）文字说明。它是帮助利用者在磁带不放音的情况下，了解录音磁带内容的纸质文字材料，例如乐谱、唱词、解说词及讲话、报告的文字稿本等。

2.磁带录音档案的收集与归档

（1）磁带录音档案的收集。档案部门应按照磁带录音档案形成的规律，通过例行的接收制度和征集办法，把分散在各机关和个人手中和散失在其他地方的磁带录音材料接收、征集、集中起来，妥善保管。档案部门还要经常向有关人员宣传磁带录音档案工作的基本常识，防止在未经审查和批准的情况下，把反映立档单位重要活动的有保存价值的有关会议、报告、讲话、演讲等录音磁带很快消磁，造成不可弥补的损失。

（2）磁带录音档案的归档。磁带录音档案也应与其他档案一样，凡具有保存与利用价值的都应按照归档制度的要求交档案部门统一保管。具体方法如下。

①录音磁带归档时，归档人应填写登记表（簿本式、卡片式均可），登记表记载磁带录制的有关情况，如单位、地点、作者、内容、开始语、结束语、节目时间、盘数、使用机器型号、磁带号、技术质量、录音人员、检查人、审听意见（如是否留存、限播、广播、交换）、批准人和磁带消磁次数等。有关磁带内容的纸质文字材料应与磁带同时归档。

②录音磁带归档时，接收人首先要进行验收。验收的手续是：先检查录音登记表中各项内容是否填写清楚，手续是否完备；随后根据其文字材料听音，校对录音档案的内容和录音的技术状况，符合要求方可签收。保存磁带录音档案的部门应备有听音室及有关音响设备，在接收时要进行几种性能检查：一是物理性能检查。检查磁带的机械变形、拉伸变形、耐温耐潮性能、层间黏着性、磁性层耐磨性以及磁粉是否脱落等现象；二是磁性能检查。磁性能是磁带的重要指标，应

用磁性参数测量仪器测量磁带的磁性能参数；三是电磁性能检查。检查磁带相对灵敏度、磁带最高磁率、频率特性、信噪比和失真度等；四是对消磁情况、复制效应进行测试检查。

3.磁带录音档案的分类与编目

（1）磁带录音档案的分类。在一般党政机关、企业单位磁带录音档案形成数量不多，而且内容也比较单一，多为会议、报告类，因此，可不必分类。在广播电台、电视台、艺术团体、高等院校、科研部门，若磁带录音档案形成数量较多，可按内容分类。通常是按思想、政治、文学艺术、科学教育分为若干类别，必要时还可再分为若干小类。分类时应把长久的与短期的分开，把机密的与一般的分开，把不同版种（原版、复版、播出版）分开。

（2）磁带录音档案的编目。磁带录音档案的分类、排架、登记与编号等应相互协调，取得一致，以便保管与利用。档案部门对已验收并经分类准备入库的磁带录音档案，应建立登记入册的制度。若磁带录音档案数量少、内容单一并未进行分类，只建立总登记簿即可。总登记簿对磁带录音档案可按收到的先后顺序入册，其内容包括：编号、归档日期、内容、责任者、机器速度、录制单位、录制地点、技术状况（消磁情况）、数量、备注等项目。

磁带录音档案应装在特制的盒内或套内，在盒（套）外面要贴上标签，标签上注明该录音磁带的题名（内容）、讲话人（演唱人）、录制日期、卷（盘）数、编号、带长、时间等项目。盒（套）内要附有纸质文字材料，磁带的编号与纸质文字材料的编号应统一，同一内容的录音分录（装）若干卷（盒）的，要统一编号，对每一卷（盒）还要编分号，以免遗失。

4.磁带录音档案的鉴定与消磁

档案部门在接收磁带录音档案时，必须对其保存价值进行鉴定，对某些没有保存价值或载体质量有明显缺陷的，可以提出处理意见。但一旦被接收存入档案部门，便不能轻易消磁。磁带录音档案消磁，必须履行消磁（销毁）手续，必须十分慎重。一般做法是：档案部门先提出消磁（销毁）意见，并列出拟消磁（销毁）的磁带录音档案清册（目录），然后征求相关业务部门的意见，取得同意后，再送主管领导审批，批准同意后，档案部门在登记目录中注销，将审批意见和消磁（销毁）清册存档，最后组织人员消磁。

磁带录音档案在保管一段时间后，要进行复查，有些磁带录音档案内容重要，为了长久保存，需要复录。有些已失去继续保管价值的，履行一定的审批手续后可以消磁。

5.磁带录音档案的保护

接收入库的磁带录音档案，对于盘式磁带要装入特别的磁带盒内，盒内要有固定盘心的定位装置。磁带装入盒后应松紧适度，不应过紧，磁带盒应有一定的硬度，以防变形。对于已有包装的盒式磁带，可免去重新包装。磁带录音档案的保护条件及方法，主要有以下几种：

（1）适宜的温湿度。磁带受潮容易变形，因此要防潮，但库房也不要太干燥，太干燥则易使磁带变脆。库内温度保持在15~25t相对湿度保持在45%~60%为宜。库房内应有空调和去湿（干）设备和温湿度测量仪器，以便随时记录和调整温度、湿度、及时改善库房的环境与条件。

（2）远离磁场及有害气体的场所。保存磁带的库房，要避开磁场强度为300。以上的磁场，若超过此值，磁带信息有可能丢失或破坏。也不要将磁带放置在对塑料有害的液体和挥发性液体的地方。

（3）防抹措施。盒式磁带长期保存时，要将"防误抹片"拆掉，以防误抹。

（4）保持清洁。库房内必须采取防尘措施，使空气净化。要经常保持清洁卫生，对长期保存的磁带档案，在磁带盒外面还可再套上塑料袋将其封闭起来。

（5）定期检查。长期保存的磁带应每隔半年左右重绕一遍，以防磁带粘连、变形。倒带时，遇到断接处可用清洁溶剂"苯"清洗。倒带的转速以2m/s左右为宜。

三、照片档案的管理

1.照片档案的构成

照片档案是国家机构、社会组织及个人在社会活动中直接形成的、有保存价值的以感光材料为载体、以摄影为主要反映方式的历史记录。

照片档案由底片、照片及文字说明等构成。

（1）底片。底片可分为原底片和翻版底片两种。原底片是照片在形成过程中最初产生的，是照片档案的最原始材料。翻版底片，又称复制底片。复制底片的目的，除了保护原底片以外，还在于弥补缺损或遗失的底片。一旦原底片损坏或遗失，就可以用翻版底片替代，并作为照片档案保管。

（2）照片。照片是通过底片洗印而成的。照片图像清晰，便于辨认、识别底片所揭示的内容，便于计算机扫描复制等直接利用。此外，当底片损坏或遗失时，还可依据照片翻拍。

（3）文字说明。照片上所显示的只是事物的一个或几个片断或方面，它所反映和表明的事实具有一定的局限性，需要辅以文字说明予以补充。文字说明的内容，包括时间、地点、人物、事由、背景、摄影者等六要素。

2.照片档案的种类

可以按不同的分类标准或角度进行划分。按照照片档案所反映的内容，分为以下三大类：

（1）公务类照片档案。公务类照片档案是记录和反映国家机构、社会组织或个人公务活动的某个（些）重要场面的照片档案。

（2）科技类照片档案。科技类照片档案是记录和反映自然界中各种现象的某一瞬间、某一过程的照片档案。

（3）艺术类照片档案。艺术类照片档案由摄影造型艺术照片筛选而成，包括人像、风景、花卉、动物照片档案以及经过加工的历史文物、工艺美术品照片档案。

3.照片档案的收集

批量的照片档案，主要来源于通讯社、报社、画报社、电视台等专业部门。党政机关、群众团体、企事业单位也形成一些照片档案，例如各种会议类、典礼类、仪式类、外事活动类等等。随着摄影设备和技术的普及，照片档案的形成量越来越多，将分散和散失在单位和个人手中具有保存价值的照片、底片及文字说明收集起来，是管理好照片档案的前提。照片档案的收集，主要是通过接收各立档单位和个人归档的案卷来实现的，收集的措施和方法主要有以下几方面。

（1）建立健全照片档案的收集网络。档案部门应按照照片档案的形成规律，根据机构设置和职能分工情况设立专、兼职档案员，采取措施引导与控制照片档案的形成、流向和收集。

（2）建立健全照片档案的归档制度。档案部门要对照片档案的归档时间、归档范围、归档份数、归档要求和手续等做出明确规定，并列入有关部门和人员的职责范围，确保归档工作的常规性、制度化。

（3）有重点、保质量、精心细致地接收照片档案。档案部门首先要明确接收的侧重点，凡反映本地区、本单位基本历史面貌、发展情况的照片；反映历代村镇、市政建设变化、名胜古迹、历史文物、衣物衣着、自然风光、地形地貌的照片；反映重要社会活动的集会、游行、刊物、标语、漫画等的照片；著名人物的照片，如革命领袖、革命先烈、战斗英雄、劳动模范、党政主要负责人的照片以及历史上有影响的人物的照片等都要作为照片档案重点接收。

在接收照片档案时要重视质量，发现问题应及时补救。照片一般是真实的，但也有弄虚作假的现象，档案部门要有验收制度。尤其对底片要仔细检查，发现毛病，及时整修。遇有比较珍贵的有保管价值的底片，尽管有一定缺陷，也要妥善保管，不得随意处理。

（4）采用翻拍、补拍技术，丰富照片档案。档案部门对于有保管价值的历史照片，可以组织人员进行翻拍补拍。翻拍对象可以来自各个方面，对个人收藏的珍贵历史照片，经收藏者本人同意，即可进行翻拍。对画报、书刊中涉及本地区本单位基本职能和历史情况的照片和有助于本地区本单位改革与发展的照片，均可以翻拍，这是弥补照片档案收集不足而采取的一种特殊措施，但不必也不可能把大量的翻拍片作为档案保存。

4.照片档案的整理

照片档案的整理，应遵循有利于保持照片档案的有机联系，有利于保管、便于为用户提供服务的原则进行。照片档案整理的要求是：底片按底片号顺序插入底片册，单独整理和存放。照片和相应的文字说明要组成案卷（保管单位）；案卷题名应概括案卷内全部照片的基本主题；档号编制规范、准确，不得出现重编、漏编及空号现象；说明书写格式正确、项目齐全，能准确揭示照片的内容；案卷装订美观、有卷内目录和卷内备考表；有完整、准确、符合标准格式的案卷目录。

（1）照片档案的分类。对照片档案分类，一般先将其分为底片和照片（含文字说明）两大类，然后根据馆（室）藏情况，选择合理，适用的分类标准，再分别对底片和照片进行细分。

①底片的分类。可以按制成材料分类，分为软质底片和硬质底片；也可以按尺寸大小分类，2英寸、4英寸、特大号各为一类；还可以按照片形成的时间（年度）分类。底片按制成材料和尺寸分类，保管起来比较方便，可按统一规格制作照片档案的装具——盒、箱、柜。这种分类适用于产生底片较多的情况。

②照片的分类。照片一般应在全宗内按年度一内容（专题）分类，也可考虑与馆（室）藏纸质档案的分类方法（标准）保持一致，形成一一对应的分类体系，便于提供利用。分类方法（标准）一旦确定，应保持相对稳定，不得随意变动。

（2）照片档案的立卷。照片分类以后，应将照片组合成案卷。一般情况下，同一内容的照片组为一卷，内容相近的也可组为一卷，每卷不宜超过30张芯页。

卷内照片的排列，一般按时间顺序或重要程度依次进行排列。照片档案案卷内应含卷内目录、照片芯页和备考表。照片与文字说明固定在芯页的正面（装订线在左侧），芯页的规格为297mm×210mm。

（3）照片档案的编目。照片档案应按照《照片档案管理规范》的要求，填写案卷目录、卷内目录、卷内备考表。卷内目录以照片的自然张或有总说明的若干张为单元顺序填写。

底片较多的单位，对底片进行分类后，要编号登入目录登记簿中。一张底片或一组相关的底片为一个保管单位，编一个底片号。如果是一组底片，在底片的顺序号后面还要编一个分号，例如：996—1、996—2…，其中996为底片号，—1，—2为分号。底片号是在全宗内编的流水号，格式为全宗号一底片号，如12—996。若只有一个全宗，全宗号可省略。

底片目录登记簿包括以下几个项目：分类号、底片号、简要内容、拍摄者、拍摄地点、拍摄时间、底片数量、技术状况、底片来源、归档日期、归档人、备考等。其中底片号是上述项目中最重要的一项。

对接收或移交来的照相册，不要轻易拆掉，而应进行登记入册与整理加工，注明形成单位、时间、数量、作者和相对应的底片号。底片号编写在乳剂面的右上角。由于底片是装入纸袋中保管的，因此要用打号机在纸袋外面同时打上对应的底片号。

5.照片档案的保护

（1）底片的保护。底片是照片的本源，没有底片，就没有照片。底片如果损坏，很难修补，因此要十分重视底片的保护。有条件又有必要的单位，应建立符合《照片档案管理规范》要求的照片档案库房，不具备条件的单位，也应选择温湿度比较适宜的房间作为保存照片档案的场所，至少要有专门的柜、箱等装具来保管照片。

①底片库房。底片是化学感光材料，极易引起化学变化和自毁。此外，它又属于胶质材料，极易起火、溶化和变质。因此，收藏底片的库房要干燥、凉爽。库房的温湿度要

适于底片的保管，适宜的温度为13~15℃，相对湿度为35%~45%。

底片库房对清洁卫生的要求较高。底片表面的薄膜容易损坏，稍不小心就会划伤。一粒尘土若落在薄膜上，放在出来的照片就会显示伤痕、白点，影响照片的质量和效果。因此，在接触和保管底片时要格外小心、细致，并做到清洁卫生。

底片入库前要进行水洗处理，库房要注意防火、防尘、防光、防污染。

②底片装具。底片和照片不要装入同一纸袋内，以免底片受潮时与照片黏合。在接触底片的纸张、装具中，可以喷射质量分数为0.05%的五氯苯酚溶液，防止发霉，以延长底片的保管期限。

保管底片可采用活页本装袋方法，每本若干页，正反两面都可以装底片；四面包封防止灰尘进入，使用也较方便。底片应竖放，彩色底片和黑白底片装入不同纸袋，另行编号，顺序排列。

底片袋是用透明的中性纸和中性胶粘剂制成的80mm×100mm或相应规格的纸袋，底片册是由297mm×210mm的插袋式芯页制成，用于贮存单张底片，底片盒用95mm×95mm的纸盒，用于贮存大张底片。

（2）照片的保护照片收藏采用质地坚实、柔韧、不易起毛并无化学作用的相册，或固定在质量上乘的中性纸上，活页装订，装入卷盒。卷盒可仿照文书（科技）档案卷盒的规格，便于库内档案排架整齐划一。

6.照片档案的考证与价值鉴定

（1）照片档案的考证与鉴别。照片档案，尤其是形成时间较长久的照片档案，

要对其进行准确的判别是有一定难度的。为此，应通过以下几种方法进行考证：

①查核文字档案与史料考证鉴别；

②实地考察调研考证鉴别；

③咨询、座谈考证鉴别；

④对照、比较考证鉴别。

（2）照片档案价值的鉴定。确定照片档案的价值，既要考虑其现实与历史价值，还要考虑其艺术与技术价值。以下几个要素可作为鉴定时的参考：

①照片形成的年代；

②照片反映的内容；

③照片的制成材料；

④照片的技术质量。

照片档案的保管期限。归档保存的照片档案的保管期限，一般划为永久保管或长期保管比较妥当。购进的或外单位赠送的照片，如果和本地区、本单位的工作无直接联系，只是作为互相学习、宣传交流情况之用的，则应作为资料存放。

四、磁带录像档案的管理

磁带录像档案是国家机构、社会组织和个人在社会活动中直接形成的，有保存价值的，以磁带为载体、以磁性录像为主要方式的历史记录。

磁带录像，从表面上看也是电磁转换，和磁带录音过程相似，但由于人们的视力较听力灵敏得多，要求视频信号在频带宽度、时基抖动等方面高于音频信号，因此录像技术也比录音技术复杂。录像机是现代技术的缩影，它集中了电、磁、声、光领域的最新成果，是现代磁记录技术、电子技术、计算机技术和精密加工制造技术综合发展的产物。

磁带录像档案的构成与磁带录音档案基本相同，在收集与归档、分类与编目、鉴定、保护等方面也大体一样。因此，关于磁带录像档案的管理方法不再叙述。若有需要，可参见《磁带录音档案管理》。

第九章　电子档案的管理

第一节　电子文件概述

电子文件是以数码形式记录于磁带、磁盘、光盘等载体，依赖计算机系统阅读、处理并可在通信网络上传输的文件。

人们在计算机屏幕上看到的由文字、图形等构成的电子文件形态只不过是电子文件的某种输出形式而已，在计算机内部，无论是传输还是存储处理，电子文件均是以数字编码的形式存在。在计算机多媒体技术的支持下，电子文件还可以包括声音、影像等多种形式。不过这些信息形态就计算机内部处理来说，也都是二进制的数码而已，只是在输入和输出时，才有其各自的特殊形式。

一、电子文件的产生

电子文件是计算机技术与通信技术在科研、生产、商贸管理等领域应用的产物，早些时候，人们大多使用"机读文件"这一概念，近几年来渐渐被"电子文件"取代了。

在计算机应用的初期，即20世纪70年代之前，人们还只是把计算机作为某些工作环节中使用的辅助性工具，应用面较窄，作用也有限。到了20世纪70年代末情况就发生了较大的变化，计算机应用开始向广泛的领域发展，而且逐步向工作的各环节渗透。随着计算机存储技术、运算速度与网络技术的突破，一些国家的政府部门实现了办公自动化，例如20世纪80年代瑞典、挪威等北欧国家的某些政府机构的办公过程实现了计算机化，每年一个部级机关产生数万份计算机文件（当时称机读文件，我国在20世纪90年代中期达到这一水平）。计算机从辅助性的工具很快发展成一种工作环境，并伴随其应用的普及而演变成一种工作方式。过去用纸墨、照相形成和人工传递的政府机关公文以及图书、图样、图形、影像、文献资料、科技情报、商业信息等，现在都可以用计算机进行处理。

20世纪90年代初，随着人们对计算机环境下产生的电子文件的认识的逐步深入，人们发现只用"机读"二字已无法描述电子文件的本质特性，因而转向了以文件存在的形态来描述电子文件。在由计算机产生、处理和传输信息过程中，信息都是以电子形态存在的，因此人们就以"电子"来形象地描述这种计算机文件。

电子文件的产生，改变了传统观念中对档案的理解，也改变了对档案存在形成、特征、特性、意义的认识。电子文件的产生、形成、归档及其传输、存储、保存等管理，均与传统的纸质档案所用技术、方法不同。这是文件管理的一场革命。

二、电子文件的特性

电子文件具有许多不同于纸质文件的特性。目前，人们对电子文件特性的研究，已达成共识的观点主要有以下几种。

1.电子文件对设备的依赖性

电子文件从形成、传输到存储都是通过计算机实现的，所以电子文件与计算机系统中的各种设备有着密不可分的关系，也可以说计算机是生成电子文件的前提和基础。离开计算机的软硬件平台，电子文件既看不见，也摸不着，这就决定了电子文件对设备的依赖性。

电子文件的这一特性，对电子文件保管和长期保存带来很多问题：例如设备发生故障、系统瘫痪、电子文件就读不出来；电子文件对其他设备环境的不兼容性，使其只能在某种设备上处理，而不能在其他设备上处理；不同软件环境形成的电子文件存储在载体上，有时难以互换；电子文件加密后，不解密就无法识别；技术设备更新时，不及时解决格式转换问题，就无法读取等等。

2.电子文件载体的非直读性

存储在某种载体上的电子文件，在制作时是把可识别的文字、图形等输入计算机中转换成二进制数码来表示的。计算机内形成的电子文件记录到载体上时，也是数字编码序列，因而不能直接观看其内容，必须由相应的计算机设备将载体上编码序列读取出来，然后转换成人能识别的形式，显示在屏幕上或打印在纸上。

电子文件载体的非直读性体现在很多方面：一是数字编码序列记录在载体上，人的眼睛无法识别；二是载体上的记录信息密度极大，即使在高倍显微镜下可以看到光盘记录痕迹，但也读不懂那些痕迹表示什么；三是载体上的数字信息往往是经过压缩加密处理，即使有设备，如果不能解密也不能读取其内容。电子文件载体的非直读性增加了电子文件保管及长期保存的困难性、复杂性。

3.电子文件的信息与载体可分离性

纸质文件的内容与载体是密不可分的整体。例如，墨迹必须依附在纸张上才能形成文字或图形。电子文件则不然，其内容存放位置不是固定的，而是可以变化，甚至可以从一个载体转换到另一个载体，其内容却不发生任何变化。同样，它还可以通过网络传给远方的一个或多个接收者。在一些对保密有特殊要求的网络中，还采取把电子文件的内容分解后分别通过不同的路径传递、存放在不同地点不同设备的存储介质上，只是在需要时才临时把文件的内容装配起来。

上述种种情况，不仅造成电子文件与载体关系的可分离性质，也使长期共享电子计算机网络资源的使用者淡化了对电子文件存储于哪台电子计算机、哪个载体以及什么位置的关心。这个特征给电子文件的保管带来许多新的问题，若处理不当，会直接影响其可靠性、真实性和完整性。

4.电子文件信息的易更改性

电子文件在起草过程中或作其他处理时的突出优点是增删改容易，且改后不留任何痕迹。

造成电子文件易被增删改的原因，主要是由于电子计算机的内存储器、磁带、磁盘、可擦写光盘等存储介质的可重写性决定的。另一个原因是电子计算机的存储器，除磁带外，都具有随机读写的功能。即载体中任何部件的信息都可以被直接定位读写d此外，电子文件与载体的可分离性，也造成了电子文件被传递或更换至其他载体时存在着被改动的可能性。处理后得到的电子文件是否与原来一样，存在认定上的困难。电子文件的易更改性给其归档后形成的电子档案保管工作带来了纸质文件所未遇到的新问题。

5.电子文件的信息共享性

电子文件传输处理的环境是电子计算机网络，如果不特意采取措施，则可以做到用网络上的任何终端设备去读取存储在某一个设备上的电子文件。另外，一个终端上的电子文件也可以同时发给若干网络终端，就像发布文告一样，电子文件由于不受物理载体传递的限制，所以对信息获得者来说，可以产生一种共享的感觉，从而摆脱了时间和空间的制约。电子文件的共享性是其运作环境的网络化决定的。

此外，由于各学者研究的角度、取材特点不同，对电子文件的理解各有侧重，对电子文件特性的认识不尽相同，例如，电子文件的物理结构与逻辑结构关系的复杂性；电子文件对背景信息和原数据的依赖性；电子文件的多媒体集成性；电子文件的非实体归档的可能性等等。随着对电子文件的进一步研究，人们对电子文件特性的认识将会愈来愈全面、深刻。

三、电子文件的种类

根据电子文件的信息存在形式和用途，电子文件的种类大致可以分为以下几种主要类型。

1.文本文件

在计算机上运用文字处理软件在磁介质上生成的文件即为文本文件。例如各类行政文件、生产工艺文件等。文本文件是通过特定的编辑软件生成的，存储内容由 ASCII 标准代码和 GB2312-1980 标准汉字代码构成。用不同文字处理软件编辑的文本文件在不同类型的计算机上一般不能交换使用，纯文本文件不包含格式代码，在使用时不受计算机硬件和软件类型的限制。

2.命令文件

命令文件是指为处理各种事务用计算机语言编写的程序，通常称为"计算机软件"。它的形成过程一般是由程序员编写"源程序"输入计算机，通过相应的编译程序编译后执行，其中有些还要经过连接程序才能执行。命令文件中的"源程序"是纯文本文件，由特定的计算机指令序列构成，具有可移植性，在使用上不受计算机类型的限制，编译后的软件在不同类型的计算机上不能兼容。"源程序"能表明版权的归属，因而对于计算机软件的开发者来说具有重要的保存价值。

3.图像文件

图像文件包括计算机辅助设计（CAD）中产生的设计模型、图样和使用扫描器录入的照片、图像等。图像文件是通过专用的程序录入存储的。计算机辅助设计（CAD）产生的图像文件由代表绘图坐标的矢量和一些参数组成，有些使用纯文本文件的代码存储，以便在不同的软件包之间进行信息交换，也有些使用特殊的代码格式存储。用不同的图像处理程序生成的照片、图画类图像文件，由于格式不同而不能任意交换使用，须使用格式转换软件进行转换后才可以显示。彩色图像文件的内容一般是用表示图像像素的代码形式存储的，是否能够正确恢复原色彩还与显示器的性能有关。

4.数据文件

数据文件一般是以数据库的形式存在的。一个数据库由若干条记录组成，一条记录由若干字段（数据项）组成。读取数据库中的数据时，可以根据查询要求一次读出一条记录，也可以读出一批相关的记录。数据库因管理程序不同具有不同的格式，一般来说不同的数据库之间需要通过转换程序才能进行信息交换。

数据库的生成一般有两种方式：一是人工输入数据，利用相应的数据库应用程序形成数据库；二是使用条形码扫描器。A/D 变换器等传感设备自动采集数据。此外，使用已有的数据借助某些软件也可自动生成新的数据库。

四、电子文件的收集与积累

电子文件是由二进制数字编码组成的，二进制数字编码的变化会导致电子文件内容的改变。电子文件从形成到归档有一段时间间隔，在这一段时间内，电子文件有被更改的可能，而且更改可做到不留一点痕迹。因此，为保证归档的电子文件的真实性、系统性和完整性，电子文件的收集与积累工作必须从电子文件的形成阶段开始，贯穿于办公自动化（OA）或计算机辅助设计（CAD）、辅助制造（CAM）等电子信息处理工作的全过程。

1.电子文件收集与积累的方法

电子文件的收集积累往往是在计算机网络系统上进行，由于记录系统有自动记录的功能，可用它来记载电子文件的形成、修改、删除责任人、入数据库时间等。

用载体传递的电子文件，要按规定进行登记、签署，更改处要填写更改单，履行更改审批手段，并存有备份件防止出现差错。

电子文件的收集积累应由形成部门集中管理，不得由个人分散保管。对于网络系统，应建立积累数据库，或在电子文件数据库中将对应在收集、积累范围内的电子文件注明积累标识。

2.电子文件收集、积累的要求

（1）记录了重要文件的主要修改过程，有查考价值的电子文件应被保留。当正式文件是纸质时，如果保管部门已开始进行向计算机全文处理的转换工作，则与正式文件定稿内容相同的草稿性电子文件应当保留，否则可根据实际条件或需要确定是否保留。

（2）保存与纸质等文件内容相同的电子文件时，要与纸质等文件之间相互建立准确、可靠的标识关系。

（3）在"无纸化"计算机办公或事务处理系统中产生的电子文件，应采取更为严格的安全措施，保证电子文件不被非正常改动。同时必须随时备份，存储于能够脱机保存的载体上，并对有档案价值的电子文件制作纸质或缩微胶片复制件保留。

（4）用文字处理技术形成的电子文件，收集时应注明文件存储格式和属性。

（5）用扫描仪等设备获得的图像电子文件，如果采用非标准压缩算法，则应将相关软件一并收集。

（6）用计算机辅助设计或绘图等方式获得的图形电子文件，收集时应注意其对设备的依赖性，以及易更改性等问题，不可遗漏相关软件和各种数据。

（7）用视频设备获得的动态图像文件，收集时应注意收集其压缩算法和软件。

（8）用音频设备获得的文件，收集时应注意收集其属性标识和相关软件。

（9）由计算机多媒体技术制作的文件，其中包含前面所述的两种以上的信息形式，收集时应注意参数准确、数据完整。

（10）通用软件产生的电子文件，收集时应注意收集其软件型号和相关参数。专用软件产生的电子文件，收集时必须连同专用软件一并收集。

（11）计算机系统运行和信息处理等过程中涉及的各类参数、管理数据等应与电子文件一同收集。

五、电子文件的整理与归档

1.电子文件的整理

电子文件的整理是指按照一定的原则和方法，将收集、积累的电子文件分门别类进行清理，为归档做好准备工作。电子文件的整理包括以下两大内容：

（1）组织分类、排序。将磁性载体传递的零散、杂乱的电子文件，通过分类、标引、组合，使电子文件存储格式处于一种有序状态。文件名称、文件号、分类号和隶属编号等电子文件的著录标引应由归档人员来完成。著录标引在整理工作中占有重要地位，其质量好坏，将直接影响未来的电子档案的保管和利用。

（2）组织建立数据库。首先是对电子文件进行分类和编号。一个单位的电子文件类别是多种多样的，对这些电子文件要进行分门别类地管理，就要进行科学的分类。要按门类划分要求，结合本单位的专业和电子文件内容，制定分类编号方案。分类编号，就是按照分类编号方案的规定对电子文件进行划分，并给每份电子文件一个固定的唯一的号码，从而使全部电子文件成为一个有机的整体。此外，要对电子文件进行登记。电子文件的整理是未来电子档案管理和利用等工作的基础。

与纸质文件相比较，电子文件在数据库中是以虚拟形式存在的，经过对电子文件的科学整理，构成有序的虚拟状态，通过检索，可以提取电子文件并在计算机屏幕上显示出来，数据库是存取电子文件的虚拟文件库。需要特别注意的是，无论在任何环境条件下，都要复制一套备份保存，并对这套备份的软、硬件环境做出说明。有些必须以纸质文件存在时，可输出纸质文件保存。

2.电子文件的归档

电子文件归档，是将应归档的经过整理的电子文件，确定档案属性后，从计算机或网络的存储器上复制或刻录到可移动的磁、光介质上并移交至档案馆（室），以便长期保存的工作过程。不同环境条件下产生的电子文件，其归档的方法是不同的。若是计算机网络系统，可按要求转入档案数据库或记有归档的标识即完成归档工作；若是载体传递归档，就必须做一些辅助和认证工作，要与相关的纸质文件结合归档。

电子文件的归档，必须按照归档制度进行。归档制度包括以下几方面。

（1）归档范围。确定电子文件的归档范围，是归档的首要任务，也是保证电子档案质量的关键。确定电子文件的归档范围应遵循以下原则：

①按照现行公文或科技等文件的有关归档范围执行。

②根据电子文件的形成规律及其特性，尽量具体列出阶段的、系统的、权威性的电子文件组合，确保电子文件的完整性。

③计算机的软硬件环境、表达电子文件内容的基本格式及有关数据等必须列入归档范围。

（2）归档时间。电子文件的归档一般在年度或任务完成后，或一个阶段之后的一段时间内进行归档（称为阶段归档），具体可视情况而定。因涉及电子文件的软硬件环境条件、记录介质的质量、寿命等，一般归档时间以不超过2~3个月为宜。

（3）归档要求。对归档的电子文件总的要求是齐全完整，真实有效，达到档案的功能要求专要做到这一点，首先要遵从归档各阶段的规定、标准，如收集、积累、整理、鉴定等环节的规定、标准；其次是准确说明配套的软硬件环境；第三是归档电子文件格式应尽可能通用、标准。具体做法如下。

①把带有归档标识的电子文件集中在一起，制成归档数据集，复制至耐久的载体上。复制至少一式二套，一套封存保管，一套供查阅使用。必要时，复制第三套，异地保存。对于加密电子文件，则应解密后再完成上述工作。

②推荐采用的载体，按优先顺序分别是：只读光盘、一次写光盘、可擦写光盘、磁带等。禁用软磁盘作为归档电子文件长期保存的载体。

③存储电子文件的载体或包装盒上应贴有标签，标签内填写编号、名称、密级、保管期限、硬件及软件环境等。

④将相应的电子文件机读目录、相关软件、其他说明等一同归档，并附归档电子文件登记表。

⑤需要长期保存的电子文件，应当把归档电子文件与相应的机读目录存在同一载体上，如果是自行开发的应用软件，也应将软件及相关数据存在同一载体上。

⑥原电子文件数据集载体在完成电子文件归档后，保留时间至少1年。

⑦在网络中进行了逻辑归档操作的电子文件，应按上述归档过程完成物理归档。

目前，大部分机关将电子文件转换成纸质文件归档保管，是因为在电子文件的证据性、管理制度、管理技术与方法、管理设备、通信设备等方面仍存在着这样那样的问题，在这些问题没有得到有效地解决之前，这种纸质文件和电子文件并存的状况有存在的合理性和必要性。一方面，在没有充分的技术保障和科学的管理制度的条件下，档案人员不能轻易用电子文件取代纸质文件归档保管；另一方面，电子文件的归档也有其积极的意义，这样就形成了双套归档的局面。这是文件介质转换时期不可避免的一种现象，不应看作是不必要的重复。可以预见，纸质文件和电子文件双套归档的局面将持续相当一个时期，随着技术的成熟和各方面条件的具备，会有越来越多的电子文件独立地转化为档案，但多种介质档案并存的状况将长期存在。

双套归档带来的直接影响是需要分别建立两个管理系统，二者既有联系，又各有特点。原则上电子档案的管理应纳入现行的档案管理体系，能够并轨的就实行并轨。例如，电子文件的归档单位最好与纸质文件的立卷单位相一致，归档时间也可定为同时，价值鉴定、著录标引统一操作等；不能并轨的就分别操作。例如分别保管、分别利用等。

（4）归档方法。电子文件归档一般采用以下方法。

①将最终版本的应归档的经过整理的电子文件存入磁、光载体介质上。

②压缩归档，即采用数据压缩工具对网络上应归档的经过整理的电子文件进行压缩，然后刻入磁、光介质上。要求采用压缩工具的过程必须统一、规范。

③备份系统归档，一般在局域网或其他网络环境下采用，将确定要归档的电子文件在网上进行一次备份操作，就可将归档的电子文件存放在磁、光介质上。

进行一致性的测试检验，检验项目为：载体有无划痕，是否清洁；有无病毒；核实电子文件的完整性和有效性审核手续；核实相关登记表、软件、说明资料等是否齐全。档案馆（室）应配备相应的设备，以确保归档电子文件的检验工作。

第二节　电子档案的管理

电子文件归档后，即形成电子档案。电子档案由于其种种不同于纸质档案的特性，决定了其在整理、鉴定、保存、维护与提供利用等方面必然有别于纸质档案。

一、电子档案的整理与鉴定

1.电子档案的整理

电子档案的整理，是指在计算机中对文件分门别类、形成一个逻辑系统的过程。从理论上讲，由于计算机的快速查找功能，在大容量存储介质上，可以从不同角度迅速查找到利用者所需要的档案，但是在目前的技术条件下电子档案还是需要整理的。首先，从电子文件在其形成、处理、归档、档案馆（室）接收的全过程综合考虑，进行必要的整理有利于各阶段的利用和管理，对于物理归档（磁盘归档）和逻辑归档（网络归档）方式均有较好的适应性；其次，目前的计算机文件管理系统不能在根目录中容纳无限多的文件，它要求对文件按照一定的结构进行分类管理，必要时在各种计算机文件管理系统中可借助经整理而形成的目录结构对某一部分文件进行加密管理和利用控制。

（1）电子档案的整理原则。根据电子档案的特性及其保管和利用的要求，电子档案的整理原则如下。

①有机联系原则。文件之间的有机联系性不会因文件介质的改变而消失，电子文件在其形成过程中产生的"天然联系"对于它的价值仍然是至关重要的。尽管人们可以标引出文件的种种特征，并借助这些标引项在计算机中实现多元检索，但是无论多么高质量的标引，都不可避免地带有人为成分，都不可能毫无误差地将文件在形成过程中产生的千丝万缕的历史联系反映出来。因此，对于电子档案也需要保留反映其形成过程的原始结构和集合方式，以便使后人得以从中寻找历史事实的本来面貌。

②简单性原则。电子档案在整理过程中不需要像纸质档案那样顾及诸如案卷的厚度、排架的难易等因素，它所承担的主要任务就是建立一个分门别类的文件系统。因此，对电子档案的整理应立足于简便易行，一般可按照文件形成部门划分类别，并由各部门对自身形成的档案进行下位分类和文件归类。档案人员没有必要刻意追求逻辑严谨的分类方案而把分类复杂化。

机关电子档案的整理，主要包括文件的分类和文件清单、保管单位清单的编制两方面内容。

（2）机关电子文件的分类。一般来说，机关电子档案的分类可按以下几个步骤进行：

①将机关电子文件按其形成规律和自身特点划分几部分，分别整理通常可分为一般文件、科技文件、数据文件和命令文件四部分。一般文件与纸质载体的文书档案的范围大体相同，基本上是文本文件，应分门别类加以管理；科技文件中有图像文件（图样）、也有文本文件（有关说明材料），应根据成套性原则按项目加以整理；数据文件根据其相关性加以整理；命令文件也需要按其成套性加以整理，例如对于一套软件，应将其程序和操作说明作为一个整体，以保证其能够正确运行。

②各部分文件编制分类方案。科技文件、数据文件、命令文件，可根据文件特点分类，这里主要介绍一般文件的分类方法。实际上，在各种计算机的操作系统中已经为用户管理文件安排了目录系统，通常采用"树"结构，依目录层次逐级扩展，其中最上位的目录称为"根目录"，以下各级目录均称为"子目录"，每

一个目录都有一个"文件夹",可将相关文件存放其中,这种"树"结构与纸质档案分类的隶属关系是一样的。通常根目录的数量有一定限制,子目录的数量和层次是没有限制的。从便于管理出发,各机关应根据本机关电子文件形成机构的分布情况建立文件分类系统。在机关内各机构使用独立的计算机时,由各机构分别建立自己的目录结构,归档后作为一个类目纳入机关电子档案分类系统。在使用工作站的机关,由工作站分配给每台终端一个目录,对于终端使用者来说称为"主目录"或"基目录",终端一打开便进入这一主目录中,可根据需要建立子目录,一级类目放在一级子目录下,二级类目放在二级子目录下,依此类推,文件形成者随时可把新形成的文件放进相应的末端子目录的"文件夹"中。计算机目录系统类似于纸质文件的立卷类目,在内部机构或文件内容发生变化时,可根据具体情况增设目录或另建目录系统。将电子文件放入各类目的文件夹中类似于平时归卷,应在文件形成阶段随时进行,这样做既便于平时查考调用,也有利于日后系统归档。

③目录和文件命名。在计算机操作系统中,目录和电子文件名的长度通常是有限度的,因而计算机操作系统中的文件名一般不能表达完整的文件题名,而只是文件题名的简称或代称。为目录和文件命名可以有多种方法,例如选用文件题名中关键字的汉语拼音字头(《1999年干部任免》用GBRM);在机构名称代码后加文件顺序号(组织部第三份文件用"22003")等。因文件名长度有限,重复的可能性较大,无论使用哪种方法都要注意尽量减少重名,特别是在同一级目录、同一个"文件夹"内不可重复,以减少误检率。

④编写文件目录系统说明。由于目录和文件的命名不宜使用汉字,而使用拼音或英文命名的目录使人不易理解其含义,使用起来很不方便,所以有必要编写一份文件目录系统说明,介绍其结构和目录名称。文件目录系统说明,可按照目录结构层次将每一个目录在计算机中的名称与实际名称相对应,使人一目了然。

2.电子档案的鉴定

电子档案的鉴定和纸质档案的鉴定一样,是对其保存价值的判断和预测。通常,对电子档案的鉴定是在对电子文件的鉴定的基础上进行的,是对电子文件鉴定的继续和补充。在电子文件归档时,电子文件形成部门在档案部门的协助下,对归档电子文件的内容进行鉴定,鉴别电子文件的价值,同时对内容、载体进行检查、检测,确定取舍,对所需的软、硬件环境做出说明,并根据电子文件的价值划分保管期限,提出保管期限内配套的软、硬件环境要求。在档案管理过程中进行的电子档案的鉴定,其主要任务是对已到保管期限的电子档案重新审查鉴定,把失去保管价值的电子档案剔除销毁,避免造成有利用价值的电子档案淹没于无用的电子档案之中,达到优化馆(室)藏电子档案的目的。

二、电子档案的保管

电子档案的保管，除应具备纸质档案的一般要求外，还需要根据磁、光介质的特性，采用一些特殊的保管方法。

1.电子档案的保管条件和要求

电子档案所使用的磁、光介质的稳定性不如纸质材料，对保管条件具有较高的要求，有关磁性载体档案的保管可参照执行国家档案局颁布的《磁性载体档案管理与保护规范》中的有关规定。目前，我国尚未颁布有关光盘的保管规范，光盘可根据其载体性能加以妥善管理。具体内容如下：

（1）库房温湿度要相对稳定，温度应在14~24℃，相对湿度在45%~60%范围内选定一组值，一旦选定，在24h内温度变化不得超过±3℃，相对湿度变化不得超过±5%。最佳环境温度是18℃，相对湿度是45%。光盘的载体性能比较稳定，对温湿度没有很高的要求，人体能够适应的温湿度环境一般均可保管光盘。

（2）库房内要清洁，无腐蚀性气体，通风良好，地面不打蜡、不铺地毯，电子档案装具应洁净无尘。

（3）库房及档案装具要具有防火、防尘、防水性能、防止紫外线直接照射电子档案。

（4）库房应注意远离强磁场，并与有害气体隔离。磁性载体档案与磁场源（永久磁铁、电动机、变压器等）之间的距离不得少于76mm；可使用软磁物质（软铁、铁卷氧、镍铁合金等）构成档案容器或箱柜，对磁场进行屏蔽；档案装入有磁屏蔽容器时，距容器内壁至少26mm；库房中无磁性材料及其制品（如磁化杯、保健磁铁、磁铁图钉等）；在存有重要档案的库区应设置测磁设备，以查出隐蔽的磁场。磁光记录方式的可擦式光盘，同磁盘、磁带一样需要防磁。

2.电子档案的日常管理

电子档案日常管理的要求主要是：

（1）归档的两套电子档案应分别存放，一套封存，一套提供利用。

（2）电子档案必须按其保管单位顺序编号排放。每一盘、带都要贴上标有盘带号、保管单位名称的标签，以便存取。磁带应放入盒中，垂直放置。光盘片基很薄，为防止变形，应垂直存放。

（3）建立电子档案库房管理制度，坚持观测温湿度，定期除尘，定期检查电线、插头、开关等，杜绝火灾隐患。

（4）注意操作方法，管理人员不能用手直接触摸磁、光介质，应带非棉制手套操作；不要使电子档案接触不清洁表面，例如地面、桌面等；磁性载体档案使用场所的温度、湿度与库房温度、湿度相差范围应分别为3℃、±5%。否则，应在使用前将磁带在使用环境中平衡3天以上，读带前将磁带按正常速度全程进带、倒带各两次。

3.电子档案的检测和维护

电子档案载体，特别是磁性载体，极易受到保存环境的影响。即使是在良好的保存环境之下，也难免不发生信息丢失或读出错误的现象。这是由于经过长期保存，载体材质老化及磁性的自然衰减所致。因此，对所保存的电子档案载体，必须进行定期有效的检测与维护，以确保电子档案信息的完整性、可行性。

（1）定期检测。电子档案的定期检测应每年进行一次，采用等距抽样或随机抽样的方式进行，样板数据以不少于10%为宜，以一个逻辑卷为单位进行检测。首先，进行外观检查，确认载体表面是否有物理损坏或变形，外表涂层是否清洁及有无霉斑出现等。然后，进行逻辑检测，采用专用或自行编制检测软件对载体上的信息进行读写校验，对所有检测出错的载体，需进行有效的修正或更新。

（2）定期复制。电子档案的定期复制，是保证磁性载体可行性的一种有效方法，应每4年进行一次，且原载体继续保留的时间不少于4年。

对于电子档案的检测与维护，必须进行严格的控制与管理。因为任何一次误操作，都可能使保存的电子档案遭到人为的损害，甚至造成难以弥补的损失。因此，除了需要从各方面提高操作人员素质和严格工作制度及各项操作规程外，还必须建立相应的维护管理信息文档，并由工作人员认真填写。建立这个文档的目的是对电子档案的检测、维护、复制等操作过程进行记录，避免发生人为的误操作或不必要的重复劳动。此外，还可以通过对这些信息的统计、分析，为今后的工作提供参考&

电子档案的保管是一项重要而复杂的工作，采用的技术和方法很多，其作用也各有不同。因而，在对电子档案的保管过程中，应充分考虑环境、设备、技术、人员及电子档案的特性等综合因素来制定技术方案和工作模式，并采取行之有效的措施，以确保电子档案的安全可靠，能够永久处于可准确提供利用的状态。

三、电子档案的提供利用

电子档案的提供利用与纸质档案相比，具有更快捷、更方便的特点。但是这必须建立在电子档案所依赖的技术上，且必须满足必要的条件和采取相应的措施才能够实现。

1.电子档案提供利用的方法

对于档案部门来说，提供电子档案利用的方法主要有以下几种。

（1）提供物质载体的复制。档案部门可以向利用者提供记录在特定载体上的电子档案。提供载体复制时，应将文件转换成通用标准文档存储格式，由利用者自行解决恢复和显示的软、硬件平台。当利用者不具备利用电子文件的软、硬件平台时，也可以向这些用户提供打印件或缩微品。

（2）用数字网络传输电子档案。这一方法比较适合馆际之间的信息资源互相交流及向相对固定的查档单位提供档案资料，可以通过点对点转换数字通信或互联网络来实现。

（3）通过计算机直接提供利用。利用者通过档案部门或另一检索机构的计算机，在档案部门的网络上直接查询。其特点是：可为利用者提供技术支援；同通信传输相比减少了大量的管理工作；可以使更多的读者同时利用同一份电子档案成为可能。但是这种可能性取决于档案馆网络系统中可供直接利用的信息资源的多少；可以采用根据利用者需求定期向系统加载数据的方法，并将加载的内容或时序向利用者通报；从利用者的角度出发，可建立利用者预约内容申请文档，通过系统对这些申请的处理，及时将相关的档案数据加载到档案部门的网络查询系统，供利用者使用。

2.电子档案提供利用的管理

由于电子档案提供利用方式的多样化与所依赖技术的多重化，使得加强电子档案的利用管理显得更加重要。档案部门应从建立与各个工作环节相对应的措施、方法、规程、规范入手，在工作中严格执行、有效监督。其实现方式，可通过行政手段或技术手段来完成。

（1）使用权限的审核。在电子档案的提供利用工作中，必然涉及到档案载体的保管人员、数据系统的管理人员、利用及维护系统的操作人员和利用者等，由于他们各自工作的性质与责任不同，因而对其进行使用权限的审核是十分必要的。首先，在整个利用系统功能的使用上，要根据各种人员的级别、层次进行使用权限的认定，并依此向利用系统注册登录。在提供利用中，由系统自动判定当前使用者身份的合法性及其所使用功能的范围，并由系统自动对其使用的各种功能操作的路径进行跟踪与记录。对涉及使用未经授权的功能时，应能拒绝响应并给予警告提示，以确保系统的安全和进行有效的控制与监督。其次，在电子档案存储载体的使用上，要根据电子档案内容的密级和开放程度，来确定其使用控制程度，在使用中依据利用者背景情况和利用目的来决定对他的授权。需要特别指出的是，对整个系统带来影响或对电子档案载体进行无条件复制等功能，其被授权者的范围应越小越好，同时要建立有效、可行的规章制度，确保使用权限的审核方法在利用工作中得以实施。

（2）利用复制的提供与回收。提供电子档案的复制是一种主要的利用方式，但必然会造成利用时间与利用地点的分散。如果管理不好，还将造成档案信息的散失，给安全、保密带来问题。因而，应依据利用者的需求和确认使用权限后再进行提供复制的制作。原则上尽量避免把载体上存储的电子档案信息全部复制出来，并通过技术手段防止所提供的复制的再复制。除经过编辑公开发行的电子出版物外，对那些提供利用的复制必须进行回收。要有完善的提供复制利用手续，提供利用者和利用者双方应对提供复制的内容进行确认，并对使用载体的类型、数量、使用时间、最后回收期限及双方责任人等情况进行登记。系统可根据这些登录信息进行自动管理，以便使档案管理人员能够及时了解提供复制的利用情况，并对已到回收期限的复制提出催还清单。对回收来的复制，应作信息内容的消除处理，并在对应的利用信息文档中注明复制已回收、完成利用使用。

（3）提供利用中的安全措施。电子档案在利用中的保密与安全是十分重要的，而且同纸质档案的利用相比，更加难以控制。因此，应特别注意以下几点：

①采用的利用方式，应视利用者的情况而定，不能无原则地向所有利用者提供全部利用方式。

②依据电子档案内容的密级层次，进行有效的管理。一般情况下，对于内容不是完全开放的电子档案，不宜用复制的方式提供利用。对于提供复制件的制作，必须在有效监控下进行。

③采用通信传输或直接利用等利用方式时，必须对信息内容进行加密处理，并对所使用的密钥进行定期或不定期的更换。

④无论采取哪种利用方式，系统都应对利用的全过程进行有效的跟踪监控，并自动进行相关的记录。记录是对利用工作查证的依据。

利用系统应有较强容错能力，避免由于误操作而引起不可挽回的损失。

第十章　档案的信息管理

第一节　档案信息化内涵与发展趋势

一、主要内涵

按照信息化理论的一般规律和要求，结合档案资源和档案工作的特点，笔者认为，档案信息化是国民经济和社会信息化的一个组成部分，是一个档案领域必须长期推动和发展的过程。具体是指在档案领域应用先进的信息技术手段，将档案资源和档案各项管理过程数字化，形成计算机可识别、可处理的档案信息资源，通过档案信息系统的数据处理和档案计算机网络的传输，实现档案信息资源的合理配置与有序、有效开发利用，推动档案管理现代化，实现档案信息资源的社会共享。可从以下几个方面正确理解档案信息化内涵：

第一，档案信息化的核心内容是档案信息资源建设。因此档案信息资源建设水平直接决定档案信息化的内在质量，只有通过信息技术手段将档案资源转化为数据规范、配置合理、可共享的档案信息资源，才能实现档案资源在计算机环境下的数字化、网络化应用，才能真正实现信息化条件下档案资源的有效开发与利用。第二，档案信息化的基础手段是信息技术的应用。档案信息化离不开信息技术在档案领域的应用，是先进、成熟的信息技术的应用，是信息技术与档案业务的创新融合。档案信息化不仅将不断推动先进信息技术在档案工作各环节的融合应用，而且将改变档案工作与管理模式，提高档案工作效率，提升档案管理现代化水平。第三，实现档案信息资源的社会共享是档案信息化的根本目标。推动实现档案信息资源社会共享，是解决新时代我国档案工作存在的人民群众对档案信息需求不断增长与档案信息资源不够丰富的主要矛盾、满足人民群众日益增长的档案信息需求最有效的方式。档案信息化就是要最大限度地实现档案信息资源共享，实现档案信息的社会价值和经济价值。

二、意义与作用

一方面，档案信息化是信息时代档案管理现代化的核心内容，信息化水平决定和体现了现代化水平。国家档案局在 2019 年工作报告中将"到 2020 年初步实现以信息化为核心的档案管理现代化"作为一个阶段性目标。同时，先进信息技术应用已经融入档案工作的各个环节、各个方面，它将引领档案工作的转型升级、提质增效，从而进一步深化档案工作的改革和发展。所以，档案信息化应当摆在档案事业优先发展的战略高度。另一方面，档案信息化将为国民经济与社会信息化提供强有力的服务支撑。档案信息资源作为国民经济与社会发展的基础性战略信息资源，决定了档案信息化对于推动国民经济和社会信息化的基础性、服务性作用和地位，在推进信息化过程中我们应当增强这种认同感、自信感。数字档案、电子档案是各行各业信息化不断产生的各类电子文件、大数据的"归宿"，当前越来越多的地方政府、政务中心要求当地档案部门对电子文件（电子证照）、电子档案的规范管理提供政策支持和监督指导，我们应当积极作为、明确职责、提供服务。各地大数据云平台中心建设如火如荼，档案部门在支持各地大数据中心、云平台建设的同时，应当更加明确国家档案馆与各地大数据云平台之间的职责分工与管理权限，对于大数据中心、云平台建设过程中出现的类似要求档案部门集中移交档案机房、档案数据的现象，我们应当从国家档案馆职责、大数据与电子档案关系以及档案安全保管要求等角度，表明立场、履行职责与明确分工，确保各地永久、长期保存的档案数字化成果、电子档案在各级国家档案馆的集中安全保管。同时要积极推动出台政策，加强对各地大数据中心、云平台中档案数据的监管，确保具有永久长期保存价值的数据及时归档并定期向当地国家档案馆移交；各地档案部门要充分利用档案信息化的成果，发挥档案信息资源优势，提供档案信息资源的社会共享，特别是涉及社会民生档案信息资源的共享。

三、档案信息的基本概念

1.信息

人们对于信息的概念有多种表述，且对信息的认识也不断地深入，因此还没有一个普遍公认的信息定义。笔者作为档案工作者，从对档案的认识和推动档案工作实践的角度，趋向于认可美国信息管理专家霍顿所作的定义："信息是按照最终用户决策的需要，经过处理和格式化的数据。处理可以是自动化的或手工的。由数据转化为信息是由信息处理者完成的。"信息与数据存在着密不可分的关系，数据是信息在计算机应用环境下的表现形式，信息通过各类数据形式实现在计算机环境下的各种处理，并且作为可处理的数据在人类生活、生产中得到普遍应用。这个"信息"定义有利于我们推动各种载体类型的档案作为信息转换为各类标准规范的数据，实现计算机环境下档案"收、管、存、用"等基本应用，为档案与档案数字化、信息化提供理论支撑。

2.档案信息

档案具有信息属性，但"档案"不等于"档案信息"，在信息化条件下档案信息的概念需要进一步厘清。"档案信息"是一个"专有名词"，也就是说，不是所有的档案都是档案信息，只有数据形式的档案才能被称为档案信息。档案信息具有其独特的信息特点，主要表现在：第一，原始性，即档案信息是原生信息，这些信息经过加工处理，可以成为其他派生信息的基础和源泉。第二，可靠性，即档案信息是信息中最具有可靠性的信息，这是档案信息有别于其他信息的独一无二的"信用证"，是档案信息在信息社会中的应用基础。第三，社会性，即档案信息来源具有社会广泛性，内容丰富，能满足社会各阶层、各领域的各种信息服务要求，这是档案信息进行社会传播和满足社会需求的重要条件。第四，商品性，由于档案信息是经过加工、处理等创造性劳动而形成的，可以作为劳动产品进行交换，因而具有商品的属性。这是档案信息市场化和满足市场信息需求的重要前提，也是档案信息资源在市场经济条件下为社会经济和社会发展服务的重要条件。第五，系统性，即档案经过加工处理成为档案信息，形成具有一定内在数据联系的档案数据集合体系统，即档案信息资源。在这个系统中，各类档案数据相互联系、相互作用，能够实现科学、有效的管理和利用，因此档案成为档案信息（资源）的过程是档案信息的系统化过程。

3.档案信息资源

根据档案信息界定方式，笔者认为，档案信息资源是经过加工、处理的档案数据集合体。这种定义方式使得档案信息资源专指计算机环境下可以处理的档案数据和档案数据集合体，而不是指通常意义上的非数据化的实体档案，这有利于在档案信息化的理论研究与工作实践中，进一步明确档案信息资源与档案资源的区别，明确档案信息化的对象与范围，明确档案信息化的目标与任务。按照档案信息的系统性特点，档案信息资源应当是组织有序、相互关联的档案数据集合体，这为档案数据库和档案信息资源体系的建设提供了理论依据。同时，由于档案信息具有本源性、可靠性、社会性、商品性的特点，拥有社会最大数据集合体的档案信息资源必然成为国民经济与社会发展的基础性战略信息资源，将在社会经济和社会发展中起着不可替代的基础性作用。

四、关于档案信息化发展趋势

档案信息化是档案事业发展的一个重要战略，需要通过顶层设计，制定长期发展的战略规划，明确指导思想、发展目标、基本原则和具体的建设任务与措施方法，以指导档案信息化科学、协调、可持续发展。

1.指导思想

档案事业是国民经济和社会发展的组成部分，档案信息化是国民经济和社会信息化的一项重要内容，因此，档案信息化指导思想必须围绕国民经济和社会信息化的总体战略要求来确立。档案信息化长期指导思想可归结为：按照国民经济和社会信息化建设的总体任务要求，依托国家信息化建设环境，以实现档案信息资源的社会共享为目标，以档案网络建设为基础，通过先进信息技术在档案领域的广泛应用，全面加强档案信息资源建设，建立和完善档案信息资源共享服务机制，建立和健全档案信息化保障体系，推动档案管理现代化，充分开发和利用档案信息资源，发挥档案的社会效益和经济效益，不断满足国家、社会和大众日益增长的信息需求。

2.基本原则

档案信息化的基本原则是档案信息化建设的理论基础和实践指南，确定档案信息化的基本原则必须充分分析档案工作的内在关系，系统把握档案信息化的内在本质和发展规律，并在实践中加以反复论证和总结，从而得出原则性要求。从事业关系角度分析，档案馆是档案工作的主体，档案室是档案工作的基础，这是档案工作最基本的内在关系；从档案生成运行角度分析，档案是档案工作的对象，文件与档案是同一事物的两个不同发展阶段，文件是档案的前身，档案是文件的归宿，这是档案与文件最本质的内在联系。因此，档案信息化建设必须把握和处理好档案工作和档案这两个内在联系，从系统、科学的理论角度，即一体化理论的角度，确定档案信息化的基本原则。所以，档案信息化建设的两个基本原则可以确定为文档一体化和馆室一体化。

1）文档一体化

这是立档单位档案信息化必须遵循和坚持的基本原则，它已不是传统意义上的纸质文书与档案管理的一体化，而是指在信息化办公条件下，电子文件与电子档案管理的一体化。就是以系统理论为基础，运用先进信息技术手段，实现机关中电子文件管理和电子档案管理两个信息管理系统的有机联系，实现机关电子文件与电子档案信息资源的交换与共享，提高工作效率，从而创造系统最佳行政信息效益的过程。

2）馆室一体化

这是馆室之间档案信息化必须遵循和坚持的另一基本原则。坚持馆室一体化的原则，就是要以系统理论为基础，通过统一规范档案数据交流、传递与共享，从而实现馆室之间档案信息资源的共享目标，最大限度地创造档案信息的经济效益和社会效益的过程。以往工作中只注重文档一体化原则而忽视了馆室一体化原则，要坚持馆室一体化原则，才能确保档案信息化建设目标的实现。

3）发展目标

档案信息化发展目标为，紧紧抓住信息化建设的重要战略机遇期，围绕建设档案信息资源库这一中心任务，突出把握存量档案数字化和增量档案电子化两个工作重点，共同构建信息化条件下档案信息资源体系、档案信息服务体系、档案信息保障体系，推动实现档案信息资源的社会共享，全面推动档案管理现代化，发挥后发优势，努力实现新时期档案事业的跨跃式创新发展，为新时期全面建成小康社会服务。

档案信息资源体系、档案信息服务体系和档案信息保障体系是档案信息化的主要建设任务，其中档案信息资源体系建设是核心内容，档案信息服务体系建设是实现档案信息资源社会共享这一档案信息化根本目标的重要基础，档案信息保障体系建设是确保顺利推进档案信息化建设的前提和条件。具体建设任务包括：一是以存量档案数字化和增量档案电子化为工作重点，加快推进分布式、规范化、可共享的档案信息资源库建设，构建起"资源丰富、数据规范、配置合理"的档案信息资源体系。二是加大档案网络建设和系统开发应用力度，建立信息共享通道和服务平台，加快档案信息资源开发和档案信息资源网上共享步伐，强化档案信息服务机制建设，创新档案信息服务手段，推进档案服务社会化和档案信息产业化，不断创造档案信息的社会效益和经济效益，建立起高效、优质、快捷的新型档案信息服务体系。三要加大技术创新和制度创新，加强档案信息管理机制转型和档案管理能力水平提升，加快档案信息人才队伍、档案信息管理体系、档案信息安全和档案标准法规建设，建立和完善档案信息保障体系，确保档案信息化快速、有序、健康地发展。在此基础上，逐步建立起具有中国特色的社会主义档案信息资源共享体系，全面实现档案信息资源社会共享的根本目标。

第二节　档案信息化管理的优势

一、搜索速度快，精准度高

信息化档案管理以电子档案为主要管理模式，期间只需要通过搜索引擎即可完成对档案的精准调用和处理，因而其搜索速度极快，精准度极高。同时，在无纸化的办公模式下，既减少了对纸张的浪费，提高环保性能，也提升了档案的利用率，促进经济与环保和谐发展。近些年来，我国经济发展迅猛，对资源能源的需求量也与日俱进，在市场导向的刺激之下，各行各业产生的数据如井喷式爆发，传统纸质保存法已经难以满足当前发展需求，而虚拟数据库、信息化技术的应用则完美契合了发展需求，为经济发展带来环保保障，促进两者协同发展。

二、工作效率高，质量好

纸质档案的安全性极低，纸质材质不仅要防盗、防损毁，还要防虫蛀、防水、防潮等，因而保存不易，查询不易。信息化与档案管理有机融合之后，通过电子档案来完成对档案信息的管理，既安全又高效。且因互联网具有不受地域、时间限制等优势，管理人员可以随时随地通过各种有效方式来调取档案，这样不仅方便快捷，且效率高、管理质量好，是新时代档案信息化发展的重要原因之一。

三、传输共享更便利，失误偏差大大缩小

信息化档案管理在数据传输与共享方面拥有得天独厚的优势，不仅为各行各业带来极大的便利，同时也可以节省时间，提高服务质量。特别是在远程调取方面，档案信息化管理能够以网络、通信等技术实现对资源的检索，并利用其完成有效空间转移。即使是不同部门、不同单位、不同省市甚至是不同国家，只要获取调取权限，就能消除空间、时间上的约束和限制，完成远程工作与服务。

四、节省人力，优化资源配置

海量数据的持续增加扩大了档案管理人员的工作量，以往很多单位为了确保档案管理的时效性，不得不大量聘用专业人才，这样不仅浪费人力资源，也对单位资源配置有一定的不利影响。如今，随着信息化技术的应用和渗透，档案信息化管理之下，单位只需要聘用有信息化能力与素养的职工来完成相关作业即可，既提高了档案存储和管理质量，也节省了资源，优化资源配置，为其良性发展奠定基础。

第三节　信息化档案管理安全防范

档案管理记录着一个国家的历史乃至世界文明，促进技术进步和经济发展。科学有效的管理档案，要求档案管理工作者收集管理档案，对档案进行整理加工再利用，提供各种管理工作服务。档案管理工作具有悠久的历史，在人类文明的早期已经产生。随着社会政治、经济、文化、社会的发展，20世纪中后期以来，

档案管理工作也发生了变化。档案已经从纸质版向电子版过渡，档案管理也从传统向现代管理过渡。现代社会产生了大量电子文件，纸质文件与电子文件同时存在，档案工作向数字化转型，档案管理变得越来越复杂，档案管理的安全变得尤为重要。

伴随着信息时代的来临，档案馆的档案管理工作受到了一定影响，主要体现在信息化因素在管理体制之中的应用。现阶段，信息化档案管理在各个企业事业单位以及县级事业单位之中都得到了广泛普及，在单位的有效运行当中发挥着至关重要的作用。然而，信息技术作为一种新型技术，在给管理工作带来更多便利和效率的同时也产生了一些风险，威胁着单位的安全系统。因此目前有效解决档案管理之中的安全防范问题，在单位工作流程运行之中有着重要作用。

一、信息化档案管理安全防范的重要性

实现信息化档案管理是档案管理工作发展的必然趋势。信息化档案管理能让档案管理更加高效安全，节省人力、物力和财力。信息化档案管理所占存储空间远远小于纸质档案的管理，提升档案管理中心的工作效率。但是因为信息社会的不断发展，使得在信息化档案管理中也出现了一定的安全隐患。信息化档案管理更容易受到网络木马病毒、非法访问和黑客攻击，其安全受到严重威胁。所以，档案管理机构只有加强对信息化档案管理的安全防范措施，让档案管理工作人员牢固树立安全意识，做好安全防范工作，才能让档案资料免受外界的攻击，防止档案资料的遗失、泄露及损坏。只有加强管理，才能促进信息化档案管理的工作顺利开展。

二、信息化档案管理存在的主要安全隐患

1.档案可能遭受网络病毒及黑客攻击

信息化档案管理在网络中有可能受到病毒和黑客的攻击，从而给信息安全带来了严重威胁。一些正在运行的网络系统存在安全风险，容易受到病毒和黑客攻击，造成档案资料的遗失和泄露，也让不法分子利用档案牟利，造成严重后果。

2.档案管理中心工作人员素质较低

我国一些单位档案管理人员素质比较低，而且专业知识水平也不足，学历水平达不到要求，档案管理工作效率和质量较低。而外聘的工作人员也并不了解档案管理中心的具体情况，加上外聘人员自身的管理经验也不足，所学到的理论知识不能与实际操作相结合，导致信息化档案管理较难。

3.信息化档案管理的模式过于混乱

信息化档案管理正在处于发展阶段，许多档案管理并没有统一的管理模式和

标准，造成了各类档案并没有进行统一的分类，分类编号也没有编好，著录的兼容性也比较低，导致了档案管理工作效率低，电子档案也不能得到统一管理和有效共享。还有，各个地方的差异性也比较大，造成了档案管理过程中的办公室自动化软件不兼容，信息技术设备的功能水平不一，很难实现共享。

3.信息化档案传输过程中的安全问题

在信息化的档案管理中，计算机系统的不一致使得档案管理也有着不一样的管理方式。而有些档案信息随着时间的推移，也会增加数据的占比，构成形态也变得各式各样，以及档案管理工作人员在电子档案保存时的格式不统一，加上档案信息的来源比较广，而档案管理不同软件所生成的电子档案格式也不一定相同，从而增加了档案的安全风险。而网络又有开放性特点，因此在对电子档案的管理过程中要注意计算机系统的不足和漏洞，才能有效避免网络病毒和黑客的非法攻击，否则会导致档案信息管理系统遭到破坏，使信息泄漏。但是当前的信息安全技术的发展还存在着不足，不能很好地保证信息化档案管理的安全。加上我国的一些信息化管理设备仍依赖于进口设备，安全隐患更大。

4.信息化档案管理给档案真实性带来威胁

档案管理工作人员在实施档案资料录入或者是图像处理的过程中，有可能会因为工作过程的不严谨，导致对工作不经意间的疏忽，从而造成档案信息的修改及损坏，无法保证档案的原始性和真实性，严重的话还可能会造成档案信息数据的丢失。

三、信息化档案管理存在的问题

1.制度较为陈旧

在当前的档案管理当中，最核心的问题就在于制度和体制缺乏完善性。受到最近几年事业单位体制改革的影响，导致单位当中信息化档案管理方针更倾向于管理层主观化管理，没有重视起来制度与法律方面的管理原则。现阶段相关的档案管理机构人力资源存在较大的不足，导致法律制度即便遵守，也难以被付诸实践。因为制度改革进程渐趋缓慢同时不能适应信息时代的到来，具体的管理制度在目前的社会背景下呈现出亦步亦趋的被动形态。对于很多管理机构来说，制度的陈旧性重点体现在无法适应信息技术的关键连接点，就算是倡导制度创新，但仍旧只有少数机构能够针对信息化档案的制度管理，在实际组织的过程中也不够讲究章法。

2.执行能力较差

受到制度不健全的影响，相关工作者在具体的信息档案管理过程中存在执行力较弱的现象，再因为人力资源严重缺乏，导致很多管理人员都没有真正重视起来这一模块，这就使得一些工作者内心滋生了应付了事的态度。一些机构在实际工作当中无法真正实现对档案的有效管理，特别是在一些细节工作当中无法根据法律要求对各种档案进行立卷、归档和管理，这就导致档案无法及时合法入档，甚至一些机密因为管理执行力不足的问题被泄露了出来。这种情况尤其在一些基层的机构之中尤为明显，同时在这之中还存在缺乏创新热情的现象，导致安全问题时常发生。

3.风险指数较高

在信息化档案管理的实践之中都具备相应的制度动机，即档案信息的安全处理，依照当下的一些法律规定，除了一些经济监督部门能够调用信息化档案，其他部门在这之中都必须要进行层层审批，主要就是为了保障基本的安全性。然而很多单位在实际执行之中，虽然有制度要求，但是在管理环节当中却经常因为人情等因素，只要体制之中有查阅档案的机会，都能够直接查阅和外借，这就使得档案的保密程度受到了影响，提高了风险指数。风险指数的上升和服务实施缺乏先进性，导致信息化档案在单位当中的价值锐减。

三、消除信息化档案管理安全隐患的对策措施

1.健全信息化档案管理安全保障系统

应建立健全信息化档案管理的安全保障系统，加强档案信息管理程序，聘请专业人才管理信息化档案，确保其安全。档案管理系统应采用正版的杀毒软件，才能在工作时避免木马病毒的攻击。制定符合实际且具有约束力的信息化档案管理制度，落实到档案管理的每个环节中。还应建立起档案管理责任体制，在工作中如果谁出了错要负起相应的责任，互相监督。建立起安全的档案信息保障系统，才能推进信息化档案管理服务和工作的进一步提升，让档案管理工作开展得更加顺利。可在档案管理工作中让工作人员进行互相监督，以防发生细节上的错误而未及时发现，对档案信息化管理造成极大损失。档案管理机构的领导可以制定赏罚分明的政策，在工作过程中没有发生过错误的，可以进行奖励；而对于出错的员工，进行指正，让其在管理工作中更加小心仔细，让安全保障系统更加安全可靠。

2.培养和引进优秀人才

档案管理中心应培养和引进高素质的优秀人才。从内部来说，应对原来的工作人员加强训练和培养。如对一些专业知识不太熟悉的老员工，定期进行培训，让员工对新的工作融会贯通，才能及时止损。应定期考核员工的专业管理水平，考核不合格的督促改进，让员工时刻保持警惕，对档案管理工作水平的提升更加上心，提高员工的档案管理专业水平和综合素养。对外部，要引进有管理经验专

业技术的高素质人才，打造一支强有力的信息化档案管理复合型人才，让其充分了解档案管理的传统模式和方法，还掌握网络信息技术下的信息化档案管理业务，成为理论知识和实际操作相结合的高质量档案管理人才。

3.建立全国统一的信息化管理标准

在全国建立起统一的信息化管理标准，才能对现有档案管理存在的弊端进行有效的整合，让信息化档案管理更加标准。国家应依据有关法律法规和行政机关的力量，制定实施有效的标准化档案信息化管理业务流程，让档案管理工作人员严格按照标准来开展工作，打破档案标准不统一的局面。各单位在开展档案管理工作时，工作人员应保持严谨的工作态度，严格按照档案管理标准来进行操作，对档案进行划分归类，档案编号和目录都要按照标准化的管理模式来进行编制，这样在进行信息化档案管理工作时才会更加便捷和高效。

4.健全档案信息化管理的制度

应制定科学而又健全的档案信息化管理制度，使这项工作有章可循。制定科学健全的信息化管理制度，不仅能让我国信息化档案管理能顺利实施，还能让我国档案管理信息更加安全，在网络系统中的运行也会更加稳定。当然，各单位在开展这项工作时，都应结合本单位的实际情况，制定适合自己的档案管理规章制度，不断更新和完善档案管理系统，确保档案安全，防止出现档案遗失、无效、篡改、泄露、损毁等不良情况。同时也要提高管理人员的计算机操作和职业道德水平，解决在实际操作过程中存在的隐患问题，确保档案管理安全。

5.跟上国际信息化档案管理安全技术发展步伐

随着网络信息技术的发展，西方一些发达国家在档案管理中已经运用到了许多保护技术，如：密码技术、鉴别技术以及软件保护技术等。这些技术也让他们的档案管理变得更加安全。我们应该借鉴他们的经验和技术，采用西方发达国家的保护技术，结合我国档案管理中的优秀部分，物尽其用，提高我国的信息化档案管理的安全保障措施，促进信息化档案管理安全防范技术的发展。随着信息化社会的不断发展，过去的信息化档案管理安全防范工作已经不适应当今社会发展的要求。我们应强化新型信息化管理安全防范技术的研发、引进及应用，更好地保证信息化档案管理的安全，使其更好地发挥作用，促进档案管理现代化的健康发展。

6.加强档案一体化管理与层次化管理

第一，对文档进行分类，让文档与文档之间产生关系，便于文档利用与管理。第二，从管理体制机构以及人员选择方面加强管理。这样直接通过文档检索系统就能检测出人们需要的文档。通过信息化管理，档案管理人员可以随时将已处理的文件归档。更重要的是，档案人员可以参与系统设计，方便了解今后的管理工作，可以提高信息综合度，优化单位的资源配置，实现资源共享，满足社会数字化、信息化以及信息综合化的管理需要。随着计算机技术、网络技术、现代通信技术的发展，两个一体化管理的趋势日趋明显。档案种类多种多样，关系到各行各业的发展，要求管理者开阔自己的视野，注重延伸，提高专业知识和自身素质，为我国档案管理事业做出重大贡献。

在档案管理过程中，管理者需对档案进行分类，甚至分级。如将档案分为历史类、财会类、政治类、经济类等，可以按照档案的重要性分为A、B、C、D等级，或者设立卷宗。同时，还需要对档案馆进行分类。不同种类的档案分别放置在不同种类的档案馆中，使我国的档案管理层次分明，便于社会组织机关以及个人查阅，提高信息利用率。另外，加强档案管理人才培养，对档案管理人才进行分类培养。对文档进行分层，对文档管理者进行分仓，对文档管理相关专业进行分层，让专门的人做专门的事。

7.档案的系统化、智能化

我国已经进入了信息化时代，信息化时代最重要的标志是以计算机为媒介，通过互联网络实现智能化。在信息化时代，各行各业都产生了大量的电子文件，人们可以在馆藏中安装电子查阅系统，实现档案系统化与智能化，提高档案利用效率和资源利用率，提高档案管理效率。政府可以加大这方面的投资力度，与信息技术相关企业合作，通过在线或离线方式归档以后转化为电子文档。将不同载体的内容数字化，形成数字档案。将纸质、胶片、唱片等档案进行数字化，以实现网络化。随着互联网的普及，档案网络化是大势所趋。目前，许多机构正尝试从方便快捷、价格低廉的云服务方面进行数字档案馆建设。

档案管理应该持续深入。首先，档案管理部门应建立档案管理体系，采用档案分类归宗等方法，让档案与档案之间产生关系，建立档案管理系统，从档案A可以直接找到档案B，提高档案利用效率。由于档案原件不能被替代，所以档案管理工作者的大部分时间都在收集和整理档案，忽略了档案与档案的联系，孤立了档案，大大减少了档案管理系统的力量。因此，档案管理部门应开发和管理档案信息资源，提供档案信息，为社会各界服务。如今的社会是信息化的社会，只有对信息进行有效整理和组织，才能发挥信息的最大价值。深入管理档案，适应现代化信息的需求。其次，档案管理工作者应提高自己的能力，学习专业知识，适应新时代档案管理的变化，为我国档案管理做出重大贡献。

第四节 新时代档案信息化建设有效策略

企业档案信息化是企业应用信息技术对归档文件、数据信息资源及档案进行采集、整合、维护、处置和提供利用服务的管理过程和工作方式。档案信息化建设是企业信息化建设的重要组成部分，是企业档案管理创新的重要方面，是提高企业综合实力的重要途径。

近年来，国家档案局发布了《全国档案信息化建设实施纲要》，制定了数字档案室（馆）建设指南等规范标准。2014年，中共中央办公厅、国务院办公厅印发的《关于加强和改进新形势下档案工作的意见》提出，企业单位要"把档案信息化纳入本单位信息化建设整体规划，统一部署、同步实施，确保档案部门实现对电子文件形成、积累和归档的全程监督指导"。这为新形势下企业档案信息化建设提供了政策保障和支持，指明了发展方向和路径。

一、企业档案信息化建设概述

企业档案信息化是企业档案工作发展的战略方向，是企业档案工作的必由之路。企业通过档案信息化建设，提高企业档案管理现代化水平，适应现代企业管理制度和方式的要求。

企业档案信息化建设应以促进、完善企业信息化和提升档案管理现代化水平为总目标，坚持技术与管理并重，促进企业档案信息化与企业信息化建设同步协调发展。

一要坚持统筹规划。企业要将档案信息化建设纳入企业信息化建设的规划和方案，对本企业及所属企业（含控股企业）档案信息化建设实行统一规划、统一管理、统一制度和统一标准，建立健全电子文件的形成、积累与整理制度，收集、归档、鉴定和销毁制度，利用和保密制度，安全管理、应急处置与责任追究制度。

二要坚持同步原则。企业档案部门应加强与企业信息化建设主管部门的联系，结合企业改革发展与流程再造，提出档案信息化工作的基本要求，将档案管理系统纳入企业信息化系统同步建设，实现档案信息化与企业各项业务信息化流程的无缝衔接。

三要坚持创新管理。信息化不仅是技术问题，更是一个管理问题，只有通过不断的管理提升和流程再造，才能实现与信息化的良性互动。因此，企业档案信息化建设应以管理统领信息技术，以信息技术促进管理创新。企业档案管理理念、方法、技术和手段要充分考虑信息技术的发展和最新成果的应用，信息技术应用要服从和服务于企业管理的需要和企业信息化建设进程的整体要求。

二、企业档案信息化建设的规划

（一）分析评估

在进行档案信息化规划时，要明确档案业务目标和需求。同时，要对档案工作进行现状分析与评估，应该从两个方面着手：档案业务能力现状和档案信息化现状。档案业务能力分析是对档案业务与管理活动的特征、档案业务活动的运作模式、业务活动对企业战略目标实现的作用进行分析，揭示现状与企业远景要求之间的差距，确定关键问题，探讨改进方法。档案信息化现状分析是诊断档案信息化的当前状况，包括基础网络、数据库、应用系统状况，分析档案信息系统对档案未来发展的适应能力，给出档案信息化能力评估。在此基础上，对档案信息化建设的现状、定位、目标、功能、需求等作出科学合理的评估，为制定企业档案信息化建设规划奠定基础。

（二）制定规划

1.根据档案业务需求，明确档案信息化的远景和使命，定义档案信息化的发展方向和档案信息化在实现业务战略过程中应起的作用。

2.制定档案信息化基本原则。它是指为加强信息化能力而提出的基本准则和指导性方针，它代表着信息技术部门在管理和实施工作中要遵循的企业条例，是有效完成信息化使命的保证。

3.定位档案信息化目标。它是档案信息化在一定时期内要达到的目的，是档案信息化建设的方向和目标。

4.规划总体架构。从应用架构、信息架构和技术架构三方面对档案信息系统应用进行规划，确定信息化体系结构的总体架构。

5.拟定信息技术标准。根据国家和行业档案信息化的规范标准，拟定适合本企业的档案信息化标准，使档案信息化具有良好的可靠性、兼容性、扩展性、灵活性、协调性和一致性。

（三）细化项目

档案信息化建设是一个渐进的过程，应通过分析整个档案信息化过程中的资源投入，将整个信息化过程分解成为相互关联、互相支撑的若干期项目，定义每一期项目的范围、业务前提、收益、优先次序，以及预计的时间、成本和资源。针对每期项目进行保障性分析，按每期项目重要性排列优先顺序，并对项目进行财务分析，根据企业财力等情况确定实施步骤。

三、企业档案信息化建设的实施

企业档案信息化建设应以档案资源信息化建设为核心，以深化资源开发利用为目标，加快推进档案资源数字化、信息采集标准化、信息存储安全化、信息服务网络化进程。

（一）企业档案信息化建设的方式

根据企业档案管理工作现状，档案信息化工作应采用以下循序渐进的工作方式：

1.实现档案业务工作的信息化，即先建设覆盖企业及所属单位的档案业务管理模块，再建设侧重于档案资源利用的模块。

2.采用目录集中、电子文件存储分布的架构，尽快满足当前的业务需求，通过档案目录实现资源共享。

3.针对企业档案管理系统建设，建设数据型档案管理系统，实现资源集中共享利用，解决档案数据资源的长期存储和安全存储问题，并逐步建成数字档案室（馆）。在建设初期，还应先试点、再推广，积极稳妥推进。

（二）企业档案信息化建设的过程

企业档案信息化建设分为基础建设、深化应用和信息资源管理三个阶段，每个阶段都有不同的工作内容和工作方式，整体看是一个循序渐进的过程。

1.基础建设阶段

该阶段主要落实档案管理信息化基础工作，以企业本部为起点，开展档案管理系统开发工作，完成企业本部档案管理系统建设和试点单位建设工作。开展企业本部和试点单位数字档案资源建设，形成企业级档案目录中心，提供企业及所属单位档案信息服务。实现共有的通用档案门类和专业档案门类的规范化管理。以OA系统为试点完成业务系统集成规范的制定，并完成与OA系统的集成。

2.深化应用阶段

总结企业和试点单位档案信息化建设工作的经验和教训，完善档案管理系统，按所属单位有序向下推广应用，形成自上而下、规范统一的系统架构。企业及所属单位分阶段有序地开展档案信息资源数字化建设，实现对企业及所属单位特有（专有）档案的管理功能。依照企业信息化规划，逐步开展各类业务系统、基础服务与档案管理系统的集成，优化完善业务系统集成规范，实现各业务系统与档案管理系统的数据融合及业务融合。

3.信息资源管理阶段

全面建设面向档案资源的、企业统一的档案管理系统，实现企业档案各项业务管理的信息化，积极探索实现电子文件永久真实性保障体系，建立异地容灾备份中心，研究开发多种档案开发利用手段，对数字资源和实体资源进行数据挖掘，实现知识管理和知识服务。

四、企业档案信息化建设的内容

企业档案信息化建设是一项系统工程，包括基础设施建设、档案管理系统建设、数字档案资源建设、安全保障体系建设，需要企业档案部门、信息化部门、业务部门和保密部门共同参与实施。

（一）基础设施建设

为确保数字档案资源的安全管理和有效利用，应依托企业信息化建设成果，建设相对独立且稳定的、兼容的，能够满足数字档案资源管理和企业共享利用需求的基础设施，主要包括网络基础设施、系统硬件、基础软件、安全保障系统、终端及辅助设备等五个部分。基础设施应尽量采用国产产品，尤其是具有自主知识产权的国有品牌产品。用于支撑涉密数字档案资源管理的基础设施建设，应符合国家有关保密工作的规定。

1.网络基础设施

企业档案信息化网络基础设施是企业整体网络基础设施的有机组成部分，应统筹规划、设计和建设。企业档案信息系统服务的主要对象是企业内部档案管理人员和利用档案的内部员工，因此，局域网是档案信息化建设的基础平台。一般情况下，应将局域网档案服务平台设于企业中心机房。企业中心机房应具备防雷、防静电、防磁、防火、防水、防盗、稳压、恒温、恒湿等基本管理条件，有条件的企业应建设符合《电子信息系统机房设计规范》（GB50174-2008）要求的B级机房。中心机房、网络综合布线的配置，要充分考虑各类电子文件采集、归档和数字档案资源安全管理、移交等工作要求。应配备足够数量的企业内部局域网络信息点，网络性能应能适应图像、音频、视频等各类数据的传输、利用要求。

2.系统硬件

（1）服务器

专业服务器是档案信息化必备的基础设施。服务器性能和数量的配置，应能满足应用系统以及数据库、中间件、全文检索、备份、防病毒等基础软件的部署和安全高效运行的需求，并适当冗余、可扩展。

（2）存储与备份

为满足各门类电子档案和传统载体档案数字副本的存储、利用和备份要求，应配备先进、高效和稳定的磁盘阵列作为数字档案资源在线存储设备。根据企业制定的数字档案资源保存策略，确定近线或离线备份系统的配置。近线备份应选择磁带库或虚拟带库及相应的备份软件，离线备份可选择光盘、移动硬盘等脱机存储介质以及相应的备份、检测设备。

3.基础软件

基础软件一般包括操作系统、数据库系统等方面。为确保各门类电子档案及其元数据的准确和及时采集、捕获、保存，提供便捷、有效的数字档案资源利用，应结合应用系统开发或运行需要，配备必要的正版基础软件，包括数据库管理系统、网络操作系统、中间件、全文检索、光学字符识别（OCR）等软件。服务器操作系统要综合考虑任务量、并发用户、安全性等因素选择操作系统。数据库系统应选用主流数据库管理系统，首先满足数据存储和管理的需求，并充分考虑技术和管理成本；其次应注意操作系统和应用软件对数据库系统的支持；再次要考虑其开放性和扩展性，为将来系统的升级、迁移免除后顾之忧。数据库系统必须考虑到稳定性和高性能以及档案资源的安全性，所以在选型之前一定要认真规划，周密地分析与考虑，所选择数据库系统应能支持当前及可预见的将来采用的软件。

4.安全保障体系建设

应结合实际，参照信息系统安全等级保护有关要求，从多层面为应用系统建立安全保障体系。涉密应用系统必须按照国家有关涉密信息系统分级保护的规定执行。

（1）建立应用系统的"三员"管理制度，明确系统管理员、安全管理员和安全审计员职责，并贯彻落实。

（2）结合"三员"管理制度，为应用系统设计、实施完善的用户权限配置和管理功能，为数字档案资源的安全存储、管理提供保障。

（3）为应用系统配备正版杀毒软件。如有必要，应有选择地配备防火墙、用户认证、数字签名、移动存储介质管理软件、业务审计软件等安全管理工具。

5.终端及辅助设备

结合工作需要，为应用系统配备专用终端计算机、扫描仪、数码照相机、打印机等终端设备，以及恒温恒湿防磁柜、刻录机、移动存储介质等辅助设备。

（二）企业档案管理系统建设

1.企业档案管理系统的构成

企业档案管理系统主要实现企业档案管理信息化、业务工作规范化，通过与各业务系统的归档接口，更好地实现档案收集的齐全、完整、准确、及时，同时通过集中的档案目录，实现企业及所属单位资源的共享。

档案管理系统的建设需要先从基础做起，即通过建设企业及所属单位统一的档案管理系统，实现档案"收、管、存、用"四项基本工作中的网络化。企业档案管理系统的基本架构示例如图10-1所示。

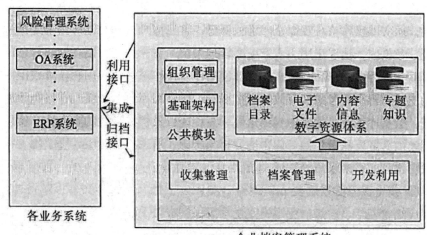

图10-1　企业档案管理系统架构

2.档案管理系统定位

在开展档案信息化建设前需要明确企业档案管理系统与其他相关系统之间的关系，如图10-2所示。

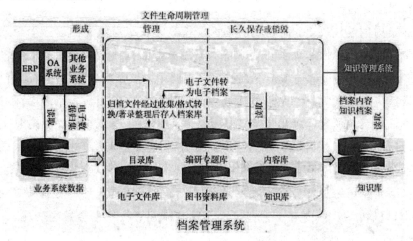

图10-2　档案管理系统与相关系统之间的关系

图10-2档案管理系统与相关系统之间的关系如上图所示，形成归档文件的各业务系统、档案管理系统贯穿了归档文件的整个生命周期。各个业务系统通过与档案管理系统的归档接口，将归档文件及其相关著录信息归入档案管理系统，档案管理系统负责对归档文件进行整理、归档、管理和提供利用服务；负责接收和保管需要长久保存的档案，同时以档案目录中心和电子文件库为数字资源，开展档案信息的编研和数据挖掘工作，逐步将数据档案资源转换为信息资源，形成各

类编研专题库、档案内容库、知识库，通过多种利用服务手段为企业提供优质服务。

3.基本功能

档案管理系统功能主要由基础架构、业务功能和利用服务三大部分组成，如图10-3所示。

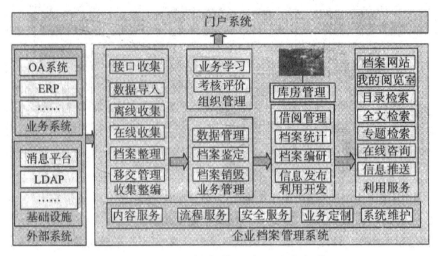

图 10-3 企业档案管理系统功能架构

（1）基础架构

基础架构主要解决4个问题：一是部署模式。在应用部署的选择上企业会根据网络带宽、应用、信息化整体要求等因素选择分布式、区域集中、大集中等模式，即多级部署、两级部署或一级部署等。因此，需要系统能适应各种部署模式，而不是只适应一种模式。二是性能问题。随着系统集中部署后，系统会面对更多的用户群，对系统的性能提出了新的挑战。同时，为了降低电子文件对骨干网络带宽的占用，需要优化电子文件的存储。三是海量数据问题。随着档案系统与更多业务系统的对接，电子文件数据量将会大幅提高，档案系统数据具有"滚雪球"式特点。因此，系统最终应能支撑海量数据的要求。四是业务扩展能力在企业发展过程中，机构、业务内容、管理模式、业务流程等往往也会发生变化，因此，档案系统应能适应这种变化和发展。

可见，档案管理系统基础架构需要具备高度可扩展的技术架构和高度可扩展的业务架构，同时对系统权限和安全进行控制和管理。

1）高度可扩展的技术架构

主要实现对企业各种应用架构的适应性，可满足集中式部署、分布式部署等各种可能性，如图10-4所示。

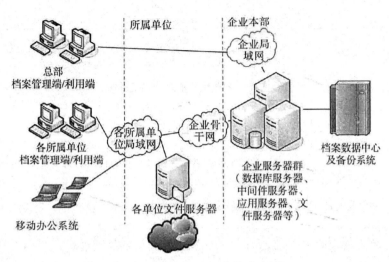

图 10-4　系统可扩展技术架构

2）高度可扩展的业务架构

主要满足企业档案业务扩展性的要求。主要通过业务结构可定制、分类表和代码表提供版本管理、支持机构变化和档案主要业务流程设置等功能实现。

其中业务结构可定制主要包括全宗群、档案门类、元数据结构、著录界面、管理目录树、整理规则、分类表、数据字典、报表等。

主要业务流程设置包括收集整理归档流律、销毁鉴定和开放鉴定流程、档案统计汇总流程、档案编研流程、借阅管理流程、赋权审批流程、信息发布流程等。

3）权限管理

系统的权限主要通过角色和权限设置实现。①系统角色

企业档案管理系统默认将用户划分为以下角色（用户角色可以根据客户需求进行定制），如表 10-1 所示。

表 10-1　企业档案管理系统用户角色划分表

序号	角色名称	职责	备注
1	系统管理员	主要负责系统的安全、备份恢复以及维护，全宗单位的建立	系统默认用户
2	高级档案管理员	管理规范的制定者。完成对所有单位通用档案业务规范的设置工作。保障企业各单位档案业务的规范统一	系统默认用户
3	全宗档案管理员	通过系统完成本单位档案管理工作。如果其所在单位有下级机构，可监控（浏览目录）下级单位的档案工作情况，并能汇总下级馆藏数据，接收部门移交的归档文件等	系统配置用户

续表

序号	角色名称	职责	备注
4	兼职档案管理员	负责本部门归档文件的收集、整理和移交。系统应根据集中整理或分散整理确定兼职档案管理员的工作内容是只有归档文件录入和编辑,还是同时要完成整理工作	系统配置用户
5	普通用户	普通的档案利用者,进行档案信息的利用查询	系统配置用户
6	档案录入员	帮助全宗档案管理员进行档案收集整理的工作	系统配置用户

但上述角色功能不是固定的,只是系统默认角色的功能。高级档案管理员和全宗档案管理员可通过权限管理对其他角色功能进行重新定义。高级档案管理员的权限可以根据情况下放,高级档案管理员对系统中档案管理业务的设置修改有日志记录。全宗档案管理员可以赋权给本单位的用户权限。

②权限设置

系统总体的权限控制方式是:系统管理员设置各全宗的默认档案管理员,各全宗的默认档案管理员设置本全宗内用户的角色、对各类资源访问权限的设置,各类档案的档案管理员设置其全宗内对应档案类型的档案数据的访问权限,如图10-5所示。

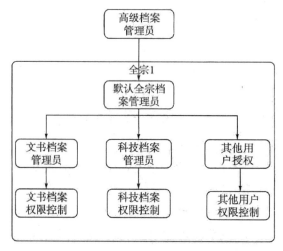

图10-5 分级授权原理

档案管理系统中针对权限管理分为功能权限和数据权限。系统将支持分级管理、分级授权的机制,支持权限的继承,能对所有上机操作人员自动判断权限,拒绝、警示非法操作并加以记录。

功能权限主要是通过用户的角色信息来进行区分和判断,不同角色的用户登录档案系统之后展示的功能模块均不同，从而实现功能权限的控制。具体角色功能权限展示如表10-2所示。

表10-2 档案系统角色功能表

序号	角色名称	使用功能	备注
1	系统管理员	全宗管理	系统默认用户，一般是信息维护人员，不能对数据进行处理
2	高级档案管理员	全宗定制、代码表管理、分类表管理、档案类型定制、机构用户、权限管理、辅助定制、扩展设置、日志管理、	系统默认用户，用来进行档案业务规范、规则以及标准的定制
3	全宗档案管理员	收集整理、档案管理、开发利用、借阅管理、信息服务、视图设置、个人信息	当前全宗的档案管理员。可进行档案业务管理，能够使用所有档案业务操作的模块
4	兼职档案管理员	收集整理、信息服务、待办事项、访问网站	辅助全宗档案管理员进行档案数据的收集、整理，一般是负责本部门归档文件整理的责任人
5	普通用户	信息服务、个人信息、访问网站	单位的普通用户，不具备档案管理功能，只进行档案信息的利用查询
6	档案录入员	收集整编	一般是临时人员，非本单位人员。协助兼职档案管理员或者全宗档案管理员进行档案数据的录入工作

数据权限主要对搜索查询时用户对档案数据的访问权限进行控制，分为永久权限管理和临时赋权。

权限控制的内容为：全宗档案管理员可以对用户权限分配、修改与删除；设置针对不同档案类型目录的浏览；电子文件的浏览、下载；打印/复印等同于浏览；实体借阅权限由全宗档案管理员进行判定。针对电子文件的下载、拷贝，系统可通过DRM数字版权保护技术控制下载拷贝的权限，可按次数和时间由专人来进行控制赋权，可控制电子文件是否可编辑修改、拷贝。

针对电子文件的在线浏览，系统采用流技术实现，不会产生本地临时文件等安全漏洞，同时可控制在线浏览禁止拷屏、截取。

（2）业务功能

档案业务功能是指在档案数据结构建立好的基础上完成的整合收集、科学保管以及开发利用等工作。包括：档案主要数据流程、各类档案收集整理归档流程、档案的数据管理和辅助实体管理、鉴定和销毁流程、档案的搜索利用、档案汇总统计和编研、发布等内容。

档案业务功能由业务功能和辅助工具组成。

1）业务流程实现如图10-6所示

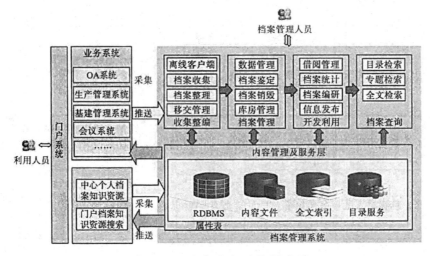

图 10-6 业务流程功能模块图

2）主要业务功能

主要业务功能包含收集整理、档案管理、借阅管理、开发利用等功能。

一是收集整理。收集整理模块是提供各业务部门人员对重要文件进行收集的模块，档案收集功能是针对个人资料管理操作的，因此各部门人员在录入文件时需要先确定档案门类后再进行收集录入。档案收集虽然需要选择档案门类再进行录入，但使用者也可以将不需要归档的重要文件录入进来，通过系统进行管理。

档案的收集工作是档案工作的难点，面对各种不同的数据来源系统应提供不同的收集方式，以实现各类档案的自动化收集，从而降低档案收集工作的难度及工作量。应提供业务系统归档接口、在线录入、离线录入、数据导入等多种收集手段。档案的收集整理包含了年度项目管理、收集整编和移交管理。其中收集整编应满足定期归档、随办随归、集中整理、分散整理、混合模式以及件整理模式、件/盒整理模式、件/卷整理模式、件/组/卷整理模式等多种归档文件整理方式。同时提供大量方便易用的功能，如批量修改、调整顺序、自动组卷、自动编号等。

二是档案管理。档案管理是系统的最重要部分，主要负责档案保存描述信息的著录、维护、电子文件的挂接、数据的打印输出，包括维护管理数据库数据的完整性。通过与其他业务系统接口归档的数据、接受下级单位的数据、在线著录的数据、通过数据导入的数据进行检查、补录、添加、修改操作，使其246符合档案整理的要求，然后进行组卷、装盒后进行归档，同时还提供了查询、统计、输出等多种利用方式。档案管理由数据管理、库房管理、鉴定销毁和日志管理功能组成。

三是借阅管理。系统中的档案借阅模块包括借阅预约、借阅登记以及借阅管理。本项目中档案管理系统将与OA系统进行审批流的集成，以保证档案借阅功能流程的完整性和易用性，并可以使用用户自定义审批流的操作。同时档案管理系统还将通过与通信模块的集成实现将定制的档案信息自动推送给各个业务系统下对应用户的功能。借阅管理由借阅预约、借阅登记、借阅管理功能组成。

四是开发利用。系统中的开发利用模块包括档案统计及档案编研。档案统计具有两大功能：首先是全宗内自定义统计报表（全宗统计）统计全宗内的各类数据。其次是从上至下进行各全宗统计（分布式统计），汇总从上至下各全宗的统计数据。

档案编研主要分为专题管理和其他编研两部分，通过智能化的检索、定制形成符合档案编研要求的档案信息素材库，从而方便用户按照不同的专题进行档案的编纂和研究。

专题管理即用户根据实际需要建立编研的专题库，如大事记、历史沿革等专题进行管理。专题按类型可分为全宗专题、个人专题，个人专题又分为收藏专题和自建专题。

3）辅助工具

辅助工具主要包括单机著录系统和导入导出工具。

一是单机著录系统。系统除提供在线使用方式外，还可提供C/S方式的单机著录系统，提供与在线应用一致的档案管理功能。单机系统的使用多见于各个全宗的基建单位，在不具有网络条件的环境下使用（在线应用也提供相应的参建单位管理入口，供有条件的单位使用），实现档案数据的收集与整理。在使用单机著录系统时，用户只需预先从B/S的在线应用系统中导出相关设定参数的配置文件，提供给单机系统使用，这样即保证了单机系统与在线系统的业务规则能够保持一致（包括字典、分类表、档案门类信息、整理规则等）。在使用单机系统著录完成后，可通过数据打包上传的方式将数据及原文上传到在线应用系统，以供后续使用。数据上传时，可由用户指定目标全宗、目标档案门类以及工程项目等参数。

二是导入导出工具。系统提供专用的导入导出工具，可以导入ACCESS、DBF、SQLSERVER、ORACLE、XML等常见数据库格式的数据，导入过程可控，用户可以随时取消操作。导入的数据可存储在临时保管目录中，由用户查看后决定是否进行保存或是撤销。用户还可以针对特定的档案数据范围进行数据导出操作，导出数据的格式为XML文档，并可再次利用。所有的导入导出操作均生成日志文件，对操作失败的数据进行记录。

（3）利用服务

档案管理系统的利用服务提供了包括普通检索、条件检索、全文检索、关联检索以及跨全宗检索在内的多维度检索方式。系统可以根据用户需要对目录检索、全文检索进行设置，从而检索出符合当前用户实际要求的数据信息，并能够对查询结果进行显示、排序、转存、打印或选择输出等技术处理，方便用户的后续利用。

系统应支持对不同档案类型的检索结果的展示进行个性化定制，如文书档案按照年度进行展示，工程建设项目档案按照项目的形式进行展示；照片档案以及实物档案按照缩略图的形式进行展示；多媒体档案则以在线流媒体的形式进行展示。

系统除提供基本的目录信息检索外，应支持全文检索功能。

（三）数字档案资源建设

1.数字档案资源的收集

企业的数字档案资源主要来源于业务系统产生的在线归档数据、历史档案的数字化、手工著录线下归档信息、企业变化引起的档案移交接收等四种方式，具体来源如图10-7所示。

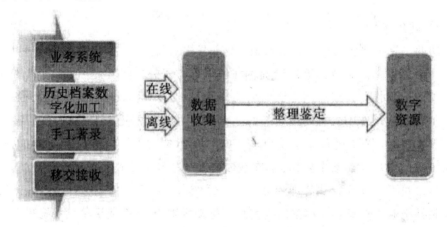

图10-7 企业数字档案资源的组成

业务系统在线归档：主要为企业用于日常生产管理的各类业务系统，应根据国家和企业制定的归档范围，对各业务系统中的电子文件进行梳理分析，在业务系统中产生和办理的，应由业务系统和档案管理系统建立集成接口，实现在线归档，对业务系统集成的归档目录信息，应记录来源的系统、集成时间等信息。

历史档案数字化加工：档案数字化工作是一项系统工程，涉及档案保管、保护、整理、鉴定、转换、存储、利用等多个环节，应当统筹规划，分步实施。数字化加工一般采取自主加工和委托加工两种方式进行。自主加工是档案部门自行配备数字化加工设备，自行组织人力开展数字化加工。这一模式适用于少量重要、核心档案的数字化加工。委托加工是将应数字化的档案，委托专业公司实施加工。这一模式效率相对较高，投资相对节省，普遍适用于各类档案的数字化加工。所委托加工的公司必须是具有相关保密资质的专业公司。档案数字化工作应执行《纸质档案数字化技术规范》（DA/T31）、《缩微胶片数字化技术规范》（DA/T43）及有关标准规定。

对历史档案的数字化加工，应严格按照国家和企业有关数字化加工的要求，对各类档案的元数据、加工文件质量等进行严格把关，确保数字化加工过程的安全、可控，不能损坏纸质档案。企业应协调数字化加工厂商和档案管理系统研发厂商，开发数字化成果和档案管理系统的数据挂接接口，确保加工数据的完整导入。

手工著录：对线下产生的归档文件信息，应由档案人员或数字化加工人员进行手工著录过程中确保元数据的录入准确、完整，档案管理系统应记录录入用户的姓名、录入时间、所在计算机的 IP 地址等详细信息。应配备专门的数据校核人员，对批量录入数据进行抽查，抽查数据比例应不低于总录入数据的1%，应设置专门的数据校核记录台账，对出现问题的档案目录信息进行及时调整。

移交接收：对企业内部变化导致的接收其他单位的档案数据，应严格按照国家或企业的档案管理办法，履行相关的实体档案接收及电子档案接收手续。对移交数据中缺失的元数据，应及时进行补充完整，并在档案元数据中记录来源全宗、接收时间、接收人等信息，确保该部分档案与现有档案的区分和一致性。

企业应制定电子文件归档范围和电子档案保管期限表，有相应纸质载体的，可参照纸质文件材料的归档范围和纸质档案的保管期限确定电子文件的归档范围和电子档案的保管期限。

2.数字档案资源建设的基本内容

数字档案资源建设主要包括两部分，即档案目录信息库（元数据信息库）和电子文件库。前者主要为结构化数据信息，而后者主要为非结构化文件信息。有条件的单位还可以建设全文索引库、音视频索引库等。下面分别针对目录信息库和电子文件库建设进行说明。

目录信息库：主要用于存储档案的基础信息及日志、整理规则等基本信息，依靠关系型数据库来进行存储。

电子文件库：主要用于存储电子档案的附件及文件索引信息，一般为文件存储、关系型数据库或商业化的文件存储软件等。

数字档案资源建设的基本要求

数字档案资源建设的基本要求是真实可靠、齐全完整、安全可用、标准规范。

（1）真实性要求

电子文件和电子档案来源可靠，内容真实、准确，应采用加密技术进行认证。

（2）完整性要求

归档保存的数字档案资源门类应齐全、完整，各门类电子档案或数字副本应齐全、完整，能够系统反映本单位履行主要职责的过程。关于同一事由的往来文件以及文件的组件应齐全、完整，文件之间的有机联系得以保存。

（3）可用性要求

电子文件和电子档案信息可识别、存储系统可靠、载体完好，且具备兼容性。

（4）规范性要求

数字档案资源的收集、整理、编目、著录、格式、品质等应符合《电子文件归档与管理规范》（GB/T18894）、《归档文件整理规则》（DA/T22）、《档号编制规则》（DA/T13）等国家标准或规范的要求。

3.数字档案资源命名规则

应采用档号或唯一标识符为数字档案资源命名。采用档号为数字资源命名的，应按照企业档案的分类方案和档号编制规则，确定电子档案的档号，若同时有纸质档案的，应与纸质档案的档号保持一致性，确保纸质档案与电子档案归档整理一体化。推荐增设档案门类代码作为类别号的子项。以件为单位整理的管理类、照片、录音、录像等档案，档号可采用"全宗号-档案门类代码•年度-保管期限-机构（问题）代码-件号•子件号"结构。具体编制方法如下。

（1）全宗号：用4位代码标识，按照《档号编制规则》（DA/T13-1994）编制。

（2）档案门类代码•年度：门类代码为"GL"（管理类）、"DQ"（党群工作类）、"XZ"（行政管理类）、"JY"（经营管理类）、"SC"（生产技术管理类）等，年度为文件形成年度，以4位阿拉伯数字标注公元纪年，如"2013"。当形成年度无法考证时，年度为其归档年度，并在附注项加以说明。

（3）保管期限：保管期限分为永久、定期30年、定期10年的，分别以代码"Y""D30""D10"标识。采用其他保管期限的，也应使用其相应缩写代码。

（4）机构（问题）代码：机构（问题）代码采用3位汉语拼音字母标识，如办公室可用"BGS"标识。未按照机构（问题）分类的，应省略机构（问题）代码，或以2位阿拉伯数字表示，并建立机构代码一览表。如果未采用机构（问题）分类的，此项应省略。

（5）件号•子件号：件号是单件归档文件在一个保管期限下排列的顺序号，用4位阿拉伯数字标识，不足4位的，前面用"0"补足，如"0026"。子件号是指件内单份文件排列的顺序号，用3位阿拉伯数字标识，不足3位的，前面用"0"补足，如"001"。不需要编制子件号的，子件号可以省略。如有需要，可以在件号·子件号之后编制下位代码，比如页（张）号等。

5.数字档案资源质量要求

（1）管理类电子档案质量要求

管理类电子文件（档案）的收集、整理、鉴定等，应符合《企业文件材料归档范围和档案保管期限表》（国家档案局令第10号）、《归档文件整理规则》（DA/T22）等要求。此外，在办公自动化等业务系统形成并归档保存的电子公文，其质量还需满足以下要求：

1）完整性要求

关于同一事由的往来电子公文齐全、完整，电子公文的组件——正本、定稿、公文处理单、集中记录修改过程的彩色留痕稿以及确有必要保存的重要修改稿等齐全、完整；红头、电子印章齐全、完整；文件标题、文号、主送企业、正文、发文企业署名和成文日期6个要素齐全、完整。

2）版面格式要求

公文格式应符合《党政机关公文处理工作条例》（中办发〔2012〕14号）、《党政机关公文格式》（GB/T9704-2012）的要求。

3）文件格式要求

正本、定稿、公文处理单应以OFD、PDF、PDF/A、CEB等版式文档格式归档保存，版式文档格式应符合《版式电子文件长期保存格式需求》（DA/T47-2009），并支持向同级国家综合档案馆和集团公司档案馆采用的长期保存格式转换。集中记录修改过程的彩色留痕稿以及确有必要保存的重要修改稿可以WPS、RTF、DOC等同级国家综合档案馆和集团公司档案馆认可的格式归档保存。

4）元数据捕获要求

应参照《文书类电子文件元数据方案》（DA/T46-2009）设置、捕获电子公文元数据，至少应包括聚合层次、来源、立档单位名称、电子文件号、档号、年度、保管期限、内容描述、题名、日期、密级、形式特征、存储位置、脱机载体编号、权限管理、机构人员名称、业务状态、业务行为、行为时间、实体标识符20项内容。

5）封装要求

若条件成熟，根据同级国家综合档案馆要求，可以对管理类电子档案与其元数据进行封装。封装可参照《基于XML的电子文件封装规范》（DA/T48）执行。

（2）声像类电子档案质量要求

1）基本要求

声像类电子文件的归档、整理等应执行《数码照片归档与管理规范》（DA/

T50）和《照片档案管理规范》（GB/T11821）的要求。收集、归档的声像类电子文件应经过挑选和系统整理，应能系统、客观地记录本单位的重要职能活动，以及历次活动的主要内容、主要人物、主要场景等。按照客观事实编辑形成的录音、录像类电子文件可收集、归档：

2）品质要求

声像类电子档案应主题鲜明、影像和语音清晰、人物形象端正。照片类电子档案应以 TIFF、JPEG 格式保存，其可交换图像文件（EXIF）信息保存完整，像素值不低于 300 万；重要或珍贵的录音类电子档案以 WAV 格式保存，252其他的以 MP3 格式保存，音频采样率不低于 44.1kHz；录像类电子档案以 MPG、MP4 格式保存，比特率不低于 8Mbps。

3）照片类电子档案基本元数据集

参照相关元数据标准设置、捕获照片类电子档案元数据，至少应包括聚合层次、档号、年度、题名、摄影者、摄影时间、人物、地点、业务活动描述、保管期限、密级、计算机文件名、格式信息、计算机文件大小、垂直分辨率、水平分辨率、图像宽度、图像高度、色彩空间、捕获设备、固化信息，以及描述电子档案管理过程的机构人员、管理活动元数据。

4）录音类电子档案基本元数据集

参照相关元数据标准设置、捕获录音类电子档案元数据，至少应包括聚合层次、档号、年度、题名、录音者、录音时间、人物、地点、业务活动描述、保管期限、密级、计算机文件名、格式信息、计算机文件大小、时间长度、音频编码标准、音频比特率、音频采样率、音频采样精度、声道数、捕获设备、固化信息，以及描述电子档案管理过程的机构人员、管理活动元数据。

5）录像类电子档案基本元数据集

参照相关元数据标准设置、捕获录像类电子档案元数据，至少应包括聚合层次、档号、年度、题名、摄像者、编辑者、摄像时间、人物、地点、业务活动描述、保管期限、密级、计算机文件名、格式信息、计算机文件大小、时间长度、视频编码标准、色彩空间、帧大小、帧速率、视频比特率、音频编码标准、音频比特率、音频采样率、音频采样精度、声道数、捕获设备、固化信息，以及描述电子档案管理过程的机构人员、管理活动元数据。

6）著录要求

为确保声像类电子档案的真实、完整和可用，电子文件形成部门、档案部门应按照国家、行业相关标准规范，围绕声像类电子档案记录的中心内容，对题名、人物、地点、主题、业务活动描述等元数据进行全面著录。

（3）科技类电子档案质量要求

科技类电子文件的收集、整理、鉴定、编目等应参照《科学技术档案案卷构成的一般要求》（GB/T11822）、《国家重大建设项目文件归档要求与档案整理规范》（DA/T28）等标准规范执行。图形类电子文件应以DWG等通用格式收集、归档，其他电子文件归档保存格式可参照文书、声像类电子文件执行。

元数据的设置与捕获应参照《档案著录规则》（DA/T18）、《文书类电子文件元数据方案》（DA/T46）等有关标准，设置、捕获科技类电子档案元数据，至少应包括聚合层次、档号、年度、题名、责任者、成文时间、文号、密级、稿本、保管期限、计算机文件名、格式信息、计算机文件大小，以及描述电子档案管理过程的机构人员、管理活动元数据。

（4）纸质档案数字副本质量要求

纸质档案数字化的各项技术要求主要按照《纸质档案数字化技术规范》（DA/T31）要求执行。为保证数字副本的真实性、完整性和可用性，参照《缩微摄影技术缩微品的法律认可性》（GB/Z20650）、《信息与文献——档案数字化实施指南》［ISO/TR13028：2010（E）］等标准规范的相关规定，纸质档案数字化还应符合以下要求。

1）数字化对象确认要求

按完整性、规范性要求确定需数字化的纸质档案。原则上，年度内、每个案卷内或保管期限内、关于同一事由的往来文件、每份文件的组件应完整数字化。

2）元数据捕获要求

在数字化过程中，纸质档案数字化系统应以件为单位自动捕获数字化元数据，至少应包括数字化授权信息、数字化日期与时间、水平分辨率、垂直分辨率、色彩空间、格式信息、计算机文件大小、数字化软硬设备等。应将数字化元数据与目录数据组合形成纸质档案数字副本的元数据库，并导入应用系统提供检索服务。

3）数字化质量控制要求

制定并在数字化过程中实行各种相应、有效的质量控制措施，对纸质档案的安全、数字副本的完整性和规范性、图像质量、元数据库的准确性等实施全程监控。

4）数字化工作文档管理要求

在数字化项目实施过程中形成的重要数字化工作文档应归档保存，应与纸质档案数字副本的保存期限相同。数字化对象审批书、招投标文件、数字化成果验收报告、数字化流程单等应归档。

6.数字档案资源的备份要求

制定本单位数字档案资源备份策略，明确备份对象、近线和离线备份策略及管理规范，配备必要的恒温恒湿防磁柜等设施设备。

（1）备份对象

数字档案资源备份对象应包括各门类电子档案、各门类传统载体档案数字副本、元数据库、目录数据库、各类数字资料、应用系统配置文件与日志文件等。

（2）近线备份

结合虚拟带库、带库等备份系统作用机制和便于管理等情况，明确数字档案资源备份策略，包括容错级别、增量备份或全量备份、备份周期、核验和检测机制、磁带更新等。

（3）离线备份

根据数字档案资源形成与大小特征等，确定各门类数字档案资源的离线备份介质与管理规范。确定离线备份介质编号规则，推荐编号由数字档案资源门类代码、离线备份介质类别代码、备份年度、介质流水号等若干项构成。按照规范的存储结构备份数字档案资源，推荐离线备份介质根目录下建立数据文件夹、目录文件夹、授权文件夹、其他文件夹及说明文件，数据文件夹存储各门类电子档案或传统载体档案数字副本，目录文件夹存储元数据、目录数据及应用系统配置文件和日志文件等，授权文件夹存储数字化、备份、介质转换等的审批文件，说明文件用于描述离线备份介质制作有关的各方面情况。

（4）除上述备份要求外，重要档案还应通过纸质或缩微胶片等方式进行异质备份。重要档案的范围按照国家或行业的相关规范执行。

（四）保障体系建设

数字档案资源是企业的核心信息资源中心，其建设、运行和维护是一项长期的系统工程，需建立安全、制度、人才和经费等各方面的保障机制。

1.安全保障

安全保障体系建设是企业档案信息化建设的基础工作，主要包括数字档案数据的安全和信息系统及其网络平台的安全。数据安全就是要保证数字档案信息的可靠、可用、不泄密、不被非法更改等。系统及其网络平台安全就是要保持系统软硬件的稳定性、可靠性、可控性。

安全保障体系建设主要通过两方面途径实现。一是按照信息安全等级保护的要求，采用相应安全保障技术方法，配备必要的软硬件设施。档案管理系统一般要求达到二级（系统审计保护级）以上安全保护标准。档案管理系统集成商应具备相应的保密资质，并严格按照有关安全保密规范要求进行项目设计、系统开发和项目施工。建设、监理单位应当加强项目建设过程中的档案信息安255全保密工作。二是建立健全档案管理系统安全管理制度，采取相应的技术措施和管理手段应对档案管理系统安全隐患，包括数据窃听、电磁泄漏、电力中断、载体损坏、自然灾害、非法访问、计算机病毒、黑客攻击、系统超负载、假冒身份、权限扩散、数据篡改、操作失误等，同时应当制定应急预案，完善灾难恢复机制，提高应急处置能力。

2.制度保障

依据国际和国家相关标准规范，结合企业信息化建设情况和对档案管理的需求，针对档案管理系统的定位、功能、档案管理系统与现有业务信息系统的有机衔接以及档案管理设备的认证测评、风险评估、设备采购、规范应用等建立健全相应制度，为档案管理相关各信息系统提供制度保障。主要应制定《档案管理系统使用规范》《业务系统集成规范》《企业档案数字化技术要求》《电子文件管理系统测试标准》《企业档案管理系统运行维护管理规定》等制度。

3.人才保障

企业应为档案部门配备满足工作需要的专职档案信息化工作人员，并对档案管理人员给予必要的帮助和关心。

4.经费保障

企业应为档案信息化建设提供经费保障，将各门类电子（文件）档案的归档管理、纸质档案数字化、数字档案资源备份管理以及数字档案应用系统的运行维护、升级费用等纳入预算。

后　记

档案是历史的真实记录，通过档案我们可以了解过去、把握现在、计划未来。在我国的社会发展实践中，档案能够为人们的生活与工作提供重要的信息资源，也能够为维护广大人民的合法权益提供有效的支持。因此，应重视发展档案事业，做好新时代档案管理工作。

新时代档案管理工作是借助科学的理论和方法管理档案，提供档案为各级党政机关、企事业单位、社会组织和个人服务的工作。做好档案管理工作，可以确保档案资料的准确、齐全、安全和及时更新，也可以不断提高社会对档案需求的满足程度，还可以为建设中国特色社会主义事业提供必要的证据和信息保障。基于此，特撰写了《新时代档案管理》一书，以期帮助档案业务人员在全面掌握档案管理理论与方法的基础上，更好地开展档案管理工作，并有效解决档案管理工作中遇到的实际问题。

本书共包括十章内容，第一章为档案管理基本概述，具体包括档案的内涵，新时代档案的定义、演变、属性以及价值等内容；第二章深入研究了档案收集与整理；第三章对档案保管与保护进行了详细探讨；第四章系统分析了档案统计与检索；第五章对档案利用与编研进行了具体分析；第六章详细论述了人事档案的管理；第七章对会计档案的管理进行了详细探讨；第八章系统分析了音像档案的管理；第九章对电子档案的管理进行了具体分析；第十章详细论述了档案的信息管理。本书在具体的论述过程中，本着系统性和全面性相结合、实用性和可操作性相结合的原则，力求全面、系统、准确地阐述档案管理工作的基本原理和实务。另外，本书的结构清晰，逻辑严谨，语言简练。相信本书的出版，能够为档案工作者更有效地开展档案工作提供一些有益的借鉴。

本书在撰写过程中，参考了档案管理方面的相关著作，也对国内外大量的研究成果进行了参阅、吸收和采纳，由此获得了丰富的研究资源。在此，向这些学者致以诚挚的谢意。由于时间、水平与精力有限，本书难免存在一些不足之处，恳请广大读者批评指正。

参考文献

[1] 田野.中国大陆图情档多层次教育进展及省思：2016-2021年［J/OL］.图书馆杂志：1-22［2022-01-09］.

[2] 刘玥.对茶企人事档案管理存在的问题思考研究［J］.福建茶叶，2022，44（01）：81-83.

[3] 毕珍玥，张彬，王天杰.办公自动化环境下医院档案管理探讨［J］.办公自动化，2022，27（01）：46-48.

[4] 邓红春.浅析新时期行政事业单位会计档案管理［J］.四川劳动保障，2021（12）：28-29.

[5] 杨帆.高校财务会计档案电子化平台浅析［J］.行政事业资产与财务，2021（24）：111-112.

[6] 杨翼，黄林，陈雪萍.电力企业电子档案单套制归档模式研究实践［J］.电力与能源，2021，42（06）：714-717.

[7] 黄林，杨翼，陈雪萍.档案信息化下的信息安全风险和策略研究［J］.电力与能源，2021，42（06）：721-724.

[8] 李宁，温雯，詹妮，刘衎，郑紫薇，梁欣欣.新时代全面提升单位档案管理水平的实践与思考——以农业农村部科技发展中心为例［J］.农业科技管理，2021，40（06）：6-9.DOI：10.16849/J.CNKI.ISSN1001-8611.2021.06.002.

[9] 魏丽爱，侯烨，张建雨，许素娟.新时期农业科研档案价值实现途径探析［J］.农业科技管理，2021，40（06）：59-61.DOI：10.16849/J.CNKI.ISSN1001-8611.2021.06.014.

[10] 赖容，韦绍龙，曾宇，刘开强，李博胤，许莉.新规定下农业科研档案管理工作的思考［J］.农业科技管理，2021，40（06）：62-64.DOI：10.16849/J.CNKI.ISSN1001-8611.2021.06.015.

[11] 包艳茹.小型水库标准化管护体系建立及管护要点分析 [J].黑龙江水利科技，2021，49（12）：209-212.DOI：10.14122/j.cnki.hskj.2021.12.063.

[12] 王淑云.新常态下事业单位会计电算化下档案管理现状 [J].财会学习，2021（36）：77-79.

[13] 王磊.惠企服务办实事 创新方式重效果——苏州市城乡建设档案馆举办线上轨道交通工程档案业务培训班 [J].城建档案，2021（12）：8.

[14] 吴新蓉.数字化在自然资源和规划档案管理中的适用性探讨 [J].城建档案，2021（12）：9-10.

[15] 王之晔.城建档案管理数字化建设实施路径研究 [J].城建档案，2021（12）：11-12.

[16] 谢杏.大数据时代房产测绘档案管理的信息化建设与应用 [J].城建档案，2021（12）：13-14.

[17] 郝炳海.建设档案信息化系统 实现管理升级转型 [J].城建档案，2021（12）：15-16.

[18] 林剑.信息技术在自然资源档案管理中的应用 [J].城建档案，2021（12）：17-18.

[19] 李晶晶.融入大数据时代 加强市场监督管理局档案数字化建设 [J].城建档案，2021（12）：19-20.

[20] 尹学新.建筑工程档案信息化管理现状及对策探究 [J].城建档案，2021（12）：21-22.

[21] 王莹，刘畅通.国有企业档案信息化建设的思考 [J].城建档案，2021（12）：23-24.

[22] 陈芷婷.土地测绘档案信息化管理的思考与实践 [J].城建档案，2021（12）：25-26.

[23] 陈忠信.技术赋能电子档案之价值实现路径 [J].城建档案，2021（12）：27-29.

[24] 吕梦莹.新时代背景下高校干部人事档案信息化建设探析 [J].城建档案，2021（12）：35-36.

[25] 吴慧萍.试论农业科研档案管理信息化建设 [J].城建档案，2021（12）：40-41.

[26] 张小静，杨晓灵，刘青松.数字转型背景下科研档案资源整合实践路径和方法研究 [J].城建档案，2021（12）：44-45.

[27] 崔沁昉.航天企业数字档案馆（室）建设问题与措施分析 [J].城建档案，2021（12）：46-47.

［28］胡伟航.集团型企业档案信息化建设面临的挑战及应对策略［J］.城建档案，2021（12）：48-49.

［29］陈超.树立"大声像"理念 创新城建声像档案管理模式——以广州市城市建设档案馆为例［J］.城建档案，2021（12）：50-51.

［30］俞永祥.建设工程档案立卷与消毒工作浅谈［J］.城建档案，2021（12）：52-56.

［31］袁心怡.审批制度改革背景下的建设工程档案前端控制机制研究［J］.城建档案，2021（12）：57-58.

［32］黄嘉颖.提升企业工程档案管理质量的策略［J］.城建档案，2021（12）：61-62.

［33］黄文秀.工程档案信息管理系统的设计研究［J］.城建档案，2021（12）：63-64.

［34］王堃.创新城建档案管理服务模式的探索与思考［J］.城建档案，2021（12）：67-69.

［35］汪建强.重庆市公租房维修档案管理现状与改革路径［J］.城建档案，2021（12）：70-73.

［36］梁丽坚.大数据时代下的自然资源部门档案管理创新［J］.城建档案，2021（12）：74-75.

［37］刘翠玲.关于做好房地一体化确权档案管理的反思与探索［J］.城建档案，2021（12）：76-77.

［38］潘怡彤.重大水利工程设备制造档案管理探析——以大藤峡水利枢纽工程为例［J］.城建档案，2021（12）：78-79.

［39］李思婉.加强干部人事档案管理工作的几点思考［J］.城建档案，2021（12）：80-82.

［40］尹月.水电站建设阶段档案管理存在问题研究［J］.城建档案，2021（12）：83-84.

［41］高燕春.创建世界一流示范企业档案管理的使命与担当［J］.城建档案，2021（12）：85-88.

［42］刘宏.关于固投项目档案管理的认识与思考［J］.城建档案，2021（12）：89-91.

［43］王璐.数字档案资源风险管理工作探析［J］.城建档案，2021（12）：92-94.

［44］韩新峰.区块链思维在档案管理系统中的应用［J］.城建档案，2021（12）：95-96.

［45］孙海燕.数字校园环境下高校档案管理探析［J］.城建档案，2021（12）：97-98.

［46］刘思含.企业如何构建现代档案管理体系［J］.城建档案，2021（12）：99-100.

［47］董霏.大数据时代背景下创新企业档案管理工作路径分析［J］.城建档案，2021（12）：101-102.

［48］倪康宁.新时期提升人力资源档案管理工作的策略［J］.城建档案，2021（12）：103-104.

［49］徐菲.云环境下提升档案安全管理的有效路径［J］.城建档案，2021（12）：105-106.

［50］焦洁.企业档案管理工作数字化转型路径研究［J］.城建档案，2021（12）：107-108.

［51］陈晓.新时代下事业单位档案管理的不足及对策［J］.城建档案，2021（12）：109-110.

［52］樊景宝.事业单位档案管理的重要性及其优化措施［J］.城建档案，2021（12）：111-112.

［53］李敏.以清单强化轨道交通档案管理的研究［J］.城建档案，2021（12）：113-114.

［54］王璐.新《档案法》实施背景下城建档案工作存在的问题及对策研究［J］.城建档案，2021（12）：115-117.

［55］赵晔.档案部门应对突发事件档案抢救工作的有效对策［J］.城建档案，2021（12）：123-124.

［56］马继萍.新旧《水利工程建设项目档案管理规定》比较［J］.城建档案，2021（12）：125-127.

［57］彭瑜琳.面向质量管控下构建基建档案评估模式的研究［J］.城建档案，2021（12）：132-133.

［58］王巍.企业科技档案信息资源开发人员应具备的意识［J］.城建档案，2021（12）：140-144.

［59］崔学柳.案例视域下档案工作与史志编修关系探讨［J］.城建档案，2021（12）：145-146.

［60］李玲.关于精准扶贫档案工作的对策建议［J］.城建档案，2021（12）：150-152.